叢書主編：蕭新煌教授
叢書策劃：台灣第三部門學會
本書由台灣第三部門學會及巨流圖書公司
共同策劃出版

社福民營化中的第三部門
國際趨勢與在地發展

周怡君——主編

國家圖書館出版品預行編目（CIP）資料

社福民營化中的第三部門：國際趨勢與在地發展 / 周怡君, 林宏陽, 黃芳誼, 林秉賢, 陳永傑, 徐禎, 張仲妍, 陳綺文, 林倖如、劉興光作；周怡君主編. -- 初版. -- 高雄市：巨流圖書股份有限公司, 2025.01
　面；　公分
ISBN 978-957-732-729-1(平裝)
1.CST: 社會福利 2.CST: 非營利組織 3.CST: 比較研究 4.CST: 文集
547.07　113019809

社福民營化中的第三部門：國際趨勢與在地發展

主　　　編	周怡君
作　　　者	周怡君、林宏陽、黃芳誼、林秉賢、陳永傑、徐禎、張仲妍、陳綺文、林倖如、劉興光
發 行 人	楊曉華
編　　　輯	邱仕弘
封 面 藝 術	黃士豪
內 文 排 版	弘道實業有限公司

出 版 者	巨流圖書股份有限公司
	802019 高雄市苓雅區五福一路 57 號 2 樓之 2
	電話：07-2265267
	傳真：07-2233073
	購書專線：07-2265267 轉 236
	E-mail：order1@liwen.com.tw
	LINE ID：@sxs1780d
	線上購書：https://www.chuliu.com.tw/
臺北分公司	100003 臺北市中正區重慶南路一段 57 號 10 樓之 12
	電話：02-29222396
	傳真：02-29220464
法 律 顧 問	林廷隆律師
	電話：02-29658212

刷　　　次	初版一刷・2025 年 1 月
定　　　價	450 元
I S B N	978-957-732-729-1（平裝）

版權所有，翻印必究
本書如有破損、缺頁或倒裝，請寄回更換

目　錄

推　薦　序　社福民營化下的政府與第三部門關係｜蕭新煌　　　　　　i

推　薦　序　第三部門與政府互動關係不變的法則：
　　　　　　競爭與合作、自主與依賴｜王仕圖　　　　　　　　　　iii

第 一 章　導論｜周怡君　　　　　　　　　　　　　　　　　　　001

第一篇　歐美發展與經驗

第 二 章　英國政府與社會福利非營利組織夥伴關係之探究
　　　　　｜林宏陽　　　　　　　　　　　　　　　　　　　　　013

第 三 章　德國社福非營利組織發展及其與政府關係｜周怡君　　　039

第 四 章　從窮人身上賺錢？美國社會福利民營化發展初探
　　　　　｜黃芳誼　　　　　　　　　　　　　　　　　　　　　059

第二篇　東亞發展與經驗

第 五 章　第三部門作為國家治理的夥伴與批判者：南韓的非
　　　　　營利組織與政府關係｜林秉賢　　　　　　　　　　　　085

第 六 章　長照改革中的服務機構民營化對第三部門的衝擊
　　　　　——以廣東省為例｜陳永傑、徐禎、張仲妍　　　　　　123

第 七 章　從代理者到附從機構——試論香港社福非營利機構
　　　　　與香港特別行政區政府的關係｜陳綺文　　　　　　　　141

第三篇　台灣發展與經驗

第 八 章　夥伴還是伙計？從社福採購招標文件分析台灣社福
　　　　　非營利組織與政府關係｜周怡君、林倖如　　　　　179

第 九 章　從公共托育家園委託經管分析地方政府與社福非營
　　　　　利組織在新型服務之現況與困境｜林倖如、周怡君　　195

第 十 章　非營利與政府組織於福利服務輸送的合作治理——
　　　　　以屏東縣社區照顧服務支援中心為例｜林宏陽、劉興光　221

推薦序
社福民營化下的政府與第三部門關係

蕭新煌

總統府資政、臺灣亞洲交流基金會董事長

　　本書是巨流第三部門研究叢書第 14 本。主題是評析近半世紀以來全球第三部門與國家之間所發生的重大實質變化，也就是在國家社會福利服務的民營化政策下，第三部門中的社會福利非營利組織（NPO）功能所產生的改變，以及其與國家部門的社福機構之間關係的增加和彼此權力關係的轉變。

　　本書主編周怡君教授一開頭，就很切中要害地指出社福民營化的肇因是 1970 年代福利國家危機中，政府失靈（即第一部門政府照顧不了日益增加的福利需求）和市場失靈（即第二部門企業無意和不願面對日益擴大的社會福利挑戰），以至於第三部門的福利 NPO 乃被賦予和承擔起回應西方福利危機的角色。此乃當代第三部門福利 NPO 登上國家福利服務舞台的前因。接著，在所謂「新公共管理主義」（new public management）風潮下，訴求政府組織和功能的精簡化和分散化，福利行政和服務責任及功能更被視為應該轉移到民間和福利 NPO 去扮演，其後果就是本書主題「社福民營化」此一新興而重要的社會福利現象。

　　如果要深究造社福民營化的前述兩個脈絡，我會認為後者的新國家公共管理典範下的國家政策走向，影響晚近歐美。尤其是東亞和台灣民營化更直接，也更深遠；畢竟所謂「政府失靈論」是有其濃厚的歐洲政治社會脈絡下的產物，並非可以隨意用來解釋非西歐的福利民營化的形成過程。

綜覽全書10章的論述，不論是歐美經驗、東亞經驗、還是台灣經驗，我似乎都可以找到國家福利功能蛻變，福利服務契約分包給第三部門機構，政府轉為管理和監督角色的大趨勢。各章作者也相當如實地交代了英國、德國、美國、南韓、中國、香港和台灣社會福利民營化的時代和政策背景，實施現況和利弊分析。

姑不論全球資本主義國家社福民營化趨勢的原因，單就第三部門角色而言，我就目睹到以下幾點特色。一是第三部門從監督者轉為承包者，二是第三部門增加財務能力和收入，也擴大其福利功能和貢獻，三是第三部門加深與政府部門的互動和夥伴關係。但是我與本書各章作者一樣，也更關心在加深與政府夥伴關係之餘所產生的以下另外弊端，一是依賴政府日深，受支配官僚體系視為權力不平等結構下的「行政助手」而非平等互惠的「夥伴」，二是第三部門福利NPO內部出現階層化差異，大型和中小型NPO的財力和影響力因與接案機會的有無和大小而日益分化，三是第三部門原本應扮演的監督者、批評者和倡議者三種角色，卻因與政府走太近，加上權力不平等，而嚴重失落。

如果要問我，本書最重要的潛力貢獻和啟示是什麼？我會毫不猶豫地說，各章所指出地上述三個福利民營化後遺症應該就是重點。希望台灣第三部門社福NPO主事者和社福學界能夠好好善用本書地分析和警示，積極地聯手向政府去爭取回來因承接福利民營化而可能失去的合理權力和自主性，更進一步讓社福民營化能真正達成第一部門和第三部門的健康夥伴關係。此外，也要與政府攜手去阻止社福民營化走向社福私有化和市場化的不幸道路。

最後，我要在此推薦本書給所有關心台灣社福前途和走向的所有讀者，也謝謝周怡君教授成功地主編這一本有價值的書，以及各章作者們的協力和貢獻。

推薦序
第三部門與政府互動關係不變的法則：
競爭與合作、自主與依賴

王仕圖

國立屏東科技大學社會工作系教授

社團法人第三部門學會理事長

    第三部門與政府的互動關係一直存在著微妙的發展，自1970年代以來，福利國家危機的相關論述下，非營利組織在社會福利服務方面，即成為重要的提供者，甚至於新公共管理主義的風潮下，在社會福利服務民營利化的歷程中，非營利組織成為社會福利服務的重要供給者。然而，非營利組織與政府存在特殊的關係，彼此可能成為夥伴關係，也可能在某種議題成為競爭的關係。

    故非營利組織與政府的互動，如本專書主編周怡君教授在第一章導論所言，非營利組織與政府合作有其優缺點。優點在於非營利組織的靈活性和專業性，能夠迅速回應個別需求，且能提供比政府更有效率的服務。同時，政府透過資金支持和監管機制來保障服務質量。然而，非營利組織在依賴政府資金的過程中，可能失去自主性，且受到繁重的行政要求和嚴格監控，削弱其創新能力。而競爭性招標制度使大型非營利組織在資源和應對能力上佔據優勢，而資源有限的小型非營利組織則可能被邊緣化，影響社會服務的多樣性和均衡性。

    除了第一章導論外，本專書區分三個部分進行不同國家經驗的分析，首先是歐美的發展與經驗，英國受到福利多元主義的影響，政府的福利服

務角色退縮，但也給予非營利組織有不同的發展角色，進而產生不一樣的合作模式。德國以健康和社會服務為非營利的重要核心，但非營利組織與政府的互動關係，大致上依循路徑依賴的模式，但因政府開放私人商業組織進入社會服務市場，改變原有的生態，此造成社福非營利組織面臨競爭。美國的民營化不同於歐洲，其走向福利產業化的發展，以民營化方式運作，以確保福利體系運作與管理的競爭力與高彈性。

第二篇是東亞的發展與經驗，該部分包括南韓、中國大陸與香港的非營利組織與福利民營化分析。韓國的公民社會發展，將公民社會組織作為政府的夥伴，然而在發展歷程中，國家權力對於公民社會組織行為者的介入干擾並未停止，所以公民社會組織被批評是影子國家的角色，這也促使公民社會組織在扮演批判者角色上仍被有所期待。中國大陸方面，該文以長照改革作為討論對象，在福利多元主義的脈絡下，依循政府分權化、分散化和社會福利民營化，研究主軸聚焦在長照服務，然而該項服務需要第三部門之力量，但卻受到政府和市場部門的雙重壓力，故該研究從研究對象、三個部門的責任、和財政補貼制度改革三方面提出建言。對於香港部分，政府一直是社福非營利組織的主要資助者，但過度依賴造成對非營利組織發展的挑戰，近年來政府在專業服務的補助外，尚添加政治元素，此已經超越委託和代理關係，也看出非營利組織的自主性問題。

第三篇是以台灣為主的相關研究，首先是運用社福採購招標文件探討政府與非營利組織的關係，該研究檢視過去台灣社福服務委託發展的軌跡，發現兩個部門之間並非處於平等地位的合作夥伴，而是偏向賦予政府部門優勢議約的契約設計。第二則從公共托育家園之委託為案例，解析地方政府和社福非營利組織的關係，台灣政府為完善托育照顧服務，造就地方政府的普設壓力，必須吸引社福非營利組織的協力，然而合作的實務面上，政府還是會設立一些取巧性的規範，此尚值得省思兩部門之合作關係。最後之案例以社區照顧服務支援中心為例，探討非營利組織與政府的合作治理，作者從社會投資與社會創新的角度去剖析公共治理。支援中心

的服務模式屬地方政府社會創新的思維,而在落實與非營利組織的合作,夥伴關係的融洽程度還有待觀察。

　　我個人非常榮幸可以先行閱讀本專書,該書專著分享歐美和東亞地區的非營利組織與政府的互動關係特性,特別是在資源配置的結構下,探討不同國家的發展脈絡,確實能夠激盪出各種卓著之思維。對於本書在民營化議題的深入研究成果,個人在此極力推薦本專書。

第一章
導論

周怡君（東吳大學社會學系教授）

從 1970 年代福利國家危機中的政府失靈和市場失靈，非營利組織在各國社會服務提供的角色就日益重要（Coston, 1998）；加上新公共管理主義（New Public Management, NPM）的思維興起，同時代表高國家支出的大政府模式不被推崇，將國家的社會服務責任透過各種方式，轉由社福非營利組織來提供的民營化（Privatization）過程，不但可降低政府人事支出，更可將原來非營利組織監督政府的方式，轉變為政府監督非營利組織；加上非營利組織不僅提供服務，還經常倡導社會服務制度的改變、協助政府建立社會資本（De Corte & Bram Verschuere, 2014）。社福民營化的風潮從歐美國家，迅速傳播到世界其他地方。如此社福民營化的發展趨勢在台灣亦無例外，目前台灣從長期照護，包括婦女、兒童、身心障礙、老人等各種群體在遭遇生活不幸或危機、滿足基本生活，甚至提高生活品質的第一線社會服務，各級政府大部分使用包括特約、補助、招標委託等不同方式，和社福非營利組織合作，由社福非營利組織來提供服務。事實上，由政府提供非營利組織資金，非營利組織依據與政府簽訂的契約提供社福服務，政府透過一定機制來監管服務提供狀況，已經成為所謂政府和非營利組織在社會服務中的慣見模式。

這種模式的優點是非營利組織的靈活性和專業性，可以迅速回應個案的服務需求，也能提供比政府更有效率的服務；而政府通過提供非營利組織資金，來確保社福服務的數量和品質（Liu & Qiu, 2013）。但缺點是非營利組織可能因為依賴政府資金而失去自主性、加上受到政府的嚴格監控，難以維持組織的服務創新與政策創見，甚至原來的彈性與靈活性也消失；非營利組織在接受政府資金的過程中，通常需要應對繁重的行政程序和審計要求，使它們不得不將人力投入到與服務不完全相關的業務上，影響社會服務品質。政府雖然提供資金，但卻也往往附加許多條件，這使非營利組織不得不在管理上承擔更多的官僚壓力。而招標競爭過程雖可促使非營利組織提高服務品質、協助政府降低成本。但競爭機制運作過程中，大型的非營利組織通常擁有更多的資源，能更好地應對政府要求，卻也可能導致某些非營利組織，特別是小型和資源有限的非營利組織組織，因資

源匱乏而被邊緣化，難以參與政府的公共服務過程，反而限制了社會服務的多樣性，導致地方社會服務提供中的不平衡（De Corte, 2015）。

而政府與社福非營利組織的合作關係，也隨社會服務內容、行政官僚特徵各方面的影響因素，有著多樣性的變化。Coston（1998）將政府與非政府組織的關係，根據政府對非營利組織的控制水準、合作程度和財務依賴性等因素分為幾種類型。這些類型包括「支配型關係」（Dominant Relationship）、「獨立型關係」（Independent Relationship）、「合作型關係」（Collaborative Relationship），以及「補充型關係」（Supplementary Relationship）。在「支配型關係」中，政府擁有較高的控制權，非營利組織在財務上對政府有高度依賴，這意味著非營利組織在決策和運作上受制於政府，缺乏自主性；在「獨立型關係」中，非營利組織保持高度獨立性，不依賴於政府財務支持、不受制於政府控制，這類非營利組織往往具有較強自主性，可自由追求自己的目標。在「合作型關係」中，強調政府和非營利組織之間的合作，雙方可能會共同參與決策過程、並在財務和管理上保持一定平衡，雙方較能有效地結合各自資源和能力達成共同目標；而在「補充型關係」中，非營利組織常在政府資源或能力不足情況下，補充政府的工作，儘管非營利組織在某些領域可能也依賴政府支持，但通常還是能保持一定程度獨立性。

Liu 與 Qiu（2013）研究高齡者服務中的政府與非營利組織關係，認為依據非營利組織是否直接從政府獲得資金、是否能共同參與服務決策，非營利組織的自主性，可分為「合作夥伴模式」（partnership model）、「協調型態模式」（coordinative model）、「整合型態模式（integrated model）、「委託代理模式」（contracting model）。所謂「合作夥伴模式」是指政府與非營利組織不僅有資金連結，也能共同參與決策和管理過程，非營利組織在服務設計、資源配置及政策建議方面發揮更積極的角色，非營利組織和政府能夠結合各自的資源和優勢。「協調型態模式」中，政府為非營利組織提供政策指導、技術支持或是法律保障，但不干涉其具體運營。非營利組織可以相對獨立地運作，靈活應對服務需求。這種模式中，非營利組織

雖能在政府政策框架內運作、但又能保持自主性和創新力，但這種相對獨立的合作模式，也可能導致缺乏足夠資金支持和制度保護。「整合型態模式」則強調將政府與非營利組織的角色完全整合，雙方共享責任與權力，共同設計、實施和監控老齡服務的提供，整合政府的資源與非營利組織的專業知識，從而提升服務效果。但挑戰在於如何分配權責，以及如何保持雙方的靈活性和高效溝通。

而 Joris De Corte 和 Bram Verschuere（2014）探討比利時的福利國家體制中的地方政府及非營利組織互動關係，從非營利組織財務的依賴性、政府和非營利組織的溝通頻率，以及地方政府對非營利組織的控制力等因素來進行分析，結果發現比利時多數非營利組織在財務上並不依賴地方政府，但兩者之間關係依然很密切；特別是參與降低貧窮和少數族裔整合服務的非營利組織，比起老年人或青少年照顧的非營利組織，與地方政府保持著更強而有力的整合關係、兩者聯繫更加緊密。而前者非營利組織對政府的資金依賴較低、自主性較高，更有可能創新。

綜上所述，可知在當代政府與社福非營利組織之間關係的研究，特別關切社福非營利組織相對於政府的自主性、對政府的資金依賴性，以及兩者是否能有共同決策。透過對這些不同關注指標的研究，也產生出了多樣的政府與社福非營利組織之間關係，從政府絕對支配、非營利組織可獨立自主兩個極端模式之間，仍存在著在合作、互補、整合、協調等多種不同關係模式。而這些關係模式差異在不同地區和國家又有所不同，受到各地或各國政治社會背景，以及福利體制差異的影響。例如中國在高齡化社會中亟需非營利組織協助提供相關照顧服務，但政府對非營利組織的註冊和運營進行嚴格控制，這限制了它們的獨立性和服務效益，造成中國的非營利組織在發展過程中更容易遵循政府指令，阻礙了非營利組織與公民社會發展（Liu & Qiu, 2013）。相對中國的狀況，韓國則是受政治民主化運動影響，政治變遷讓新政府更加支持公民社會組織的成立，非營利部門也因此逐漸興起，政府補助被認為是促進新非營利組織不斷成立及持續發展的重要因素。政府補助也在非營利組織與地方政府之間造成依賴關係，當政

府社會支出增加，非營利組織與政府之間依賴關係繼續增加，非營利組織在沒有政府支持下難以維持發展（Lee, 2008）。

中東歐國家包括捷克、匈牙利、波蘭和斯洛伐克，在蘇聯解體後，國家主導的福利體系更加多元化和分散化，非營利組織在社會福利服務提供中興起。2008 年全球金融危機及隨後緊縮措施，對中東歐福利體系產生重大影響，導致政府對非營利組織依賴增加，因其能以更低成本提供服務。這些條件也加劇政府與非營利組織之間的關係緊張，尤其是在政府試圖削減成本並加強對福利提供控制之時，某些政府例如匈牙利開始支持教會組織而不是非營利組織，來改變福利提供狀況（Cox, 2020）。澳洲非營利組織常通過服務協議或契約獲得政府財政支持，成為健康、教育、社會服務和社區發展等領域的重要服務提供者。初期，非營利組織擁有相當大的自主權，雖獲得政府資助但政府干預少。不過，因 1990 年代引入的新公共管理（NPM）改革而轉向了更正式的契約關係，在這種關係中，政府作為服務的購買方，非營利組織失去了部分自主權，因為被要求更多行政負擔和報告。而競爭性投標和契約導致了澳洲政府與非營利組織之間的權力不平衡，影響了非營利組織的運營方式和服務品質（Furneaux & Ryan, 2014）。

透過上述研究，顯見各國在當代社會服務領域中的非營利組織與政府關係具有一些共同性，但同時又因各國政府民主發展狀況、福利體制的差異有所不同，在社會福利服務民營化的過程中，非營利組織的自主性有著多樣的呈現。因此，在社會福利服務民營化過程中，政府究竟出自節省人力和成本、要求效率，還是重視非營利組織的社福專業？而非營利組織又如何在去取得政府資金和管控，以及組織初衷和自主性的兩端找尋平衡？社福民營化是否改變了傳統第三部門與政府的關係？在變與不變之間是基於何種因素？各國的社福民營化過程與第三部門和政府的關係有著哪些相同與相異點？針對這些問題，實有透過跨國經驗的瞭解進一步討論的需要，這也是本專書撰寫和出版的重要動機與目的。以下，我先簡要介紹各章的重點，引領讀者更快對本書有所瞭解。

第一章即本書的導論，主要論述在社福民營化過程中，非營利組織和政府關係的類型，以及影響這些不同關係模式中的影響因素。接下來第一部分探討有關包括英國、美國和德國內在的歐美國家，其社福民營化中第三部門與政府關係；第二部分則是探討包括韓國、香港和中國的東亞國家，其社福民營化中的第三部門與政府關係；第三部分則回到台灣社福民營化的過程，透過對政府和社福非營利組織委託契約分析、新型服務的政府與非營利組織觀點，以及地方型非營利組織與政府互動關係，來討論台灣本土的社福民營化中第三部門與政府關係。這三個部分涵蓋了包括歐美與東亞國家的社福民營化模式，以及台灣在地發展現況，力求呈現第三部門組織與政府關係在社福民營化過程中的國際與本土經驗，提供台灣學界未來在社福服務領域能夠參照之處。以下將就各個章節的內容作簡要介紹，以利讀者對各章節內容先有概略印象。

林宏陽在第二章「英國政府與社會福利非營利組織夥伴關係之探究」，回顧英國自19世紀中期以來的政府與非營利組織依循福利意識型態的轉變，探討1997年新工黨重回執政，以及2010年代保守黨以建構大社會（Big Society）為口號後的公私部門夥伴關係的發展脈絡。周怡君在第三章「德國社福非營利組織與政府關係」中，特別著重探討德國新組合主義架構下，其以基督教會為基礎的社福非營利組織所組織而成的聯盟，和政府的平等合作關係在市場化過程中的變遷。黃芳誼在第四章的「從窮人身上賺錢？美國社會福利民營化發展初探」，分析美國「去中心化」與「私有化」社會福利系統，透過將權力下放給州政府、民間組織與私人機關來進行的歷史發展，非營利組織與民間企業在美國社會福利系統中，同時扮演贊助者與服務輸送者的雙重角色。

林秉賢在第五章「南韓的非營利組織與政府關係」透過質化研究中的脈絡分析取徑（contextual approach），以韓國重要社會事件之媒體報導與第三部門相關之法規變革資料，透過與韓國非營利組織的資深從業者訪談，探討韓戰後南韓在軍事戒嚴社會中的公民社會組織發展，甚至在稍後更投入社會企業的高自主階段。陳永傑、徐禎、張仲妍在第六章「長照

改革中的服務機構民營化對第三部門的衝擊——以廣東省為例」，探討了中國高齡化社會所衍生的長照服務多元化。民營化發展中，當前第三部門受到政府和市場部門的雙重壓力，其服務理念與追求無法得到表達，生存空間受到擠壓。陳綺文在第七章「從代理者到附從機構——試論香港社福非營利機構與香港特別行政區政府的關係」，探討香港特別行政區政府與社福非營利機構的關係，結果發現從香港回歸中國前到現在，香港政府一直依賴非營利機構提供各類社會服務，兩者可說是夥伴關係，但同時也存在張力，尤其經過 2019 年社會運動及三年抗疫之後，兩者關係透過特區政府推行「一筆過撥款」、強化了政府角色，加上限制結社自由及不鼓勵 NPO 發展，導致了政府與非營利組織之間關係的改變。

周怡君和林倖如在第八章「夥伴還是伙計？從社福採購招標文件分析台灣社福非營利組織與政府關係」，透過對台灣中央部會、直轄市和非直轄市委託社福 NPO 執行法定社福服務的招標文件，共 152 件作為研究對象，分析台灣社福 NPO 與政府的關係。研究結果發現各級政府在法定社福服務委託民間非營利組織過程中，常以金主和行政優勢姿態，將社福非營利組織視為自己的行政助手，而非有平等地位的合作夥伴。兩位作者也在第九章「從公共托育家園委託經管分析地方政府與社福非營利組織在新型服務之現況與困境」，透過對公共托育家園（含親子館）這個新興社會服務，檢視政府在因應新興照顧服務公共化需求，以及依循過往社福採購模式之間，所呈現的公私協力實態，結果發現雖然政府視非營利組織為行政助手的視野仍然存在，但透過行動研究過程中的不斷對話，仍蘊藏良善治理的契機。林宏陽在第十章「非營利與政府組織於福利服務輸送的合作治理——以屏東縣社區照顧服務支援中心為例」，以屏東縣社區照顧關懷據點輔導體系基礎，運用新公共治理論述以及利害關係人與資源基礎理論，檢視在過程中的公私夥伴關係樣貌。研究結果指出屏東縣社區照顧關懷據點輔導模式大致回應了合作治理、社會創新與利害關係人與資源基礎理論內涵。此等合作治理模式或可視為台灣當代新公共治理模式之一。

在社會福利服務民營化或私有化過程中，國家、非營利組織、市場、

家庭和服務需求者的關係變遷尤為重要，而這與各個不同國家和地區包括民主化與否以及中央或地方分權等政治制度、福利體制、非營利組織發展狀況，甚至所採用的政府與非營利組織互動結構模式，有著非常密切的關係。本書期待透過對於各章作者所提供的不同國家和地區的非營利組織發展經驗以及其與政府的關係模式，讓讀者對於全球的社福非營利組織與政府關係有比較性理解；最終，仍是要回歸到台灣在地社福服務民營化過程中，非營利組織發展及其與政府關係做探討，從理解與分析國際發展特徵中，方能明瞭台灣未來應該該選擇的發展趨勢。

參考文獻

Coston, J. M. (1998). A model and typology of government-NGO relationships. *Nonprofit and voluntary sector quarterly, 27*(3), 358-382.

Cox, T. (2020). Between East and West: Government–Nonprofit Relations in Welfare Provision in Post-Socialist Central Europe. *Nonprofit and Voluntary Sector Quarterly, 49*(6), 1276-1292.

De Corte, J., & Verschuere, B. (2014). A typology for the relationship between local governments and NPOs in welfare state regimes: The Belgian case revisited. *Public Management Review, 16*(7), 1011-1029.

De Corte, J. (2015). Local social policy and accessible social service delivery: A study of the relationship between local governments and private nonprofit organisations. Doctoral dissertation, Ghent University.

Furneaux, C., & Ryan, N. (2014). Modelling NPO–government relations: Australian case studies. *Public Management Review, 16*(8), 1113-1140.

Lee, M. (2008). Government Influence on the Formation of Nonprofits: A dual relationship between local government and local nonprofits. *International Review of Public Administration, 13*(2), 97-115.

Liu, H., & Qiu, M. (2013). Conflicts and Cooperation: Analysis on Relationship of the Government and NPOs in the Field of Old-Age Service. *International Journal of Business and Social Science, 4*(16), 288-293.

第一篇
歐美發展與經驗

- 第二章　英國政府與社會福利非營利組織夥伴關係之探究
- 第三章　德國社福非營利組織發展及其與政府關係
- 第四章　從窮人身上賺錢？美國社會福利民營化發展初探

第二章
英國政府與社會福利非營利組織夥伴關係之探究

林宏陽（國立屏東科技大學社會工作系教授）

壹、前言

國內外社會政策領域的教科書籍，於介紹社會行政（social administration）體系與社會工作（social work）專業的起源與主要發展時，多會論及英國對於當代社會福利國家建構與發展過程中諸多重要性（例如：Hill & Irving, 2009; Lohmann & Lohmann, 2002；林勝義，2018；黃源協、蕭文高，2021等）。首先，在學理的論述方面，英國17世紀的重要政治神學學術工作者Thomas Hobbes觀察政府與人民的關係，提出一國社會中握有經濟與政治權力者基於社會運作過程的諸多不確定性，導致危及其經濟與政治權力延續之事件的恐懼（fear）。如此一來，對於政府運用其職權建立當代社會已普遍建立的社會安全制度（social security programmes），藉此向政治與經濟利益階層收取一定比例的收入籌措該等社會安全措施的財源，以解決可能進一步擴大、深化成為威脅其權力正當性的社會問題（social problems），逐漸為共識。Hobbes（1968/2003: 103-104; 1998: 94）認為，此等共識往往隨著社會發展而如此凝聚，或可稱之為自然法則；基於該法則而建立並永續運作的社會機制，則成為代代之間相互連帶的社會契約（social contract）。然而，在妥善建構此等社會機制的過程中，藉由通過相關社會立法、設立執行所擬定之措施的社會行政（social administration）體系，並使社會大眾逐步瞭解自身的義務與責任，方賦予其公民的角色與權利，應為必要的方式（Rosanvallon, 2000；蔡英文，2016）。

第二，為提供經濟能力相對弱勢之人口群所需的服務與給付，以英國為例，自中古世紀以來實已發展諸多慈善組織（philanthropic organisations）與慈善信託組織（charitable trust funds），及以互助（mutual aids）為主要目的的互助會（friendly society）、合作社（co-operation society）、建築合作社（building society）、工會（trade unions）等組織。該類機構皆係以提升社會大眾福祉的公共目的所組成，藉由經濟相對優渥者付出其部分所得籌措財源，以提供有服務與給付需求者，諸如因身

心障礙、家戶貧窮等所致的相對不利處境，所需要的福利服務與現金給付（Beveridge, 1948: 9-10）。其中，1869年成立於倫敦的英國慈善組織會社（Charity Organisation Society, COS）所開展的科學慈善社會工作精神，係以基督宗教的信仰為基礎，復採協調社會力量、追求資源分配之效率的科學精神，相信藉此能夠在不斷發展的當代社會之中，協助弱勢者適應社會生活。所以，其相信貧窮的個人歸因，而非環境因素所致（李明政，2022: 69-70）。此等檢視生活形式（forms of life）與其貧窮處境相關性的意識型態，實與 Max Weber（1930）在 *The Protestant Ethic and the Spirit of Capitalism*（《新教倫理與資本主義精神》）一書所採取的生活行為（conduct of life）視角相近，從而獲得相似的結論，也相當程度成為當代個案工作發展的基礎（Dean, 1992: 218）。COS 的工作方法，接續鼓舞北美與歐陸各國相似組織的成立與發展，進而從濟貧與其他相關服務之中，建構當代社會福利國家的社會行政與社會工作專業。

除了私部門的自願性行動（voluntary actions）外，自16世紀英王亨利八世主政時期便已不斷發展的貧窮救濟政策，直到1601年英國女王伊麗莎白一世頒布濟貧法（The Poor Law）、1834年濟貧法的修正，以及在相關制度發展過程中嘗試以不同方式與給付水準提供經濟弱勢者資源的規範，例如1795年曾試行一段時間的史賓漢蘭法（Speenhamland Act of 1795），則屬於政府所建立的正式濟貧法規與制度（Polanyi, 1944）。即便如此，無論是私部門的自願行動，抑或是公部門所執行的福利服務與給付之政策與法規，在過程中所探究幾個議題，例如值得受到救濟之窮人（the deserving poor）的圖樣、院內救濟與院外救濟的適切性，乃至於原已活躍的慈善組織與國家依據該法所建構的行政體系之角色與功能區分，亦即本文所欲探究的重點所在，隨著時間的推進、不同社會發展時期之需求而不斷地調整（郭明政、林宏陽，2020）。

再者，若從探討當代社會福利國家起源時往往引述的貝佛里奇報告書——*Social Insurance and Allied Services*——的內容觀之，Sir William Henry Beveridge 係以福利混合經濟（mixed economy of welfare）的角度，

綜合整理各種公私部門所提供的福利服務與現金給付,皆將其納入社會福利國家的整體社會安全制度規劃之中(Plan for Social Security)(Kidd, 1999: 1-3)。舉例而言,英國於 19 世紀末與 20 世紀初所集結的各項貧窮研究,並基於此在 1911 年所設立的國家保險(National Insurance, NI)制度,規劃於二次世界大戰(World War II, WWII)後所建立的福利國家中延續其強制性的社會保險制度與國家救助(National Assistance)體制,係屬公部門所提供的正式社會安全體系。除此之外,該報告書亦將自願部門所提供的保險體系,包含諸如附帶稅賦優惠的個人儲蓄、工會組織所提供的失業保險、互助會所提供的疾病或失能給付與其他給付等,則屬於私部門所提供的自願性服務與給付(Beveridge, 1942: 120-153)。就 Beveridge 在該期間的觀察,以及藉此所規劃的社會福利國家藍圖,應也能說明英國在二次世界大戰結束後的當代福利國家建構時,政府部門與私部門自願組織的建置與合作,已有相當程度的發展與成熟度(Beveridge, 1948: 8)。

基於社會福利相關理論與公私部門社會行政體系的發展,英國在 19 世紀即已逐步建構公私部門的合作模式,藉此提供服務對象適切的福利服務與現金給付。但如世界各國在福利混合經濟體系在二次世界大戰之後的福利國家發展期間,受到社會民主主義(social democrats)、新自由主義(neoliberalists)與第三條路(the Third Way)等主要福利意識型態的影響,而調整福利體制的合作模式。因此,本文以下部分將依序探討英國公私部門社會福利體系在二次世界大戰之前的建置、發展與合作模式,以及二次世界大戰之後、新自由主義之影響與第三條路論述之後的夥伴模式運作樣貌。最後,則概要整理英國百餘年來的經驗與發展脈絡。

貳、二次世界大戰之前的發展

英國近代主要的自願組織之發展,特別在於慈善組織與互助組織(friendly societies),如 Fraser(2009: 120-128)的論述所示,大致上承自

工業革命（Industrial Revolution）之前政府的重商主義（mercantilism），以及在工業革命後延續過往對於資本累積與自由競爭的重視，而發展出自由放任（laissez-faire）的管理模式；亦即推崇自由市場所能創造的利益，以及講求個人自助（self-help）與自利（self-interest）、追求崇高品德（supreme virtue）之精神。即便如此，從中獲益的人口群，往往為社會中的資本家或中間階級（middle-class）；勞動階級（working-class）則追求資本與財產而不可得，深受剝削。此外，伴隨著如1832年的改革法案（the Reform Bill of 1832）以及後續的政治改革，賦予資本家以及中間階級選舉權與被選舉權，使得經濟利益與政治權利集中在這個人口群。由於資本家與中間階級以及勞動階級之間的相對剝奪感日益加深，一些反資本家（anti-capitalist）的社會主義論述漸漸抬頭，倡議藉由自願式的社區型合作社、勞動者所集結的組織，乃至於由勞動階級控制產業之形式等，平衡階級之間的地位。然而，這些嘗試並未獲得成功；取而代之的，則是融入一定程度中間階級精神為基礎的馬克思（Karl Marx）社會主義論述，較能獲得當時勞動階級的瞭解與支持，且後續也相對淡化共產主義（communism）的革命論述。其中，中間階級在勞動階級人口群之中看到自助精神，一方面在於勞動階級拒絕當時殘缺且具懲罰性的濟貧制度與慈善組織，另一方面則透過勞動階級的團結以改善勞動條件、組織互助會、成立屬於自己的保險方案等。質言之，此等精神與中間階級強調由個人累積資產的論述迥異；而是藉由集體的力量籌措資源，以此支持面臨風險的會員及其家戶。同一時期所蓬勃發展的互助組織，提供至為多元的福利服務與現金給付，更可說是19世紀勞動階級團結的代表性產物。前述之互助組織、合作社、工會等勞動階級團結形式，藉由集體籌資的方式投入市場，為其會員獲取盈餘、分配利益，再以此提供服務與給付，提升勞動階級成員的福祉，也辦理勞動階級的自學（self-education）組織，可謂形塑當時勞動階級生活主要社會哲學的重要角色（social philosophy）（Fraser, 2009: 128-133）。

Harris（2010: 26-29）的研究指出，在本文前言所提及的福利混合經

濟論述，雖然政府自 1601 年以來扮演提供經濟弱勢者福利服務與現金給付之重要角色，但實際上政府在相關的服務與給付之輸送，重要性並不如私部門的慈善組織與互助團體。其主要的原因在於，一方面，慈善組織與經濟弱勢者救助一直以來具有密切的相關性，但隨著 1834 年濟貧法改革過程中的討論，認為濟貧法提供予經濟弱勢者的服務與給付，使其更加依賴所獲得的資源，而應更為妥善地審核其資格，並相應調整其給付。此等論述，後來成為 1869 年 COS 工作方式的基礎；質言之，其核心論調實與 1970 年代逐漸抬頭的新自由主義福利意識型態相仿。另一方面，本文稍早提到以互助為主要目的的互助組織，在 19 世紀之初便已成為男性勞動者所參與的主要團體。互助組織的組織數，於 19 世紀快速成長，以會員定期繳交會費籌措資源，藉此提供會員相關的退休或死亡給付。再者，除了前述的慈善組織與互助會外，尚有其他以提供社會住宅、教育服務、醫療服務與身心障礙者居住式服務等為宗旨的自願組織。所以，整體而言，如 Lewis（1999: 258）的論述所指出，自願部門在 19 世紀所發展的多元福利服務與給付，使得自願組織與在地社區能夠建構由人們相互合作的社會生活模式，而非仰賴於政府實際上並不願意從事的福利服務與給付之輸送業務。雖然隨著 19 世紀末與 20 世紀初期的貧窮相關研究，將政府的角色帶入社會保險與社會救助等政策面向。但整體社會大眾也已充分瞭解，當福利服務與給付的輸送主要掌握於政府的手中時，自願性的社會行動將難以發展。故而在政府發展其社會安全體制的同時，有意識地節制政府以其部門掌管社會行政體系與相關的服務輸送行動，為英國在自願部門與政府部門夥伴關係發展歷程中可屢屢觀察到的現象。

就英國 19 世紀末與 20 世紀初的自願組織發展脈絡觀之，雖然對於一定程度節制政府介入福利服務與給付的輸送具有共識，但所採取的方法與概念則未必相同。例如成立於 1869 年的 COS，嘗試以個案工作模式取代過往的社區工作模式，藉此檢視個案與案家所獲得的整體資源，方能更為有效分配資源、降低福利依賴的可能。然而，此等作法受到不少共同創立者的反對。因此，可大致觀察到兩種自願組織的運作思維：其一為協助運

用政府所提供的資源輸送服務與給付，以充分滿足服務對象的需求；其二則旨在延續具有道德性與懲罰性的救濟原則，擔任福利服務與給付的守門員（goalkeeper）角色。這兩種論述，皆被歸為 19 世紀中期慈善觀點轉型（the evolution of philanthropy）的主軸，但採取的工作方法迥異；相對著名的 COS，在當時所採的工作模式係屬後者，也成為當代個案工作的核心精神之一（Fincham, 2019: 219-220）[1]。所以，1870 年代之後，英國政府大量支持公共教育、公共衛生、以工代賑，乃至於 20 世紀初的學校營養餐食、退休給付、國家保險等政策之態度以回應社會大眾的需求，使得主張應擔任守門員之自願組織的角色逐漸式微。相對而言，採取充分滿足服務對象需求觀點的自願組織，諸如協助提供相關服務的互助組織等，被視為「受到許可（approved societies）的組織」（Harris, 2010: 31）。之後，伴隨著國家賦予獲得院外救濟者投票權，使其得以主張所需的福利服務與現金給付，並藉此支持國家擴張其公共福利服務與給付，甚至於願意協助其輸送與分配服務與給付之自願部門組織，而被稱為「新慈善」（the new philanthropy）時期（Harris, 2010: 36）。

之後，在第一次世界大戰期間所看到的服務與給付之需求，特別關於傷患救治、大規模失業以及家庭與兒童福利，除了由政府投入資源、召募大量的志願工作者，同時由自願組織負責輸送服務與給付，可觀察到公私部門之夥伴關係有進一步的發展。一方面，戰爭時期所需要的大量醫療資源，使得政府投入大量資金協助原提供醫療服務的互助組織，甚且將部分組織轉為軍事單位，亦有部分組織轉型為協助此等軍事醫療單位的輔助醫療體系。另一方面，隨著大規模失業以及家庭與兒童福利服務與給付的大量需求，COS 嘗試延續過往的工作理念以串連提供相關服務與給付的機構，藉此促成慈善機構之間的合作。雖然這樣的嘗試未能獲得顯

---

[1] 若以 Fincham 所呈現的史料觀之，COS 的前身實為支持嚴格檢視獲給付者資格以及個人歸因的預防貧窮與犯罪會社（Society for Prevention of Pauperism and Crime, SPPC）。因此，COS 的部分發起人，諸如本文前述的 Barnett 牧師，以及 Solly 牧師、Toynbee 牧師等，在 1870 年代紛紛離開該組織，並向勞動階級成員與其家庭懺悔其過往的舉措。

著的成效，但卻成為1919年成立國家社會服務委員會（National Council of Social Service, NCSS）的契機；此即目前英國國家自願組織委員會（National Council for Voluntary Organisations, NCVO）的前身。在該委員會的運作下，促使自願組織能夠更有效地在全國各地統整政府的法定資源，也藉此整合慈善組織與自願組織所籌措的資源，進而提供服務對象及其家庭更為完善的服務與給付，以及彙整服務過程回饋所看見的問題，促進整體服務相關立法的發展。需特別提到者在於，由於戰時與戰後復原期間的募款不易，慈善組織與互助組織在兩次世界大戰期間難以藉由過往的資金取得管道，提供所欲輸送的服務與給付，以至於政府介入組織財務與運作的情形更為顯著，但卻有其現實上的必要性與意義（Harris, 2010: 31-32）。

即便如此，由於在這過程之中，自願組織發現其本體性與自主性漸漸模糊，而更須思考福利服務的本質與範疇。Harris（1995: 552-553）檢視相關的史料指出，各類型自願組織發展出概要的共識，認為政府的角色應在於確保法定福利服務與給付的資金無虞，並持續與自願組織合作相關的輸送機制，以滿足服務對象的生活適足度。除此之外，自願組織亦投入諸多與福利服務密切相關的實務與學術研究，發現戰爭對社會大眾的身心狀態所可能產生的不良影響，使得英國社會認為自願組織的功能更可在於提供具有相關依據的深入陪伴與服務，以協助其克服社會事件所造成之社會性與心理性創傷[2]。再者，考量戰爭與復原期間的募款不易，英國政府提出依據募款金額相對提撥的概念，一方面欲藉此增進民眾於戰後復原期間捐助資金的意願，另方面也因此建立政府為其目的而支助自願組織的合作模式。

據此，若以19世紀中期到20世紀第二次世界大戰之前的百年期間觀之，政府部門與自願部門從一開始的低度合作，到19世紀中後期的部分

---

[2] Chase（2011: 279-280）的研究指出，雖然兩次世界大戰之間英國Cleveland區域的礦區失業問題顯著，但伴隨著將失業議題去政治化（de-politicalised），以及強調政府部門針對失業議題的政策措施等，一定程度緩解失業者對於社會的不滿。即便如此，基督宗教背景的慈善組織與互助組織所提供的福利服務與給付，亦有助於支持長期失業者的身心需求，但仍須更為詳細的文件與統計以為佐證。

自願組織與政府部門的高度合作,以及一次世界大戰期間與之後復原歷程看見其應有的組織本質與社會責任,而找到公私部門合作的新模式。以形式而言,政府部門與自願部門看似於經歷兩次世界大戰之後欲降低合作的緊密度;但實際上,政府組織與自願組織已經各自找到其角色,並能有所發揮,反更顯合作無間。這也成為二次世界大戰期間與之後,英國發展當代社會福利國家的重要基礎。對此,欲特別強調之處在於,相對依賴政府部門所提供的資源而無法尋得自身定位的自願組織,則在後續傳統福利國家建立的過程中式微。

參、傳統福利國家時期之發展與新自由主義論述之影響

英國在二次世界大戰之前所發展的政府部門與自願部門之合作模式,在諸多福利服務與給付領域已經找到適當的輸送工作方法。承前所述,一定程度上係由政府提供資源協助支持與滿足社會大眾的生活需求,而自願部門的互助組織則可更深入針對個人及其家戶的身心需求,提供服務與陪伴。至於在兩次世界大戰與兩戰期間的醫療服務輸送體系,則係以政府部門提供資金,而醫療互助組織運用該資源與硬體設施等,提供服務對象所需的服務。在此等公私部門夥伴體系之下,Beveridge(1942: 170, para. 456)於二次世界大戰期間所提出的報告書,指出應運用社會保險制度與相關服務體系妥善解決包含生理慾望(physical want)、因疾病(disease)所衍生的生理慾望與其他議題、因為對事務缺乏認識(ignorance)而對民主體制產生危害、肇因於產業與人口之發展使得部分國民居住於不適當的居住環境(squalor),以及因不願工作(idleness)而耗盡財產、腐蝕人心等英國社會的五大惡(five giant evils)。

其中,Beveridge(1942: 6-9)認為首要解決的議題應在於生理慾望,因為生理慾望與其他四個議題密切相關,但又相對好解決。其主要的方式,應以研究與分析生理慾望的起源為基礎,而後則建立社會保險制度、

投入相關的資源與服務，致力於減少所得中斷之可能、提升其獲取薪資之能力，亦確保在家中主要所得者面臨所得中斷之期間，能提供充分的服務與給付以滿足兒童養育與其他家庭需求。整體而言，就當時已經建立的福利服務與給付的公私夥伴輸送體系觀之，不願工作、居住環境、對於事務缺乏認識，乃至於生理慾望等四個面向，都已分別有諸如慈善組織、互助組織、建築互助組織、教育互助組織、社區式合作社等體系，協助輸送所需的服務。且政府也對此建立相關的社會行政體系、投注相關的人力與財務資源，亦即藉由強制性的國家保險（NI）制度一定程度排除自願組織過往已經提供的社會保險服務（Child, 2020: 755-758）[3]，以盡可能減少對自願部門的依賴。然而，對於可能衍生生理慾望與其他議題的疾病領域，若仍以醫療互助組織擔任提供服務的主要角色，將導致政府部門在該政策領域過於依賴自願部門。因此，1948 年所建立的英國公共醫療體系——國家健康服務（National Health Service, NHS）體系——於英格蘭、蘇格蘭與北愛爾蘭展開，使二次世界大戰前所建立的公私部門合作模式有顯著的改變。

　　Harris（2010: 33-34）的研究指出，當時的工黨政府（Labour Government）選擇此等作法，大致上有四個面向的考量。首先，為取消過往「受到許可的組織」的認知，而以 NHS 取代醫療互助組織在戰爭期間的主要功能。第二，建立政府部門輸送福利服務與給付的公共社會行政體系，將能夠減少對自願部門的依賴。第三，透過 NHS 體系的建立，將能夠充分平衡醫療院所提供服務的角色。第四，以工黨政府的意識型態觀之，建立公共社會行政體系，即可減少對自願部門的依賴。工黨政府欲將各項福利服務與給付國家化（nationalised）的主要考量在於，如 Parker Morris（1927:

---

[3] 雖然部分具基督宗教背景的慈善組織，過去嘗試運用自願式的社會保險制度提供被保險人一定程度的經濟安全保障。在英國 NI 體系正式施行之後，自願組織的社會保險制度即便因為涵蓋範圍重疊而式微，但仍可透過募款維持原有的救助功能，而未因此全然退卻。此外，亦投入資源研究各地勞動階級人口與家庭的生活方式，瞭解實際上的所得使用方式與適足度，藉此思考適當的給付水準（Child, 2020: 773-776）。

387; cited in Harris, 2010: 34)之觀察，政府部門在兩次世界大戰之間投注龐大的資源在福利服務與給付上。雖由自願部門協助其輸送福利服務與給付，但政府卻需負擔維持社會行政體系的責任，致使工黨政府不願延續該輸送體系。再者，政府部門認為，隨著所建立之社會行政體系的專業更為明確，若此等輸送體系之角色逐步走向為部分社會大眾之需求規劃相對應的服務與給付，充其量僅止於深化社會區隔（social-divisive）與社會控制（social-controlling）的意圖與結果；反之，政府的角色應在於履行更為寬廣且全面的社會責任（Webb et al., 1976: 5; cited in Harris, 2010: 34）。如此一來，承前所述，因為為數眾多的自願部門組織在二次世界大戰期間已逐漸失去自主性，故在此等合作模式轉變之下紛紛解散。自1950年代後期開始，能夠存續的自願部門機構，主要係因找到自己的方向，轉而投入政府尚未提供的服務領域、轉型成為壓力團體（pressure-group）以倡議服務對象的權益、籌組新型態的合作團體（coordinating groups）、協助輸送地方與中央政府救助基金所欲提供的服務與給付，抑或組織針對學齡前教育、娛樂性藥物成癮、單親家庭等人口群之服務方案為主軸的互助組織等（請特別參考 Finlayson, 1994: 287-400）。而工會組織參與者於兩次大戰的過程中所面臨的長期失業問題，也在政府部門以及前述的自願組織提供相關的福利服務與給付之中，緩解其面對的社會風險。然而，由於社會安全制度的運作基礎在於透過社會保險費與稅收的重分配，使面對風險者得以獲得所需的服務與給付。據此，在社會福利國家的建構過程中，往往也伴隨著政府部門對工會組織及其成員的照顧，以及工會組織對於薪資的議價與自願妥協，從而調節物價的波動。雖然當時的工黨與保守黨對工會所採取的態度相左，但卻同樣致力於實踐充分就業的可能，以使所有的受僱者及其家庭能夠被涵蓋在社會保險體系之中。所以，薪資水準與勞動條件之調整，在英國傳統社會福利國家發展過程中，並不被視為社會政策的一部分（Whiteside, 1996: 99-100, 102）。

質言之，在某種程度上，二次世界大戰之後的英國社會福利國家建構過程，係延續19世紀中期之後以社區工作為開展的工作方式，並結合福

利混合經濟的理念,但相對著重於政府部門的角色。至於過往密切合作的自願部門在工黨執政之後萎縮,市場部門的角色也維持低度發展,而專注於政府部門評估、生產與輸送福利服務與給付的角色。欲特別強調者在於,Beveridge於規劃社會福利國家藍圖時,認為政府部門不需提供普及式的福利服務與現金給付;部分的服務與給付,可由當時已經相當程度發展的自願部門負責輸送。至於工黨與費邊社(the Fabian)於後來的規劃與調整,逐漸接受中間階級關於應強化政府部門在福利服務與給付的角色之提議,藉此取代過往由勞動階級所發展的互助組織,諸如提供社會保險給付、醫療與衛生等服務的自願部門。此即後續可見到的社會民主主義意識型態下,以政府部門為主導的福利混合經濟模式(Taylor, 2004: 129-130)。

1960年代至1970年代中期之間的政府部門與自願部門之間的關係,延續以政府部門為主、自願部門為輔的合作模式。即便自願部門所提供的部分服務不同於政府部門,但其主要的目的並不在於取代政府的角色,而仍僅止於輔助性質。至於1970年代中期至1980年代初期之間的兩次能源危機(energy crisis)所造成的大規模失業,及其導致的公共福利支出大幅增加,使得採取縮減政府部門福利支出規模論述的新自由主義論者(neoliberalists),或謂新右派(the New Right)意識型態,在英國取得從1979年至1997年之間的執政機會。柴契爾夫人(Margaret Thatcher)執政期間(1979年至1990年),係以Friedrich Hayek的新自由主義論述為基礎,力行其刪減公共福利支出規模,嘗試促成完全競爭市場上的營利機構提供福利服務與給付之構想(Pierson, 1994)。1986年的社會安全法(Social Security Act of 1986)改革,使原有的國家所得相關年金制度(State Earnings-Related Pension Scheme, SERPS),能在事業單位一定比例之受僱者同意下,轉由營利的金融機構或非營利的自願組織承接其職業年金方案,亦即委外經營(contracting-out)的規範,被視為該時期私有化歷程的重要起點(Clark, 1995: 348; Harris, 2010: 35)。因此,過往以社會民主主義所建構的傳統福利國家體制,於新自由主義的意識型態之下,轉以

福利多元主義之觀點為基礎：極小化政府部門的公共福利支出，而由市場部門、自願部門與非正式部門取代之。

從二次世界大戰之後的當代社會福利國家之建構與發展，直至1997年新工黨（the New Labour）採取第三條路的論述而重回執政，該期間所觀察到的福利意識型態之轉折，以及政府部門在整體福利服務與給付輸送之角色的重要性，相對清晰。即便如此，Peden（2017）認為，雖然Beveridge在其報告書中所論述的福利國家樣貌與經濟學家John M. Keynes（1936）的理念相近，卻未必與Friedrich A. Hayek有太大的差異。基本上，Beveridge、Keynes與Hayek皆可被歸為新的自由主義論述者（new Liberals），亦即認同自由市場經濟、主張個人應有自助與節儉的精神、反對獲得福利服務與給付者對此產生依賴而削減其進入勞動市場的誘因等，方能獲得充分的自由。此外，三人亦皆認為政府部門得採取適當的方式，諸如社會保險、社會救助、家庭津貼或其他形式，提供福利服務與給付以維持社會大眾的適足生活。其中，以Hayek（1960）對於社會安全制度的專論而言，若政府部門透過社會安全體系有限度地達成所得重分配，則社會大眾仍可獲得充分的自由；其論述之中最為擔憂的，係屬相當程度控制物價與薪資的計劃經濟（planned economy），並將之視為通往奴役的道路（Hayek, 1994）。然而，整體福利國家的發展方向，即便經歷工黨與保守黨採取不同的福利意識型態之下交替執政，政府部門仍維持擔負提供公共福利服務與給付的主要角色，並繼續發展與擴張至相對複雜的狀態（Peden, 2017）。

對此，Thatcher於1979年取得執政權之後，方於完整檢視之後提出前述1986年的社會安全法改革，試圖減少政府部門公共福利服務與給付的角色，並同時強化市場部門與自願部門在服務與給付輸送上的功能與重要性。後續推出的公共福利服務與給付之改革，則延續1986年改革的理念，諸如1989年的兒童法（Children Act of 1989）改革，以及1990年的國家健康服務與社會照顧法（National Health Service and Social Care Act of 1990）改革，提出自二次世界大戰以來較為顯著的制度轉變。一方面，使

得後續的公共福利服務與給付之輸送更加市場化，以藉此獲得新自由主義所論述之完全競爭市場下的諸多利益；但充其量僅著眼於「商品」本身，而較少意識到「服務」過程中的提供者與使用者之間的互惠性與持續性的關係（Osborne, Radnor & Nasi, 2012: 143-144）。另一方面，則廣泛使用與市場部門以及自願部門簽訂服務與給付之輸送契約，形成後來擔任新工黨首相 Tony Blair 所說的契約文化（contract culture），抑或所謂的契約主義（contractualism）（Förster, 2020: 131-132）。

整體而言，就二次世界大戰後的社會福利國家發展，直到 1997 年新工黨重回執政期間，雖然英國秉持福利混合經濟的論述為基調，且在 1974 年 Wolfenden 委員會（the Wolfenden Committee）指出未來 25 年之間的福利混合經濟體系除仍應有政府部門的角色外，尚須使市場部門由原來僅提供營利性質的福利服務與給付，擴張到可由營利性質的財務機構提供保險契約。至於自願部門的角色，也應賦予其聘任更多專業工作者輸送服務對象所需的福利服務與給付。如此一來，可以平衡政府部門、市場部門、自願部門與非正式部門之間的角色，使福利服務與給付的輸送更為多元（Mayo, 1994: 25-28）。從後續的發展觀之，特別在新自由主義以後的服務與給付輸送體系，可觀察到政府部門的角色由市場部門、自願部門與非正式部門取代的趨勢，並延伸至第三條路論述、大社會論述，以及今日的狀態。

肆、第三條路與大社會論述脈絡下的夥伴關係

就二次世界大戰之後的社會福利國家發展，可看見社會民主主義與新自由主義兩種福利意識型態所引導的不同社會政策論述，使得政府部門的角色從公共福利規模的擴張到緊縮。在該期間，自願部門所提供的福利服務與給付，則由過去屬於補充、協助與支持的功能，轉為滿足服務對象適足生活所需的角色。英國的左翼政黨在 1997 年重回執政，所採的第三條

路論述係以社會投資福利國家之理念為核心，其內涵相對趨近於左派的觀點，但仍嘗試延續新自由主義的福利多元論點，維持福利服務與給付的多元性。Anthony Giddens（1994; 1998）所提出的第三條路論述，主要在於將引導傳統社會福利國家的社會民主主義，賦予當代社會的意義。因此，過去以政府部門主導福利服務與給付的輸送、強調社會連帶原則所建立的福利體系，經過新自由主義論述的挑戰，在 20 世紀末期時，應思考調整為去中心化的管理機制，以及具備透明度、管理效率、更為直接的民主機制等特性的政府體制。其核心精神，係在於提升公民社會的積極性、促進社會參與、鼓勵社會企業精神，並且提倡新型態的公私部門合夥輸送福利服務與給付的體制。

依循前述的精神與價值，可進一步發展出四個政策原則：獨立運作的自願部門組織對社會有益、政府與自願部門在福利服務與給付輸送上屬於互補的角色、公私部門合作能使整體輸送體系加值，以及政府與自願部門所擔負的責信雖然不同，但對於公共利益的價值與承諾相似（Home Office, 1998; Anheier, 2005: 369）。藉由前述四項政策原則發展的相關政策，可增進公民參與社會事務的機會、促進營利事業單位的社會與環境責任、將過往的福利服務與給付之請求權轉為個人及家戶的風險管理，並能建立以政府與公民合夥關係為基礎的諸多不同類型的自願組織（Anheier, 2004: 111-112）。Taylor（2004: 135-137）強調，由於第三條路並未有明確的內容，故而常常被誤解。實際上，若以福利混合經濟的角度觀之，第三條路的特徵分別在於建構政府部門與其他部門之間的夥伴關係（partnership），以及充分運用與涵融社會企業（social enterprise）與社會經濟（social economy）所使用的語言。在夥伴關係的部分，新工黨政府著重於解決具有區域特性的社會排除現象，希望藉由各部門組織共同輸送服務與給付之下，強化整體的「治理」（governance）效能，而非如過往社會民主主義邏輯底下的「政府」角色。因此，透過策略性的夥伴關係以及在地化鄰里組織之間的合作，使得此等最適混合（optimal mix）的跨部門服務與給付輸送體系，妥善增進整體社區與社會的融合。至於運用社會

企業與社會經濟的語言來建立鄰里組織再造的國家策略（National Strategy for Neighbourhood Renewal），係透過在諸多服務與給付輸送領域已建立網絡的社會企業，或社會經濟組織，提供政府部門與市場部門之外的選擇。在這過程中，政府部門亦盡可能促進社會投資體系，以活絡社會經濟的運作。

據此，Harris（2010: 36）認為，雖然新自由主義與第三條路皆著重於找尋政府部門、市場部門與自願部門的平衡，而在第三條路之下的英國，則相對著重政府與自願部門之間的平衡與合作，為兩者內涵顯著不同之處。質言之，新自由主義試圖以自願部門所提供的福利服務與給付取代國家的公共福利，而第三條路則一定程度委以政府部門提供福利服務與給付的角色，同時搭配自願部門的擴充（extension）與發展，主要的目的在於完善政府部門的服務輸送體系。然而，在 2010 年 David Cameron 取得聯合執政權力之後所推動的「大社會」（the Big Society）概念之下，雖然表面上的核心精神在於給予社區更多的權力、鼓勵社會大眾在社區裡扮演積極的角色、將權力從中央導向地方政府，進而支持合作社、互助組織、慈善組織與社會企業。但是，經過兩任保守派政府的執政之下，發現主要目的係在於緩解政府的財務狀況、落實樽節（austerity）政策，並且縮小政府在福利服務與給付輸送上的角色。因此，在大社會的福利服務與給付輸送脈絡下，自願部門成為政府部門以外的選項（alternatives），而非為政府部門的延伸（extension）（Förster, 2020: 132）。

質言之，自 1980 年代以來，隨著政府部門從公共福利服務與給付輸送的角色逐步退卻，以非營利性質為主的自願部門若欲持續提供福利服務與給付，則需確保其財務能夠具備相對的永續性。據此，各種募款基金會（grant-making foundations）藉由移轉募得的款項支持中小型社會福利機構的各項福利服務與給付的合作形式，為顯著的轉變與趨勢。Orton（1991）以英國 1980 年代自願部門組織所輸送的兒童照顧服務為例，指出以募款為主要功能的自願組織，向關心兒童福利的贊助者募得款項後，將資金轉分配於各個兒童福利領域的非營利組織，而可觀察到此等擔

任「雨傘」（umbrella）角色的自願組織成形。McKinney 與 Kahn（2004: 16-17）的研究則以英國的彩券基金（Lottery Fund）為例，一方面確認此等趨勢的形成，但擔心成為新型態的下滲經濟（trickle-down economy）現象；另一方面則發現中小型自願組織也因此陷入困境，但卻往往未於申請之前便意識到問題的重要性。其議題大致可歸納為兩部分。首先，能夠繼續堅持提供服務與給付的中小型機構，往往係基於對自己的定位（individual identities）、實務工作能力與意識型態上的優先性（ideological priorities）等認知而堅持著。然而，募款基金會具有一定程度的商業性質（business nature），可能與中小型機構所持的價值相違而產生衝突。再者，由於募款基金會往往視資金的給予為一項投資（investment），若能將資金投入一個具備相對完整的體系、結構、實務經驗等面向的中小型機構，則可一定程度降低投資的風險、提升其成功投資的可能性與可行性。即便如此，卻常常觀察到書面資料與實際上的落差；亦即善於撰寫方案的機構可藉此獲得資金挹注，但其「投資」則未必可達到原先所預期的效益（effectiveness）。此外，如 Eikenberry 與 Breeze（2015: 55-56）的論述所指出，政府部門與募款基金會為提供稅賦誘因與資金，而過於要求書面文件的完整性、展現服務內涵的可行性與管理模式等的「正式化」（formalisation）程度，使得中小型機構無法堅持原先想嘗試與以往不同的服務模式（doing something different）之定位與初衷時，反而折煞諸多可能性。隨著這樣的發展趨勢下，一定程度上，獲得款項支持的自願部門，會受「支助者導向」（donor-led）或「支助者限定內容與範疇」（donor-framed）的方向所引導，而逐漸偏離其原先的目的與目標。如此一來，Daly（2011: 1089-1090）的研究認為，在此等公私部門夥伴模式之下，自願部門的組織領導者必須不斷思考自身的價值以及所欲達成的目的與目標為何，並且時時讓大眾與服務對象充分瞭解，其組織實際上較以往開放、服務更具可近性、盡可能減少政府部門的影響程度，且不斷嘗試找尋創新服務與管理的可能性。換句話說，重點將不會在自願組織給予（done to）服務對象什麼樣的服務，而是在輸送服務的過程中，自願組織與服務對象

一起（done with）達成了些什麼。與此同時，政府也應該著手於支助者的教育（donor education），使其瞭解尊重直接服務工作者之專業性的重要，以能夠讓所輸送的服務更加符合服務對象的需求。

基於英國政府部門的財務條件與樽節政策，而嘗試呼籲社會大眾挹注資源，藉此發展概念性的整合性資源平台（compact platform），使自願部門得以在此媒合服務與資金（Cabinet Office, 2011b, 2013; Department for Work and Pensions, 2016）。原則上，政府部門與自願部門在福利服務與給付的輸送具有明確的區別，自願部門所提供的服務與給付也具有一定程度的互補性，但政府也應協助其獲得相對穩定的資金，讓自願部門組織的運作能更具自主性與獨立性（Förster, 2020: 133）。基於創造讓社會大眾，無論富有或貧窮，願意為社會貢獻更多的時間與金錢，英國政府於2011年所提出的白皮書《Giving》提出諸多捐助資金的政策誘因（例如提供高所得者按月捐贈的稅賦誘因）、鼓勵成立地方或全國性的配對基金（matching funds），並且提出符合當代價值的社會規範（social norms），諸如彰顯支助者的價值與對社會的貢獻、發展結合學校與在地社區性服務之課程、藉由服務方案提升其公民意識與對社會的關懷、以大型活動為基礎來號召自願組織與志願服務工作者加入（例如2012年於倫敦舉辦的奧運會）、倡議針對具備一定專業的特定人口群籌募款項（Cabinet Office, 2011a: 25-39）。雖然英國政府對於其所發動的各種經濟支助與志願服務方案，以及嘗試活絡相關資金投入諸多努力，但Förster（2020: 153-156）發現其成效相對有限。隨著募款基金會的發展，將部分閒置基金投入資本市場之中，以促成多元的經費來源、提升財務的永續性，為愈益常見的財務處理方式。然而，事實上，僅不及半數的該類基金會能夠從資本市場投資中獲益；過半數的基金會資金來源，主要仍靠常態性的募款活動而得。

綜觀英國1974年以來對於福利混合經濟體系的規劃與發展，便已思考由市場部門、自願部門與非正式部門所提供的福利服務與給付，分攤原先政府部門的部分福利服務與給付責任。此外，關於非政府部門的資金來源，也嘗試由市場提供。隨著保守黨以新右派論述為基礎，由市場部門取

代相當程度的政府部門角色,並透過契約訂定所輸送的服務與給付之規格、內容等,以利於政府部門檢核與管理。新工黨以第三條路理念重返執政,雖仍一定程度延續該輸送體系的外觀,但在精神上則著重於福利混合經濟的夥伴關係與治理,以及如何融入社會企業與社會經濟之概念,使社會排除議題得以妥善解決。2010 年之後的大社會論述,則維持工黨的輸送理念,但強化社會大眾捐款的誘因與可能,以能在政府財務樽節的過程中,從民間取得輸送福利服務與給付的資源。然而,自 1990 年代中期以來的自願部門組織之運作與管理議題,則深受資金來源與形式的箝制,而相當程度失去其自主性。

伍、英國政府與非營利組織夥伴關係之發展:代結論

若以過去四百年之間英國政府與社會福利非營利組織的互動模式觀之,大致從 1601 年濟貧法之前的慈善組織開始,而開始導入政府在社會救助上的角色與功能。雖然在之後的兩百年間,社會大眾認為對於獲得給付者的審核以及所提供的服務與給付相對寬鬆,而透過 1834 年的濟貧法修法大幅限縮其內容與工作方法。在新濟貧法施行後,由於一方面大幅限縮原來的院外救濟機制,另一方面亦緊縮院內救濟的資格與服務,使自願部門在政府部門所提供的福利服務與給付之外具有相當的空間。然而,從 19 世紀中後期的政府部門與自願部門之合作形式觀之,意識型態的偏好(ideological preference)影響個別組織的選擇,而有主張應擔任福利服務與給付輸送之守門員,抑或協助政府部門輸送福利服務與給付以充分滿足服務對象的需求(Harris, 2010: 36)。

英國政府部門的角色,在 1908 與 1911 年所通過的社會政策之中,進一步擴展至諸如退休、失能等領域,而一定程度取代自願部門組織的角色與功能。但在兩次世界大戰期間,政府部門與自願部門組織之間的合作規模,更使自願部門組織迷失其目的與目標。1919 年所成立的 NCSS,亦即

NCVO 的前身，係延續 COS 的理念，嘗試整合自願部門組織及其資源，以免在高度與政府合作之下，遺失自己的初衷。因此，二次世界大戰結束之前，在英國政府部門對自願部門的高度財務支持下，關係更為緊密；但相對而言，自願部門無論在財務或服務目標上的自主性，相對有限。

第二次世界大戰之後的社會福利國家建構過程，英國以政府部門擔任主要的服務與給付輸送體系，使之與自願部門組織的角色與分工進一步調整。雖然，由政府提供普遍式的福利服務與給付，並非當時 Beveridge 所規劃的目的，但在工黨政府部門取代絕大部分自願部門組織的角色，使得 19 世紀中期以來所建立的諸多慈善組織與互助組織泰半解散。之後，則隨著保守黨政府於 1960 與 1970 年代建議提高市場部門與自願部門在服務與給付輸送之角色比例，以及 1970 年代的兩次能源危機的國際與國內氛圍下，一方面藉由資產調查原則限縮普及式服務與給付的輸送模式，另方面復以國家強制性制度得採委由市場部門或自願部門外包（contracting-out）的方式取代。如此一來，原先 Beveridge 對於福利國家的規劃，逐漸瓦解（Lowe, 1993: 142-146）。在新自由主義意識型態於兩次能源危機之時導入後，轉由市場部門與自願部門取代政府部門的角色。就政府部門的財政壓力觀之，必然有其成效；與此同時，在政府部門轉為監督者、服務購買者的功能之下，將所委託的福利服務與給付之輸送轉為契約，藉此檢視政府部門所支付的財務資源是否確實獲得效益（Smith, 2019: 174-175）。

在新工黨重回執政之後所採的第三條路論述，雖仍延續新公共管理論述之下的福利多元主義，以市場部門、自願部門與非正式部門取代政府的角色。惟其理念較著重於政府部門與公民社會的夥伴關係，亦即發揮政府部門的治理角色與功能，藉由社區組織與自願組織以及政府部門的合作，建立以契約為形式的福利服務與給付之策略輸送網絡（Jordan, 2011: 41-43）。接續的大社會論述，則嘗試進一步呼籲公民意識與公民參與的精神，擴大公民社會的志願人力投入以及資金的捐助，使 1980 年代以來恢復蓬勃的自願部門與市場部門，在福利服務與給付之輸送上，可發揮更大的功能。然而，如 Hilton 等人（2013: 253, 261-271）所思考的兩個主要議題所

指出。一方面,究竟政府所著重的政府部門與市場部門之角色,能夠維持與提升英國社會的公民意識?質言之,承前所述,募款能力相對有限的中小型自願部門組織,在財務受制於逐漸走向商業思維的勸募型自願部門組織之下,能夠如何保持其服務信念,以及社會大眾如何思考自願部門對社會之責信?另一方面,也隨著1980年代以來所傳遞的訊息,亦即政府部門的服務與給付輸送體系並無法充分滿足服務使用者的需求,而需要藉由政府部門與公民之間的組織來完成此等任務。因此,市場部門與自願部門也成為取代,抑或與政府部門建立夥伴關係的選項。就後續的觀察可見,在社會大眾瞭解政府在平衡政府部門、市場部門與自願部門角色的過程中所面對的困難之下,自願部門組織在該體系的運作得宜。即便政府部門可透過與市場部門以及自願部門的契約關係,一定程度掌握其輸送服務與給付的行動,但實際上仍相對有限。換句話說,透過契約關係僅能讓政府瞭解機構的部分動態。然而,更難以預期的部分,實在於自願部門仍持續不斷的成長與擴張,但資金贊助者並未對機構有穩定的忠誠度,而導致此等公私部門合作體系具備多重面向的不確定性。如此一來,即便可觀察到該等體系的發展,但未必能夠透過研究而充分瞭解與詮釋所觀察到之現象的成因與政策意涵。

　　整體而言,無論是以福利混合經濟,抑或是新公共管理與福利多元主義論述,隨著政府部門在福利服務與給付之輸送的角色退卻,以及自願部門與市場部門的重要性不斷提升,可觀察到不同時期的角色與合作模式之轉移(transition)過程。在第三條路與大社會論述之下,強調公民社會、社區組織與自願部門在過程之中的參與。雖然政府部門的責任與角色確實有效限縮,也進一步促成自願部門與市場部門對於福利服務與給付輸送的投入,甚至有效募集來自於公民社會的人力、物力與財務等資源,但未必能夠充分掌握公民社會未來的走向。所以,未來的挑戰,一方面須思考如何引導社會公民對於社會議題的觀點及參與?另一方面亦應思考,雖然政府在協助確保自願部門財務來源與永續性的過程之中,其資源分配的思維也逐漸市場化的隱憂。亦即,在此等社會「投資」思維,以及募款型自願

部門引導服務方向以及目的與目標之下,國家仍相當程度對於應達成的社會目標有一定的責任時,政府部門宜採取何等方式回應之?

參考文獻

李明政（2022）。〈社會工作典範與社會工作倫理〉。《社區發展季刊》，第 180 期，頁 65-80。

林勝義（2018）。《社會政策與社會立法：兼論其社工實務》。台北市：五南。

郭明政、林宏陽（2020）。〈社會法與經濟社會變遷〉。載於台灣社會法與社會政策學會（主編），《社會法（修訂三版）》，頁 3-24。台北市：元照。

黃源協、蕭文高（2021）。《社會政策與社會立法（四版）》。台北市：雙葉。

蔡英文（2016）。《從王權、專制到民主：西方民主思想的開展及其問題》。台北市：聯經。

Anheier, H. K. (2004). Third Sector-Third Way: Comparative Perspectives and Policy Reflections. In J. Lewis & R. Surender (Eds.), *Welfare State Change: Towards a Third Way?* (pp. 111-134). Oxford: Oxford University Press.

Anheier, H. K. (2005). *Nonprofit Organizations: Theory, Management, Policy*. Oxford: Routledge.

Beveridge, W. H. (1942). *Social Insurance and Allied Services*. London: H.M.S.O.

Beveridge, W. H. (1948). *Voluntary Action: A Report on Methods of Social Advance*. London: Geroge Allen & Unwin.

Cabinet Office. (2011a). *Giving. White Paper*. London: The Cabinet Office.

Cabinet Office. (2011b). *Growing the Social Investment Market: A Vision and Strategy*. London: The Cabinet Office.

Cabinet Office. (2013). *Growing the Social Investment Market: 2014 Progress Update*. London: The Cabinet Office.

Chase, M. (2011). Unemployment without Protest: The Ironstone Mining Communities of East Cleveland in the Inter-war Period. In M. Reiss & M. Perry (Eds.), *Unemployment and Protest: New Perspectives on Two Centuries of Contention* (pp. 265-282). Oxford: Oxford University Press.

Child, P. (2020). Blacktown, Mass-Observation, and the Dynamics of Voluntary Action in Mid-Twentieth-Century England. *The Historical Journal, 63*(3), 754-776.

Clark, A. S. (1995). A Comparison of the Reagan and Thatcher Administrations' Efforts to Reform Social Security in the United States and the United Kingdom. *Environment and Planning C: Politics and Space, 13*(3), 335-350.

Daly, S. (2011). Philanthropy, the Big Society and Emerging Philanthropic Relationships in the UK. *Public Management Review, 13*(8), 1077-1094.

Dean, M. (1992). A Genealogy of the Government of Poverty. *Economy and Society, 21*(3), 215-251.

Department for Work and Pensions. (2016). *Growing the Social Investment Market: Update on SIFI Social Investment*. London: Department for Work and Pensions.

Eikenberry, A. M., & Breeze, B. (2015). Growing Philanthropy through Collaboration: The Landscape of Giving Circles in the United Kingdom and Ireland. *Voluntary Sector Review, 6*(1), 41-59.

Fincham, A. J. (2019). Made for Sharing: George Cadbury, 'Industrial Betterment' and Salvation. *Quaker Studies, 24*(2), 211-228.

Finlayson, G. (1994). *Citizen, State, and Social Welfare in Britain 1830-1990*. Oxford: Oxford University Press.

Förster, S. (2020). *Philanthropic Foundations and Social Welfare: A Comparative Study of Germany, Sweden and the United Kingdom (England)*. Wiesbaden: The Springer VS.

Fraser, D. (2009). *The Evolution of the British Welfare State: A History of Social Policy since the Industrial Revolution* (Fourth ed.). Basingstoke, Hampshire: Palgrave Macmillian.

Giddens, A. (1994). *Beyond Left and Right: The Future of Radical Politics*. Cambridge: Polity Press.

Giddens, A. (1998). *The Third Way: The Renewal of Social Democracy*. Cambridge: Polity Press.

Harris, B. (1995). Responding the Adversity: Government-Charity Relations and the Relief of Unemployment in Inter-War Britain. *Contemporary Record, 9*(3), 529-561.

Harris, B. (2010). Voluntary Action and the State in Historical Perspective. *Voluntary Sector Review, 1*(1), 25-40.

Hayek, F. A. (1960). *The Constitution of Liberty* (Phoenix ed.). Chicago: The University of Chicago Press (Phoenix Edition 1978).

Hayek, F. A. (1994). *The Road to Serfdom* (50th Anniversary ed.). Chicago: The University of Chicago Press (c. 1944).

Hill, M., & Irving, Z. (2009). *Understanding Social Policy* (8th ed.). Chichester: Wiley-Blackwell.

Hilton, M., McKay, J., Crowson, N., & Mouhot, J.-F. (2013). *The Politics of Expertise: How NGOs Shaped Modern Britain*. Oxford: Oxford University Press.

Hobbes, T. (1968/2003). *Leviathan (Vol. I)*. Translated and edited by G. A. J. Rogers and Karl Schuhmann.London: Thoemmes Continuum.

Hobbes, T. (1998). *On the Citizen. Translated by Richard Tuck and Michael Silverthorne*. Cambridge: Cambridge University Press.

Jordan, B. (2011). Individualism and Social Work: The Case of the Third Way in the UK. In D. Buzducea, V. Rujoiu, F. Lazăr, A. Szabo, & T. Ene (Eds.), *International Social Work: A Supplement of Social Work Review* (pp. 39-49). București: Editura Universității din București.

Keynes, J. M. (1936). *The General Theory of Employment Interest and Money*. London: Macmillan.

Kidd, A. (1999). *State, Society and the Poor: In Nineteenth-Century England*. Basingstoke: Macmillan Press.

Lewis, J. (1999). Reviewing the Relationship Between the Voluntary Sector and the State in Britain in the 1990s. *Voluntas: International Journal of Voluntary and Nonprofit Organizations, 10*(3), 255-270.

Lohmann, R. A., & Lohmann, N. (2002). *Social Administration*. New York: Columbia University Press.

Lowe, R. (1993). *The Welfare State in Britain since 1945*. Basingstoke: Macmillan.

Mayo, M. (1994). *Communities and Caring: The Mixed Economy of Welfare*. Basingstoke: Macmillan.

McKinney, R., & Kahn, H. (2004). Lottery Funding and Changing Organizational Identity in the UK Voluntary Sector. *Voluntas: International Journal of Voluntary and Nonprofit Organizations, 15*(1), 1-19.

Orton, C. (1991). Working in Partnership? Voluntary Sector Child Care in the United Kingdom. *Women's Studies International Forum, 14*(6), 573-575.

Osborne, S. P., Radnor, Z., & Nasi, G. (2012). A New Theory for Public Service Management? Towards a (Public) Service-Dominant Approach. *American Review of Public Administration, 43*(2), 135-158.

Peden, G. (2017). Liberal Economists and the British Welfare State: From Beveridge to the New Right. In R. E. Backhouse, B. W. Bateman, T. Nishizawa, & D. Plehwe (Eds.), *Liberalism and the Welfare State: Economists and Arguments for the Welfare State* (pp. 39-56). New York: Oxford University Press.

Pierson, P. (1994). *Dismantling the Welfare State? Reagan, Thatcher, and the Politics of Retrenchment*. Cambridge: Cambridge University Press (c. 2007).

Polanyi, K. (1944). *The Great Transformation* (2nd Beacon Paperback ed.). Boston: Beacon Press (c. 1957).

Rosanvallon, P. (2000). *The New Social Question: Rethinking the Welfare State*. Princeton: Princeton University Press.

Smith, J. D. (2019). *100 Years of NCVO and Voluntary Action*. Cham: Palgrave Macmillan.

Taylor, M. (2004). The Welfare Mix in the United Kingdom. In A. Evers & J.-L. Laville (Eds.), *The Third Sector in Europe* (pp. 122-143). Cheltenham: Edward Elgar.

Weber, M. (1930). *The Protestant Ethic and the Spirit of Capitalism*. London: Routledge (c. 1992).

Whiteside, N. (1996). Creating the Welfare State in Britain, 1945-1960. *Journal of Social Policy, 25*(1), 83-103.

第三章
德國社福非營利組織發展及其與政府關係

周怡君（東吳大學社會學系教授）

壹、前言

　　以 Esping-Andersen（1990）為典範的傳統福利體制研究，注重現金移轉給付，而忽略社會服務給付提供。社會服務和相關醫療照顧服務被視為福利國家活動的一部分，由於人口、性別角色和工作條件的變化，這些服務變得越來越重要。後來的福利體制研究雖加入以性別和「去家庭化」（de-familialization）概念（Esping-Andersen, 1999）為中心的體制研究，著重照顧服務與其財源是否由國家、市場和家庭來提供。不過，在 70 年代因經濟危機所致之政府失靈後，許多國家莫不紛紛將第一線的社會服務工作，交給以服務或慈善為初衷、以捐款作為財源、不追求獲利社福非營利組織。但國家將社會服務交付社福非營利組織的過程中，政府究竟是將社福非營利組織視為地位與國家平行的夥伴、或僅是政府服務的延伸的下屬，對政府和社福非營利組織的關係是以地位對等的治理（governance）、或是以上對下的行政管理（management）的模式出發，也影響著各國的社會福利體制。

　　依據 Zimmer（2010）的相關研究，政府與社福非營利組織關係大致有兩種運作模式。第一種模式遵循「新公共管理模式」（New Public Management），是建立在仿照市場競爭的政府與非營利組織關係，透過非營利組織與市場服務提供者之間、或是非營利組織之間的競爭，達到提供民眾多元選擇、同時減少國家成本的目的。在此一發展脈絡下，許多國家將法定社會服務提供責任，採用各種如委託招標等契約方式交給社福非營利組織，常造成非營利組織與國家關係從原來的兩個獨立主體，成為國家在上、社福非營利組織在下的從屬關係；社福非營利組織從監督和針砭政府服務不足與品質不佳的角色，成為被國家所監督管理的對象。第二種模式則是在包括德國在內的歐洲國家常採用的「新組合主義」（Neo-corporatism）模式，政府和社福非營利組織、工會、教會密切合作，特別是在歐洲的奧地利、荷蘭和德國，公私合作關係涵蓋各級政府（Czada, 1994）。政府和社福非營利組織透過社會民主模式所選出的組織代表，針

對社會服務結構條件進行集體協商。在此一模式中，非營利被視為雇主組織以及工會組織以外的第三社會夥伴，而不是政府延伸的手，也不是上下從屬關係，基本上更符合政府出錢、民間出力的社會夥伴概念。

雖然講究成本管控和效益的新自由主義思維，在近來已成為社會政策不可抵抗的趨勢，但德國社福非營利組織的組合主義框架，仍然在當代走出了一條不同的路徑，值得深入瞭解。目前台灣在社福非營利組織的研究文獻，較著重在非營利組織內部的行政與結構分析、非營利組織如何朝向社會企業發展、非營利組織如何以服務回應組織成立初衷等議題，關於社福非營利組織與國家關係的批判性研究，則相對較少。本文透過論述德國社福非營利組織的發展與特徵、重要原則，希望能部分補足這塊社福非營利組織研究的拼圖。

貳、德國社福非營利組織的發展與特徵

德國公民社會的運作特徵與其政治文化和傳統密切相關。德國向來有「木匠之國」支撐，與手工藝相關工匠自中世紀以來常有組織、加入行會的傳統。根據歐洲 2002-2003 年的社會調查結果，70% 受訪德國人至少是一個協會的成員。關於德國這種建立以會員資格為基礎、實現群體興趣或利益為主要的「協會」（Verein），可以追溯到 19 世紀初的社團或文學沙龍（Zimmer, 2007）；其中一些成立於 19 世紀下半葉和 20 世紀初，如園藝協會或當地教會附屬慈善機構，後者是德國社福非營利組織的前身，也是當今德國最重要的社會服務提供者。不過，多數目前德國社福非營利組織是過去四十年在前西德建立起來的，而前東德因為二次大戰之後東德與蘇聯共產體制控制公民社會發展的關係，其社福非營利組織發展只能在過去二、三十年中觀察到。值得注意的是，包括健康和社會服務的社會福利服務可說是德國非營利部門經濟活動和就業的核心，社福領域佔德國非營利活動總價值的三分之二以上、而在德國提供社會福利服務的勞動力中，有

60% 受僱於非營利組織（Zimmer et al., 2021）。因此，德國非營利組織可說是德國最重要的社會服務和醫療照護提供者。有關德國社福非營利組織的發展與特徵分點論述如下。

一、佔醫療及社會服務提供產業最重要角色

　　二次大戰後，德國社福非營利組織在組織擴展和員工數量方面顯著增加。究其原因，一方面與戰後德國福利國家擴張、社會服務的重要性日益增加有關，另一方面是因為有利於「德國非營利福利聯合會」（Freie Wohlfahrtspflege Deutschland, German Free Welfare Association，簡稱 FWAs）在社會服務提供上的優勢立法，使得戰後德國的社福服務僅有社福非營利組織和政府能提供，禁止獲利企業進入（Hammerschmidt, 2005）。在 1990 年代後，德國政府取消社福非營利組織在社會服務提供的優先地位，引進商業機構進入社會服務市場，在非營利組織的就業人數增加的速度逐漸緩慢下來。以醫療照顧產業為例，德國醫院曾經主要由社福非營利組織或政府經營。

　　但自 1990 年代政府開放商業醫療機構進入醫療照顧市場以來，私立商業醫院的比例一直穩定成長，從 15% 升至 38%。公立醫院比例從 46% 大幅縮減至 29%，社福非營利組織營運的醫院比例則是從 39% 略為下降至 34%。居家老人照顧服務領域中，公共長照服務提供比例非常少；商業組織大約至三分之一，而社福非營利組織比例大約佔 65%（Henriksen et al., 2012）。顯見德國在社會與醫療服務開放市場化之後，明顯萎縮的是政府公共服務，社福非營利組織在醫療照顧和長期照顧服務市場的比例僅略為減少，若加上其他包括兒童、婦女、老人、障礙者等社會服務，德國社福非營利組織的市場佔有率仍然約近 50%（Henrikse et al., 2012）。顯見，雖有商業市場的參與，但德國非營利組織在社會福利服務的勞動力和市場佔有率上都是最高的。

二、社福非營利組織與德國政黨系出同源

德國社福非營利組織多數隸屬基督教會，不然就是德國社會民主黨地方分會。以德國社福非營利組織中兩個最大團體明愛協會（Caritas）和德國新教服務會（Diaconia）為例，它們都隸屬德國天主教和基督教教會，而其他大的社福非營利組織例如紅十字會（Deutsches Rotes Kreuz）也是教會連帶極深，這些組織中的許多員工都是修女和修道士。而工人福利（Arbeiterwohlfahrt）組織具有強烈工人團結與福利取向，其組織會員與志工則多為德國社會民主黨地方分會成員。德國大型非營利組織的基督教、重視勞動者福利特質，也反映在德國傳統政黨特質上。德國傳統政黨包括基督教民主黨（Christlich Demokratische Union Deutschlands）、基督教社會黨（Christlich-Soziale Union in Bayern）、社會民主黨（Sozialdemokratische Partei Deutschlands）也具有強烈基督宗教色彩以及勞動社會民主的取向。因此，德國社福非營利組織以及德國傳統政黨可說是系出同源（Zimmer & Priller, 2023），加上社福非營利組織常具慈善特質，政黨通常也會支持慈善相關事務與政策。事實上，德國在二次世界大戰之後，隨著來自土耳其的穆斯林移民進入，也成立不少的穆斯林信仰機構，他們也是目前德國社福服務的服務提供者，特別是在服務穆斯林信仰的族群。整個社福非營利組織的信仰也較之前更加多元，與其呼應的是，德國後來成立的政黨例如綠黨等，也是宗教多元價值取向。

三、財源多數來自政府給付、服務專業取向濃厚

德國非營利組織類型多元，且各類型非營利組織各有其不同的財源籌措方式。德國目前有不少活躍在休閒和運動領域的小型非營利組織，這些組織主要由志工組成。與此相對，服務高度專業化的德國社福非營利組織和志工非營利組織並不同。德國社福非營利組織具有醫療照護、長期照顧或社會服務專業，徹底融入德國福利國家體系，如此的專業化特徵是來自福利國家體系的給付對於提供服務的專業人員資格要求。雖然志工非營利

組織也獲得地方政府小額公共補助以及基礎設施支持,例如體育館、運動場等;不過,德國志工非營利組織主要資金來源是會員費,與德國社福非營利組織資金的最大來源是來自政府、或健康保險以及長照保險有所不同。此外,慈善事業和企業贊助收入對德國社福非營利組織的財源而言,並非最重要(Zimmer & Priller, 2006)。即使在德國服務市場化之後,多數德國非營利組織仍然還是小心翼翼的維持原有財源取向,而這樣的財源分配模式,剛好也與人權取向的非政府組織有所差異,例如德國綠色和平(Green peace)這類型的國際人權組織,幾乎完全依靠捐款和部分自營收入,很少與國家給付或補助扯上關係。

四、組織適應競爭且運作企業化

競爭是德國社福產業及其組織面臨的主要問題之一,德國社福非營利組織對公共資金非常依賴,目前德國政府支出削減對德國服務產業造成打擊。自 1990 年代中期以來,德國政府在社會政策上開始逐漸轉向新自由主義,先前提供社會服務領域與非營利組織建立「特權夥伴關係」(privileged partnership)的方法,開始有所調整。根據成本削減策略,在醫療照護以及社會照顧領域,形成不同社會服務提供者之間的「競爭」,似乎可更有效保障效率。在德國,非營利醫院、老人照顧機構、兒童之家和其他設施,皆面臨來自營利部門日益激烈的競爭。為獲得政府補助資格,活躍在核心福利領域的大型、專業化的德國非營利組織,已逐漸發展成為高效率的福利企業。從管理角度來看,今天德國社福非營利組織和營利社會服務提供者之間幾乎沒有區別。但這樣的發展事實上也符合歐洲對非營利組織能兼具經濟表現和社會進步的指標,亦即社福非營利組織同時具有福利與公民福祉的社會和經濟作用(Stiglitz-Sen-Fitoussi Commission, 2009)。

參、優勢的起源：雙軌制與補充性原則

一、限制商業介入的福利雙軌制（Dual system）

德國是最早引入社會保險（社會安全）的工業化國家。在19世紀末期普魯士帝國時期，宰相俾斯麥為勞工建立國家監管的繳費型社會保險，主要目的是在平衡工業化勞動生活的風險。不過，「俾斯麥模式」（Bismarck Model）主要解決的是勞動問題，為窮人和有需要者提供幫助和支持的「福利服務」當時尚未成為其主要政策重點（Zimmer & Smith, 2014）。自此，社會保險所代表的「社會安全」和「福利服務」兩者政策之間，在德國政府體制中存在明顯分工，德國聯邦政府負責「社會安全」，「福利服務」則屬於各邦政府責任。Archambault等人（2014）認為，原因是在於普魯士帝國實行地方自治（self-government），因為拿破崙戰爭後，普魯士帝國面臨財政破產風險，開始進行行政改革，引入地方自治的概念，有關社區事務責任被移交給地方政府，中央不再負責為地方政府的福利事務提供財源，但也不再具有直接干涉地方事務的權利與權力（Bogumil & Holtkamp, 2006）。普魯士地方自治下的福利事務一開始由於缺乏資源，地方政府必須與當地慈善機構、非營利組織或社會企業家合作（Zimmer et al., 2009）。19世紀末期的德國都市和城鎮裡，中上階層慈善家和教會建立許多非營利組織，幫助窮人和有各式服務需求的弱勢群體。這些新非營利組織構成德國「地方私人福利文化」（Private welfare culture）的基石。

普魯士帝國在地方層級實行自治的作法開創先例，稍後制度略作修改之後，在整個德國其他地區都被模仿實施。在這樣的政治發展背景下，雖然強大國家主義一向是構成德國政治傳統的特徵，不過，包括行會（guilds）、非營利組織和志願組織、教會等所謂「中介機構」（intermediaries），在當時並未被視為德國國家現代化威權的威脅而被壓制，相反的，這些以社福非營利組織為首的中介組織，反而順利且成功地

融入了由國家與其不斷發展擴張的行政部門所發起和監督的現代化策略（Archambault et al., 2014）。隨著各邦政府越來越關注工業化後對人群生活的負面影響，開始採取包括改善健康、青年和福利事務部門及社工計畫。為使都市和城鎮發展規劃和管理更有效率，德國各邦政府開始與非營利組織合作，讓越來越多非營利組織因為提供健康和社會服務，獲得與地方政府單位自辦服務同等的經費支持，建立了政府與非營利組織間的合作夥伴關係。

最終，「地方福利文化」的非營利組織徹底融入德國地方社會政策的規劃和實施。非營利組織和地方政府之間的夥伴關係，讓德國為青少年、老年人、窮人和有需要者提供的健康和社會服務，形成了當時所謂的「雙軌制」（Dual system）。雙軌制就是德國社會服務和醫療照護服務僅由地方政府和非營利組織兩者來提供，排除了任何商業提供者。這個雙軌制確保了非營利服務機構在德國社會政策中佔有非常重要的地位（Zimmer & Smith, 2014），因為非營利組織受到法律保護，免受私人商業競爭，而且在社會服務和醫療照顧提供的服務完全等同地方政府，其服務所需之公共資金得到政府保障，政府編列預算時是根據公共或非營利組織的需要進行分配。

二、社福非營利組織優先的輔助性原則（principle of subsidiarity）

德國除因地方自治促成地方政府與非營利組織合作之外，「輔助性原則」也在德國社福非營利組織的優勢發展歷史脈絡中扮演重要角色。所謂「輔助性原則」其實是天主教的概念，源自 20 世紀上半葉的天主教會，教宗庇護十一世（Pius XI）在 1931 年提出該原則，當時意指政府若要救助個人及家庭實踐其在現代工業經濟的目標，應該以適當方式，所謂適當方式就是不能剝奪個人或家庭自己可實現目標的主動性；亦即個人、家庭或小團體（例如教會）的層級能做的事，就不需要讓國家來做（McIlroy,

2003）。這個原則稍後被解釋成社會團體例如教會、非營利組織能救助和服務個人或家庭，政府就不需要再介入，只有當教會或非營利組織等社會團體無法協助的事務、或存在其尚未提供服務的領域，政府才需要、才能夠介入提供救助或服務。

在二次大戰後，輔助性原則被納入德國 1950 年至 1975 年之間的大部分社會立法中，例如《社會法典》（Social Code）、《聯邦社會救助法》（the Federal Social Assistance Act）和《青年福利法》（the Youth Welfare Act）。這些社會政策立法引導出了德國高度保護、且以國家財源支持的自主非營利組織（autonomous non-profit organizations）優勢的出現，所謂自主非營利組織指的是能自我治理的非營利組織。輔助性原則透過確保社福非營利組織作為德國社會服務和醫療照顧提供者的優先性，為其在德國福利國家中具有特權地位、甚至是合法化的獨占地位，提供了意識型態基礎（Zimmer & Smith, 2014）。

Göçmen（2013）認為輔助性原則之所以存在，主要在於多數德國社福非營利組織強烈的教會特徵。德國之前由新教普魯士王國和天主教奧地利帝國組成，幾個世紀以來在政治和宗教上一直處於分裂狀態，天主教和新教教派之間的衝突始終存在，在 20 世紀上半葉民族國家興起之時，最好的方法是將不同的教會系統性地納入國家的社會福利體系。德國明愛會（Deutscher Caritas Verband）是天主教會在 1897 年成立的非營利組織，德國基督教社福會（Diakonisches Werk der Evangelischen Kirche）則是新教路德教會於 1833 年成立的非營利組織。這兩個天主教和新教教會的代表團體，幾個世紀以來一直是德國社福服務最重要的提供者。德國政府透過輔助性原則，把教會型非營利組織在提供社福服務上的優勢地位法制化，將他們納入國家社福政策，一方面解決了國家和民間社福非營組織在社會服務上可能的重疊衝突，另一方面更藉此弭平天主教徒和新教徒間的宗教分歧，也減少國家和宗教之間的衝突、甚至引導國家和教會在社福事務上走向合作與夥伴關係（Göçmen, 2013）。

肆、優勢的維持：傘狀組織與組合主義

一、組合主義：與國家進行集體協商

德國原本在社會保險政策就有「社會組合主義」的存在，社會保險人與工會代表及雇主代表共同協商保費費率，兩者分別為第一與第二社會夥伴。而社福非營利組織為服務提供者代表在政策上具參與決定權，有所謂「第三社會夥伴」（3. Sozialpartner）之稱，有別於傳統組合主義僅與工會與雇主代表協商包括社會保險保費以及薪資等事務，因此也稱「新組合主義」（neo-corporatism）。而在前述雙軌制和輔助性的歷史發展脈絡下，德國的新組合主義賦予非營利組織在社福服務政策過程中扮演重要角色（Lehmbruch, 1996）。早在19世紀末、20世紀初，德國各級政府與非營利組織密切合作、並與非營利組織共同制定社會服務政策，這種治理模式在德國有著悠久的傳統。在第二次世界大戰後的福利國家擴張時期，德國對非營利組織的治理，仍然是相當「路徑依賴」（path-dependency），延續政府與非營利組織之間密切合作的傳統，特別是在核心福利服務領域。

新組合主義是德國社福服務政策的總體策略，無論在各邦或聯邦政府層級，社福非營利組織特別是前述的德國明愛會、德國基督教社福會以及其他社會服務提供者所組成的「傘狀組織」（umbrella organisations），亦即「德國非營利福利聯合會」（FWAs），在過去和現在都已徹底融入德國福利服務政策流程，日益成為福利官僚機構在政策制定方面的合作夥伴，以及德國福利國家整體發展的積極支持者（Zimmer & Smith, 2014）。一方面，在聯邦和各邦政府層級，「德國非營利福利聯合會」代表與政府行政部門協商討論做出決策，特別是政策規劃、遊說活動、服務內容與給付程序、服務品質監管等事項；另一方面，在地方層級，「德國非營利福利聯合會」的會員組織，是實際上的社會服務提供者，作為當地社福非營利組織的組織和機構，融入社會政策實施過程、負責社會融合並提供服務，而核心福利領域的財源由政府保障和監管。這種「德國模式」（German model）的

特徵是分散提供社會服務、政府公共與非營利組織合作，為核心福利服務政策制定提供一個框架，但不涉及太多細節，從而給社區和地區一些彈性空間以因應許多在地之間的差異特質。

德國社福非營利組織與國家這種獨特的雙方互惠互利的合作關係，被稱之為「福利夥伴關係」（Salamon & Sokolowski, 2018）。這種政府與非營利組織的夥伴關係已超越傳統福利服務領域，公私合作關係涵蓋了政策週期的每個階段和各級政府（Czada, 1994）。此外，在各個政策領域，非營利組織作為傘狀組織會員嵌入當地社區，構成了新組合主義以及與之搭配的特定類型民主治理安排，被稱為「民主的共識模式」（Lehmbruch, 1996）。德國社福非營利組織因其多功能性而成為政府的理想合作夥伴，作為德國非營利會員制組織，他們貼近人民，為他們提供社會融合的途徑。作為社會經濟的一部分，他們為其成員和公眾生產商品和服務，從而參與了國家的社會服務生產。最重要的是，作為當地社區和政治領域之間的「中間人」，他們能代表特定社區和人口群體的需求和利益發生；因此，他們是民主治理的一個組成部分，並參與政策制定過程（Zimmer & Priller, 2023）。

二、傘狀組織：德國福利非營利（組織）聯合會

德國組合主義的基本精神是讓各種不同團體的利益代表者在國家監督下，進行合法協商並訂定參與協商之各方能接受的合作契約；而代表多數德國社福非營利組織與政府進行社會服務事項協商的是「德國非營利福利聯合會」（FWAs），是由德國最大的六個社福非營利組織所組成的聯邦層級社團，總工作人數至少 110 萬人、9,400 個點（Zimmer& Smith, 2014）。這六大非營利組織包括與天主教會密切相關的明愛會（Caritas）、隸屬於德國新教服務（Diaconia）、勞工社福非營利組織（Arbeiterwohlfahrt，簡稱 AWO）、德國紅十字會（Deutsches Rotes Kreuz，簡稱 DRK）、德國猶太中央福利機構（Zentralwohlfahrtsstelle，簡稱 ZWSt）、與特定宗教或意

識型態無關的慈善機構協會（Parity）。除 Parity 外，其他協會代表特定的規範和價值觀（Archambault et al., 2014）。直到 1970 年代末，德國仍是一個可由「天主教」、「新教」和「社會民主」等特質所特徵化的社會，非營利組織把這些特質，結合社會服務的價值組織起來，透過組合主義被納入國家體系共同運作。例如天主教的明愛會擁有 6,000 多個中心和機構以及 520,000 名專業人員；由 36 座教堂和 6,000 多個設施組成的新教服務會，僱用了超過 450,000 名員工。這些組織的範圍包括醫療照顧、老人照顧、無家可歸者中心、障礙者中心和救助服務（Göçmen, 2013）。

　　這六大社福組織各自有社會民主機制，可以產生代表和對各種每年要與政府協商討論的議題，他們會從地方、各邦、聯邦層級，由下而上，透過民主選舉與協商，去產生最後在聯邦層級的「私人福利聯合會」代表和議題。在德國社會服務提供者必須得到法律認可，並且必須滿足服務品質的法律要求，才有資格獲得公共契約，這些要求可能會阻礙新來者輕鬆進入服務市場，卻是保證品質標準的一種方法。因此，「德國非營利福利聯合會」也透過提供培訓和專業知識，來幫助新會員提升服務和管理水平（Archambaul et al., 2014）。德國多數非營利組織都是合法的「特許協會」（chartered associations, eingetragene Vereine），德國這種給予社福非營利組織特殊地位、納入國家發起和監督的社會政策作法，並未危及國家權威；相反的，與社福非營利組織的密切合作支持國家權威，因為這也為政府措施提供「社會合法性」（societal legitimacy）（Strachwitz, 2010）。國家和社福非營利組織關係相輔相成，因為國家對社福非營利組織的友善協作關係，根據 Zimmer 和 Priller（2006）的研究顯示，這些組織數量從 1960 年（僅前西德）的 86,000 個增加到 2008 年的 550,000 多個、2011 年的 580,000 個，增加近六倍多。

伍、社會服務市場化的挑戰與回應

一、市場機制與新管理主義興起

聯邦政府在 1990 年代，開始開放德國非營利福利聯合會的會員組織以外的商業公司和其他新興非營利組織，成為醫療照護與社會服務的提供者、且獲得政府財源給付；這當然也意味著原本僅由政府和非營利組織作為照顧和社會服務提供者的雙軌制消失。這樣的制度轉折也回應了德國政治經濟和社會結構上的變化，亦即為回應社會政策成本管控進的市場化，以及回應人口宗教文化多元的社會重組。

（一）成本管控與市場機制

德國自 1990 年代初以來，社會政策發生重大變化。隨著戰後經濟高度發展走向消退，德國聯邦和各邦下各級地方政府都面臨財政緊縮，新公共管理（New Public Management）福利理念逐漸進入德國政府的社會政策思維，德國聯邦政府開始實施成本控制策略以及市場化策略。成本管控部分，使德國政府不再提供公共補貼來平衡社福非營利組織的年度財政赤字；市場化策略部分，德國政府開放商業市場進入社會服務和醫療照顧服務成為服務提供者，一樣能獲得政府對服務的給付（Zimmer & Smith, 2014），一方面期待透過營利和非營利組織的準市場競爭關係，帶入商業成本計算概念進入社會服務領域，另一方面，開放商業組織進入主要也是為了擴大社會服務服務量，尤其是在長期照護和公共托育服務部分。兩德統一後，原西德地區政府欲擴大公共托育服務量，加上人口老化衍生的長期照護需求非常高，長照保險開辦之後需要有足夠的服務提供單位，原有政府和非營利組織的服務量能又不足，德國政府遂開放營利單位提供服務。

（二）人口變遷與文化多樣性

除了開放營利單位之外，也因為 1990 年代後德國非營利組織蓬勃發展，即使新成立的非營利組織並非六大組織的「德國非營利福利聯合會」會員，德國政府依然認可他們成為服務提供者的資格（Bönker & Wollmann, 1996）。激增的非營利組織主要也來自德國社會結構逐漸變得多元，二次大戰之後到 1990 年代間的移民浪潮，帶來土耳其等地的伊斯蘭教移民，穆斯林社區成為德國繼天主教徒和新教徒之後最大的信仰社區，促進了德國人口宗教多樣性，這使德國政府更難遵守既定賦予天主教和新教社福非營利組織特權（Göçmen, 2013），因為不同文化宗教移民民眾的服務需求，必須共同被考慮。因此，在醫療照護和社會服務的公共資源，不再只給限於「德國非營利福利聯合會」會員組織，也開放給 1980 年代後建立起來的各種大型穆斯林組織，如伊斯蘭委員會（IR-est.1986）、穆斯林中央委員會（ZMD-est.1994）和土耳其伊斯蘭宗教研究所聯盟（DITIB-est.1982），並採用原來傘式組織的組合主義方式運作。因為這些組織所提供的社會、文化、教育和宗教服務，在幫助穆斯林社群及社區融入德國社會發揮重要作用。事實上，包括尊崇其他社會意義如志願服務的新非營利組織與較舊的傳統福利非營利組織之間，也出現競爭情況，導致了社會服務提供者的重組，舊的組合主義結構被更多元化的結構所取代（Bönker & Wollmann, 1996）。

二、德國非營利福利聯合會的回應策略

面對雙軌制的消失以及聯合會社會服務地位的優勢不再，原來以天主教和新教組織為特徵的德國非營利福利聯合會會員組織，不再是社會福利的專屬領域或特權夥伴；他們必須與其他宗教團體、也必須面對商業社會和醫療服務提供者的競爭，才能獲得公共資金（Göçmen, 2013）。Zimmer 和 Priller（2023）也提到，雖然德國政府與社福非營利組織的福利夥伴關係仍然存在，但是社福非營利組織進行組織改造，讓自己變得更加具有商

業特質和競爭力，一方面更精進組織管理以管控組織成本，另一方面也比以前更加積極的經營志願服務。德國社福非營利組織開始學習商業組織以適應習慣競爭性招標等財源模式的環境變化（Zimmer & Bräuer, 2014），特別是進行組織精簡及人力僱用靈活策略。社會服務最昂貴的成本往往在服務人力。這些人力僱用策略包括縮減服務單位人員規模，工作條件「靈活化」、引入兼職工作例如「迷你工作」（Minijob）等。非營利組織和營利性醫療照護和社會服務提供者之間的組織層面競爭加劇，意味著兼職就業的顯著增加和臨時就業關係的激增。德國女性勞工佔非營利組織勞工比例為 76%（Priller, 2013），因為在德國，許多女性在兼顧工作和家庭生活之間會選擇兼職工作。此外，非營利組織也比之前更加致力於志工的經營管理（Zimmer & Priller, 2023），非營利組織的專業人員培訓也從原有的社工或服務技巧，轉變為更重視行銷、組織管理。

雖然，多數隸屬德國非營利服務協會的組織，其創業精神低於其營利性競爭對手，但是他們小心的將服務範圍放置在他們長期活躍的領域例如各種弱勢群體的服務；在資金方面，他們也避免使用不受德國社會法保障的財源，特別是慈善捐款（Zimmer et al., 2021）。雙軌制的消失使非營利性醫院、老人照顧機構、兒童之家和其他設施，面臨來自營利部門日益激烈的競爭。為獲得政府補助，活躍在核心福利領域的大型、專業化的德國非營利組織已發展成為高效率的福利企業（Zimmer et al., 2021）。而從整個服務市場來看，儘管商業服務提供者的角色日益增強，但公共／NPO 組合的社會和醫療服務資金仍然相當穩定；主要原因在於商業提供者往往會避開社會服務提供的「風險領域」，意即所謂的挑服務領域投入、或挑個案服務，因此對德國民眾來說，非營利社福組織的存在仍具有必要性。其次，原有的組合主義協商機制仍然持續發揮作用。

陸、結語與討論

　　福利國家研究重點是傳統福利政策制度的特徵，以及它們對變化的政治、經濟和社會環境的適應（Wulfgramm et al., 2016; Taylor-Gooby, 2004），多數研究結果強調福利制度的穩定，也顯示制度轉型通常呈現出一種漸進的、路徑依賴的、不會從根本上危及原本服務體制的基本原則（Pierson, 2001; Leibfried & Obinger, 2003）。從德國社福非營利組織以及其與國家關係的發展與特徵變化來看，剛好回應了這個制度依賴的路徑，雖然這個制度依賴並不是毫無新的發展因素。雖然德國政府在90年代後期，開放私人商業提供者進入社會服務市場，讓原來透過組合主義的傘狀組織與集體協商制度、佔有優勢的社福非營利組織面臨服務競爭。但德國福利國家在社會服務提供上仍表現出高度的連續性。Zimmer等人（2021）討論德國兒童和青少年福利領域的社會企業範例時就發現，過去三十年的福利改革雖然為德國社會服務組織開創出創業空間，但是，現有的德國社福非營利組織仍然佔據主導地位。迄今為止，德國的社會企業數量仍少於其他歐洲國家。即使德國社會企業在新服務和創業方法方面引入了新元素，德國的福利安排並未被社會企業徹底改變，這些方法包括德國社福非營利組織改善、提升社會服務作為有競爭力的產品和公共利益。

　　無可諱言，社會服務提供市場的自由化極大地影響德國社福非營利組織，使其變得更加商業化。為了適應競爭環境變化，他們精簡治理結構、權力職位，也習慣了競爭性招標等財源模式的變化（Zimmer & Bräuer, 2014）。然而，大多數德國社福非營利組織的創業精神仍低於其營利性競爭對手、而且也很少將服務範圍擴大到他們長期活躍的領域，他們也避免使用不受德國社會法保障的財務資源例如捐款。即使德國社福非營利組織不再具有服務提供的特權，但他們仍與國家保有良好的關係，與政府集體協商的制度依然存在，而且為他們的繼續存在取得一個立足之地（Zimmer & Obuch, 2017）。

　　反觀台灣，各類社福服務在90年代民營化過程後，目前多數法定社

福服務多由各級政府透過委託招標方式，由民間社福非營利組織來提供。然而，有能力執行法定社會服務的社福非營利組織並不多，各級政府的服務委託招標過程常未如預期般透過競爭產生得標者；在此情況下，政府並未珍惜社福非營利組織的服務提供參與，仍常有延遲款項給付、附加不平等條款契約等地位不對等事宜（周怡君，2019；林倖如、潘若琳、周怡君，2019）。德國組合主義結構形塑了社福非營利組織和國家的夥伴關係，即使在市場化之後，也未能完全撼動。北歐國家和德國的社會組合主義有其社會和政治文化脈絡，制度未必完全可完全移植台灣，但在社福非營利組織透過團體結盟的社會民主方式，來產生未來可與政府協商社會服務價格、服務模式和品質維持等事項的作法，仍是相當值得引介和參考的。

參考文獻

周怡君（2019）。〈從事前溝通機制論政府與民間團體關係在社福服務契約委託中的關係〉。《社區發展季刊》，第 166 期，頁 56-64。

林倖如、潘若琳、周怡君（2019）。〈從預算編列與議價方式分析政府與民間在社福方案委託中的地位〉。《社區發展季刊》，第 166 期，頁 65-74。

Archambault, E., Priller, E., & Zimmer, A. (2014). European civil societies compared: Typically German–typically French? *Voluntas: International Journal of Voluntary and Nonprofit Organizations, 25*, 514-537.

Bogumil, J., & Holtkamp, L. (2006). *Kommunalpolitik und Kommunalverwaltung: Eine policyorientierte Einführung*. Wiesbaden: VS Verlag für Sozialwissenschaften.

Bönker, F., & Wollmann, H. (1996). Incrementalism and reform waves: the case of social service reform in the Federal Republic of Germany. *Journal of European Public Policy, 3*(3), 441-460.

Czada, R. (1994). How to Get Rid of a Planned Economy. The Case of the German Treuhandanstalt.

Esping-Andersen, G. (1990). *The Three Worlds of Welfare Capitalism*. Princeton University Press.

Esping-Andersen, G. (1999). *Social Foundations of Postindustrial Economies*. Oxford: Oxford University Press.

Göçmen, I. (2013). The role of faith-based organizations in social welfare systems: A comparison of France, Germany, Sweden, and the United Kingdom. *Nonprofit and Voluntary Sector Quarterly, 42*(3), 495-516.

Hammerschmidt, P. (2005). *Wohlfahrtsverbände in der Nachkriegszeit. Reorganisation und Finanzierung der Spitzenverbände der freien Wohlfahrtspflege 1945 bis 1961*. Weinheim/München: Juventa.

Heinze, R. G., & Olk, T. (Eds.) (2011). *Handbuch Soziale Dienste*. Wiesbaden: VS-Verlag.

Henriksen, L. S., Smith, S. R., & Zimmer, A. (2012). At the eve of convergence? Transformations of social service provision in Denmark, Germany, and the United States. *VOLUNTAS: International Journal of Voluntary and Nonprofit Organizations, 23*, 458-501.

Lehmbruch, G. (1996). From state of authority to network state: The German state in developmental perspective. *DE GRUYTER STUDIES IN ORGANIZATION*, 39-62.

Leibfried, S., & Obinger, H. (2003). The state of the welfare state: German social policy between macroeconomic retrenchment and microeconomic recalibration. *West European Politics, 26*(4), 199-218.

McIlroy, D. (2003). Subsidiarity and sphere sovereignty: Christian reflections on the size, shape and scope of government. *Law & Just.-Christian L. Rev., 151*, 111.

Pierson, P. (2001). Post-industrial pressures on the mature welfare states. *The New Politics of the Welfare State, 1*, 80-105.

Priller, E., & Schmeißer, C. (2013). Die Beschäftigungssituation in Dritte-Sektor-Organisationen. *Sozialer Fortschritt, 62*(8–9), 227-234.

Salamon, L. M., & Sokolowski, W. (2018). The size and composition of the European third sector. In B. Enjolras, L. M. Salamon, K. H. Sivesind, & A. Zimmer (Eds.), *The Third Sector as a Renewable Resource for Europe*. London: Palgrave Macmillan.

Stiglitz, J. E., Sen, A., & Fitoussi, J. P. (2009). Report by the commission on the measurement of economic performance and social progress.

Strachwitz, R. G. (2010). *Transparenz in der Zivilgesellschaft*. Berlin: Maecenata Stiftung (Opusculum, 46).

Taylor-Gooby, P. (Ed.) (2004). *New Risks, New Welfare: The Transformation of the European Welfare State*. Oxford: Oxford University Press.

Wulfgramm, M., Bieber, T., & Leibfried, S. (2016). *Introduction: Welfare state transformation and inequality in OECD countries*, 1-16. London: Palgrave Macmillan.

Zimmer, A. (2007). *Governance and Civil Society*. Münster: NEZ.

Zimmer, A. (2010). Third sector–government partnerships. *Third Sector Research*, 201-217.

Zimmer, A., Appel, A., Dittrich, C., Sittermann, B., & Stallmann, F. (2009). Germany: On the social policy centrality of the free welfare associations. In *Handbook on Third Sector Policy in Europe*. Edward Elgar Publishing.

Zimmer, A., & Bräuer, S. (2014). *The Development of Social Entrepreneurs in Germany*. Münster: Institut für Politikwissenschaften.

Zimmer, A., Grabbe, C., & Gluns, D. (2021). Revolution or Modernization? Social enterprises and the German welfare arrangement. *Management International, 25*(4), 84-100.

Zimmer, A., & Obuch, K. (2017). A matter of context? Understanding social enterprises in changing environments: The case of Germany. *Voluntas: International Journal of Voluntary and Nonprofit Organizations, 28*, 2339-2359.

Zimmer, A., & Priller, E. (2006). *Gemeinnützige Organisationen im gesellschaftlichen Wandel*. Wiesbaden: VS-Verlag.

Zimmer, A., & Priller, E. (2023). Germany–Still a welfare partnership country? *Nonprofit Policy Forum 14*(4), 345-361.

Zimmer, A., & Smith, S. R. (2014). Social service provision in the US and Germany: Convergence or path dependency? *German Politics, 23*(1-2), 1-25.

第四章
從窮人身上賺錢？
美國社會福利民營化發展初探

黃芳誼（東吳大學社會學系助理教授）

壹、前言

美國社會福利的推行不像歐洲國家以政府主導（Reisch, 2009），但這並不代表美國聯邦社會福利預算短缺或是運作不良，相反地，美國聯邦預算 2018-2019 年來花費在社會福利性質的「強制性支出」部分超過總預算的 61%，比國防預算的 15% 要高出四倍多（Center on Budget and Policy Priorities, 2019; Pye, 2018）。那麼，美國是以什麼方式在落實社會福利給付與輸送呢？美國社會福利系統運作特色是「去中心化」與「私有化」（Marwell, 2004; Reisch, 2009），其將權力下放給州政府、民間組織與私人機關來進行，具體而言，美國社會福利透過州政府、私人企業與非營利組織共同合作來推動，非營利組織與民間企業在美國社會福利系統中同時扮演著贊助者與服務輸送者的雙重角色（Midgley, 1997; Reisch, 2009; Young, 1999）。本文旨在探討美國社會福利民營化過程的歷史更迭，並勾勒出福利民營化類型、運作方式、評估等多元樣貌。

本文分為以下六部分：一、簡介美國社會福利民營化的歷史起源與發展，評析美國社會福利民營化四個發展階段。二、剖析美國社會福利民營化的項目與業務。三、釐清福利國家授權治理的型態與權責。四、深入探究美國社會福利民營化的機構類型。五、瞭解美國福利民營化的管制方式。六、討論美國社會福利民營化的優劣與局限。

貳、美國社會福利民營化之歷程

一、美國社會福利民營化的第一階段：草創期

美國社會福利民營化的歷史起源最早可以追溯自殖民時期（Henderson, 2001; Patterson, 2000），當時政府透過給予私人教會或民間宗教機構來幫助弱勢與窮人。又者，在 20 世紀初期，許多地方政府會

支持民間的孤兒院、醫院、精神療養院等慈善機構、志願服務機構等（Hasenfeld & Garrow, 2007, 2012; Rothman, 1971）。後來，在經濟大恐慌時期，政府無法以放任形式讓經濟陷入崩塌局面，故而下令禁止公共支持民間非營利組織進行社會服務的工作，主要由於經濟衰弱且資源能力有限，無法再捐獻給宗教單位等等（Abramovitz & Zelnick, 2015; Lubove, 1968; Salamon, 1999）。當時，聯邦政府開始以領導者身分推動社會福利政策，以穩固民心與社會發展（Abramovitz & Zelnick, 2015）。這個時期政府以現金發放方式，進行福利輸送，包括社會安全金與食物券等，確立了社會福利領取者為「顧客」角色，顧客可以自行拿著政府發放的消費券或食物券去超市挑選自己需要的產品，以此方式，滿足人民特定的生活需求（Abramovitz, 2004; Abramovitz & Zelnick, 2015）。

二、美國社會福利民營化發展的第二階段：形成期

在 1960 年代詹森總統所推動的大社會「向貧窮宣戰」期間，美國進入第二階段社會福利私有化發展時期，政府取消禁止公共支持民間非營利組織進行社會福利工作（Abramovitz & Zelnick, 2015），且開始走向社會服務等項目用契約方式，外包給非營利組織，透過這些非營利組織來提供人民所需要的社會福利資源（Abramovitz & Zelnick, 2015）。例如，當時聯邦政府將社會福利之經濟預算挹注「社區行動機構」（Community Action Agencies，簡稱 CAAs）[1]（Clark, 2000; Marwell, 2004）。由於社區行動機構運作良好，機構數量不斷增加，受益人口也因資格限制放寬而增加，範圍從單親媽媽擴展為失業父母的家庭。但之後因受到經濟不平等與全球化的影響，新興福利國家支持者開始主張弱化民營化的機制，降低自願部門角色、增加福利接收者的依賴、擴張政府再分配福利資源的職權。例如，當社會福利民營化越加繁盛時，州長、市長擔憂這群受益者（如支持社區

---

[1] 社區行動機構作為一種非營利的組織，將福利輸送給弱勢群體，亦同時獲取民眾的選票支持（Clark, 2000; Marwell, 2004）。

行動機構的新興少數族群、窮人）等會主導選情（Andrews, 2001; Gillette, 1996），因而 1967 年，國會通過「綠色協議」（Green Amendment），要求社區行動機構必須由地方的政治人物指派與授權方能合法運作，此後，多數的社區行動機構都在地方政治組織的控制之下運作（Marwell, 2004）。為人詬病的是，綠色協議將社區行動機構限縮在福利資源分配與票倉穩固的關係上，社區行動機構建立起贊助者與接收者中連結的角色，執政黨為了繼續執政、取得資源分配的權力，利用福利（工作機會、津貼發放）輸送給予地方弱勢居民的方式，以取得選票再贏得政治上的代表席次（Hamilton, 1979）。

這樣的公部門與私部門共同合作輸出各種社會福利與服務，在 1960 與 1970 年代，推動社會福利的非營利私部門組織大量誕生，從 1971 年多了 25% 的機構、到 1979 年增加了 55% 的機構。這些非營利機構輸送著政府財物贊助提供的各式各樣社會服務與福利資源，遠遠超過所有中央與地方政府自己執行的社會福利項目的總和（Abramovitz & Zelnick, 2015; Salamon, 2003）。這段時期乃為社會福利私有化奠定期，也確立了公部門下放給私部門執行社會福利與服務，一直到 1970 年中期，面臨全球化與國內政經情勢巨大轉變、導致了 20 世紀第二次經濟危機才有所轉變（Abramovitz & Zelnick, 2015）。

三、美國社會福利民營化發展的第三階段：蛻變期

1970 年代後期，因為二次石油危機爆發、油價飆漲、全球經濟萎靡，原本美國社會福利私有化的發展也進入一個大轉彎的局勢，此時美國社會福利私有化走向第三階段新右派主義風格的發展。1980 年代美國雷根總統更致力於政府權力下放（devolution）、提高私有化運作，尤其在針對窮人的社會福利系統中，公部門透過契約大量釋放福利服務給非營利組織推行，使得社會福利民營化獲得擴張的發展（Marwell, 2004）。此時，政府對社會福利機構裁員與縮編、私有化（把社會福利管理的責任從

公部門轉到私部門）（Abramovitz, 2014），並走入福利多元主義（welfare pluralism）。當時，社會福利價值觀乃是倡導個人技能與自由、福利私有化、鬆綁國家干預、減少應得的福利權益、建立共同承擔責任的社會契約（Harvey, 2007）。

1980年代的社會福利推動是按照著新右派主義思維在前進，強調把社會福利當作一種生意來執行，「管理主義」（Managerialism）與「金融化」（Financialization）是執行的必然要素，其介紹如下。

（一）社會福利融入「管理主義」、「金融化」的色彩

美國社會福利走向私有化發展的第二階段中期，出現「管理主義」運作模式，「管理主義」是將福利機構與人員均轉移入市場，市場哲學與生意原理也同時進入非營利組織的營運之中（Abramovitz & Zelnick, 2015; Dustin, 2008）。由於當時社會福利的推動乃是由一些管理者、員工、供應商、顧客、股東等等角色構成，必須靠著不同角色的衝突協商與談判才能運作。而人們與社工人員對詮釋、理解、與生活在社會福利機構的一切都是均朝著管理主義思維在進行（Harvey, 2007）。

美國社會福利私有化走向第三階段時，社會福利運作更加入了「金融化」的運作模式（Abramovitz & Zelnick, 2015）。「金融化」乃是指透過社會福利私有化的運作機制，擴張市場，將新投資引入社會福利與服務之中。在金融化的階段，社會服務的輸送在管理主義的管理下走向精緻化的轉變，並強調擬訂具有高績效表現的契約，並出現金融化的社會福利運作模型，舉凡社會影響力債券（Social Impact Bonds）[2]，把私人的投資置入社會福利系統中，打造一種「影響力投資」（impact investment），投資者可以同時盈利與建造社會影響力、創造社會財（Buffett, 2013; Social Finance, 2012）。

[2] 傳統發債乃是符合資格的公司可以透過金融機構來借錢，協助籌措生產與營運的資金，等到賺錢後再還債與利息。而社會影響力債券也是一種特殊類型的債權，向資本市場籌資，解決特定的社會問題，諸如偏鄉資源短缺、貧窮等。另外，也可由政府或機構扮演最終支付者的角色，只要契約有履行、有良好的績效，與永續發展或社會影響力有關，便可同時取本金與利息。

（二）社會福利民營化採用「新公共管理」模式

社會福利運作在「管理主義」與「金融化」兩股力量影響下，出現「新公共管理」（New Public Management, NPM）的色彩。換言之，市場運作的生意治理原則應用在公共領域與非營利組織中，強調顧客選擇與競爭、利己主義能打造最有效力與效益的福利輸入，同時更需將所有福利資源與社會服務進行量化分析，將績效、彈性、效能、成果表現、全面品質管理（total quality management）連結到社會福利的各項理念，包括平等、公共財、社會正義等（Abramovitz & Zelnick, 2015; Baines, 2004; Healy, 2002）。

1960-1980 年間，不管是聯邦或是地方政府在社會福利支出不斷上升，這些支出不斷供應私部門機構負責社會福利與社會服務輸送。1971 年州有 25% 是花費在社會福利與服務上，1976 年地方政府有 49% 的支出是用於社會福利，自 1988 年到 1993 年，各州幾乎將 80% 的支出都用於私有化的社會服務上（Abramovitz & Zelnick, 2015）。

四、美國社會福利民營化發展的第四階段：擴張期

在美國社會福利民營化進入轉向之時，全球化時代來臨，低薪行業中，職缺變得更少，失業員工增加，美國一方面迫切需要強而有力的政府主導，另一方面自由市場與資訊流通又快速無遠弗屆地發展，此時，從 1996 年代柯林頓總統所簽署的《個人責任與工作機會調節法案》（Personal Responsibility and Work Opportunity Act, PRWORA）誕生開始，美國社會福利私有化轉而走向第四個階段。

《個人責任與工作機會調節法案》使得社會福利給付與輸送有重大改變。其中內容包括廢止「失依兒童家庭補助金」（Aid to Families with Children，簡稱 AFDC），改採「貧困家庭暫時補助方案」（Tomporary Assistance for Needy Families Program，簡稱 TANF），並以概括式經費（block grant）補助方式將福利業務重心從聯邦政府回歸到州政府辦理，菁

英階級需要透過福利系統扶助弱勢以獲取社會秩序的維持與地位的鞏固，避免背負「道德恥感」（moral stigma），而工人階級則需要仰賴福利系統以維持生命與生活的穩定（Allen & Kirby, 2000; Stern & Axinn, 2017），此後，美國社會福利民營化的系統獨特發展出「道德恥感」與「經濟安全網」兩方面整合的新路線（Reisch, 2009; Stern & Axinn, 2017）。該法案執行後，美國確立了下面兩個新的私有化方向，更加擴張福利服務民營化的範圍與權限（Winston et al., 2002）。

（一）申請救助津貼的財力調查可由私部門審查之立法，促進福利私有化擴張

首先，聯邦政府廢除「誰取得福利的資格審查必須由公部門決定」的法令，如現金發放即為社會給付等福利資格認定，可由契約外包方式交由更廣大的私部門決定。新規定中關於「有需求家庭之暫時性救助法案」，聯邦政府提供各州資金方式轉變為「概括式經費」（Block Grant），聯邦給予州政府整筆援款，將使用權力款項的權力下放給地方政府。同時，聯邦政府不再要求州政府必須資格審查，各州可以交由各種組織去進行領取福利的資格審核與評估（Winston et al., 2002）。這項政策提高私部門參與社會福利運作的層面，並創造一個嶄新的社會福利私有化市場（Nightingale, 1997; Sanger, 2001; Winston et al., 2002）。各州政府除了希望「有需求家庭之暫時性救助法案」的資格認定可授權給私部門外，更希望其他福利法案如「補助營養援助計畫」（Supplemental Nutrition Association Program）〔即「食物券（Food Stamp）計畫」或「醫療補助保險計畫」（Medicaid）〕，在資格認定上也可以進行私有化與機構整合（Winston et al., 2002）。

具體來說，1997 年德州曾努力將全州所有福利體制進行私有化，包括「有需求家庭之暫時性救助法案」、「食物券」、「醫療補助保險」等計畫，但是美國聯邦政府衛生及公共服務部否決了這個草案。不過，後來德州改變策略，在州政府公共服務部的權限內整合了所有福利部門申請資格認定程序，而將工作尋找、工作置換、勞動力發展等等均以契約方式外

包下放私部門（Pavetti et al., 2000）。而亞利桑那州政府選擇將其中一郡進行「有需求家庭之暫時性救助法案」的資格認定外包給私部門進行，其他郡的福利資格審查則維持在州政府職權管轄內運作（Kornfeld, 2001）。此外，在「個人責任與工作機會調節法案」實施之前，威斯康辛州在各福利計畫推動上已經聯邦同意下外包給私部門進行現金補助的資格審查（Winston et al., 2002）。

（二）工作福利的要求加速福利私有化發展

其次，要求每位申請福利補助者須以「工作第一」（work first），如果要領取福利補助，前提是必須接受就業安排、職業訓練或是去工作。福利資格的認定從原本的資料審查變成檢視是否有去工作。這項轉變試圖以「工作福利」（workfare）的資格門檻，來解決領取「失依兒童家庭補助」產生的「福利依賴」（welfare dependency）情況。根據「有需求家庭之暫時性救助法案」，各州均需要設立「工作機會與基本技巧方案」（the Job Opportunities and Basic Skills, JOBS）中心，讓領取福利者在職訓中心培養工作能力、建立工作技術（Winston et al., 2002）。此時社會福利運作體系必須走入更高層度的私有化，透過外包給企業或私部門，才能讓仰賴福利的人口購買新技能、加速其進入勞動市場就業，私有化能讓福利運作具有高度彈性，迅速與外界接軌與配合市場隨時調整變化（Sanger, 2001; Winston et al., 2002）。

參、美國授權治理的福利國家運作方式與型態

授權治理（delegated governance）乃是指把責任從公共社會福利單位下放到非政府的行為者（actors）上，特別是民營化單位，而中央政府不需要處理分配福利、服務、完成目標等，政府角色主要是給予資金、管制、監督等，而非直接干預。美國有直接干預，包括直接給予福利與

服務的社會福利制度，例如社會安全金就是聯邦政府直接分配服務與福利（Béland et al., 2018）。授權治理比民營化或契約外包這兩種方式來的更好，因為民營化乃是指政府對社會福利的責任販售出去抑或外包某個服務給非政府部門運作，這意味著政府在福利給付或分配上完全的卸責，但授權治理隱含著更多政府與民營單位共同連帶承擔權責的關係（Morgan & Campbell, 2011）。再者，民營化興起於1980年代新右派雷根時期重視小政府與大市場，但授權治理興起於更早的時期、其內涵脈絡則未包含該新右派的意識型態。美國授權治理的福利國家樣貌是如何呢？它運作的方式是多變化與不同型態的，授權治理的福利國家類型一共可以分成三種型態，以下分別就「誰負責執行社會福利的行政業務」、「誰負責執行社會福利服務輸送」、「做決定的軌跡」、「誰負責承擔風險」、「福利服務可否被否決」進行區分（如表1）（Morgan & Campbell, 2011）。

一、授權治理類型一：成立時即採混合式授權治理

首先，第一種型態為社會福利計畫在一開始成立之初，就採用授權治理方式運作，其代表為聯邦醫療保險（Medicare）[3]的運作，在1965年代聯邦醫療保險成立之初，多數行政業務即以授權由藍十字藍盾協會（Blue Cross Blue Shield Association）、醫院、受僱醫生三方共同運作，負責民眾的健康照護的福利服務供應。這類型主要的行政業務是由聯邦政府、非營利組織、營利組織（負責聯邦醫療保險B部分，門診治療）共同負責；輸送福利服務則是由私有化或非營利組織的供應者、或是非市場的行為者進行；而決策制定過程乃是政府契約外包給醫院與保險公司、並讓保險人自行選擇投保的保險公司；政府與福利服務供應者共同承擔風險；福利服務可以被否決（如醫生拒收有聯邦醫療保險的患者），但情況罕見（Morgan & Campbell, 2011）。

---

[3] 此乃為美國國家醫療保險計畫，針對65歲以上老人與身障人士提供健康保險與照護。

表 1　授權治理的福利國家的型態與權責

	Programs with DG Elements	Programs with DG Added Over Time					DG Programs				
	FFS Medicare	Welfare benefits (pre-post-TANF)	Welfare services	JOBS	Child support enforcement	Medicaid (HMOs)	Medicare Advantage	Part D drug plans	Section 8 housing vouchers	School vouchers	Private prisons
Who administers program	Federal govt.; nonprofits; for-profits (esp. in Part B)	Pre-TANF: state/local governments Post-TANF: some nonprofits, for-profits	Pre-TANF: state/local governments Post-TANF: some non-profits, for-profits.	Federal government	State and local governments	State governments; for-profits	Federal govt.; for-profits	Federal govt.; for-profits	Govt.	Public, private lottery programs	For-profits
Who delivers service	Private providers– nonprofits or perceived as non-market actors	Local governments, nonprofits, for-profits.	Mostly non-profits, for-profits.	Mix of government, nonprofit, for-profit centers.	Local governments, for-profits	For-profits	For-profits	For-profits	Private landlords	Private schools (non-profits)	For-profits
Locus of decision making	Government contract with intermediaries; individual chooses provider.	State, local government contract	State/local government contract; individuals w/ vouchers	Government contract	Government contract	Government contract	Individual chooses provider	Individual chooses provider	Individual chooses provider	Individual chooses provider	Government contract
Who bears risk	Government; providers.	Government	Government; individual for costs above voucher amount.	Government	Government	Provider; individual for poor choice of plan.	Individual for poor choice of plan; provider bears market risk	Individual for poor choice provider; provider bears market risk	Individual for poor choice provider; provider bears market risk	Individual for poor choice of provider; provider bears market risk	Provider bears market risk
Can services be denied?	Yes, but rare (doctors refuse Medicare patients)	Yes: sanctions imposed.	Yes: sanctions imposed.			Care is 'managed': services may be denied.	Care is 'managed': services may be denied.	Drug use is "managed": therapies denied (or more expensive)	Yes	Yes	

資料來源：Morgan & Campbell (2011)。

二、授權治理類型二：漸進式改為混合式授權治理

　　其次，授權治理福利國家運作的第二種形式就是社會福利計畫一開始運作時是國家負責，但是其後慢慢下放權責到民營化部門，最具代表的是貧困家庭暫時補助方案、子女撫養法執行（Child Support Enforcement）、醫療補助保險計畫（Medicaid）論人頭計酬的健康維護組織（Health Maintenance Organization）[4]、以及勞力僱用服務部門（JOBs Program）。這

---

[4] 其法源依據乃奠基於 1973 年的 Health Maintenance Organization of 1973，論人頭計酬的健康維護組織有別於論量計酬（Fee for service）、總額分配與論件計酬，該方式如英國的公醫健保系統，其運作乃為了節省健康醫療保險費用，在加入健康維護組織後醫生是領取固定薪資、而患者則是除了繳交健保費以外，不需要額外負擔看診費用，另外，醫院通常收取低於 15% 的費用，整個醫療服務的資金來源除了有投資

類型主要的行政業務是由聯邦政府、州政府、非營利組織、營利組織共同負責；輸送福利服務多數為州政府與民營化或非營利組織的供應者進行；而決策制定過程乃是中央或地方政府契約外包；且除了醫療補助保險（醫療服務供應者承擔風險）外，其他均由聯邦政府承擔風險；福利服務可以被否決，但會受到懲處（Morgan & Campbell, 2011）。

三、授權治理類型三：成立時即為私有式授權治理

而授權治理福利國家的第三種型態代表則是社會福利計畫比前兩者更晚才開始執行的聯邦醫療保險優勢計畫（Medicare Advantage）[5]、聯邦醫療保險 D 部分（Part D drug plans）[6]、第 8 類房屋補助計畫（Section 8 housing vouchers）[7]、教育券（school vouchers）、與其他私人監獄等，這些均由私人

者以外、尚包括醫生、醫院、患者共同承擔（Morrison & Luft, 1990）。

[5] 乃指聯邦醫療保險 C 部分（Medicare C），其為多合一的聯邦醫療保險計畫，除了原本聯邦醫療保險計畫中 A 部分醫院（住院）保險、B 部分醫療（門診）保險以外，也包括 D 部分自行管理處方藥（self-administered prescription drugs）保險與其他福利（如轉診功能、視力、牙齒或聽力等保險）。其與聯邦醫療保險最大的差別乃在於優勢計畫擁有者不能購買 Medigap（聯邦醫療保險補充計畫）（Medigap 是指保險人從私人公司購買的健保補充計畫，用於支付原始醫療保險〔A 部分和 B 部分〕未能完全涵蓋的全部或部分費用，例如 coinsurance〔保費分擔額〕、copayments〔定額門診費〕、deductibles〔自付額〕和任何因保險人出國旅行而產生的醫療費用）（Medicare.gov, 2022）。

[6] 聯邦醫療保險 D 部分（Medicare Part D），亦稱為聯邦醫療保險處方藥福利涵蓋處方藥花費。這是為保險人的原始聯邦醫療保險受保範圍（A 部分和 B 部分）增加處方藥福利的方式。投保人每月支付保費（2021 年的預計平均值為 $30,50；收入較高的投保人按收入作每月調整（附加費 IRMAA）而需要為 B 部分和 D 部分支付較高的費用），還有年度自付額和處方藥費用分擔額（如定額門診費或保費分擔額），這些自付費用隨計畫、處方和藥房而有所不同。像 C 部分一樣，處方藥受保範圍也可從 Medicare 批准的私人公司獲得。另，那就是在受保人已達到一定的處方藥支出水平之後（2021 年為 $4,130），保險人處於保險涵蓋範圍差距時，只必須支付任何處方藥費用的 25％，其額外超出的費用餘由歐巴馬健保支應，此則為處方藥覆蓋費用之缺口，又稱為甜甜圈洞（donut hole）（Cmolina, 2020）。

[7] 其法源依據乃奠基於 1937 年的 The Section of the Housing Act of 1937（亦即是現在的第 8 類房屋補助計畫的前身），並由聯邦政府的「房屋及城市發展部」（HUD）

企業進行運作。在執行第三種型態的社會福利項目時，授權治理已發展為一種治理的模式。這類型主要的行政業務是由聯邦政府與營利組織共同負責；輸送福利服務均由私有化企業進行；而決策制定過程除了私人監獄為政府契約外包之外，其他均由個人自行選擇福利供應者；且個人與福利服務供應者共同承擔風險；福利服務可以被否決（Morgan & Campbell, 2011）。

肆、美國社會福利民營化的外包項目

在美國社會福利私有化走向第四階段之後，福利體制私有化運作的型態包括有兩種不同形式，首先，政府可以外包某項福利計畫的分支，例如，將職業訓練或協助工作轉換的任務外包私部門進行。第二，政府可在某個地區將全部福利體制運作與輸送外包給私部門進行管理，包括從資格審查、領取福利津貼後評估、現金與福利資源管理等等。但是兩種方式比較起來仍以前者較為盛行（Winston et al., 2002）。

一、契約外包第一種項目：勞力僱用服務部門

美國外包分支包括下面四種福利服務項目全交由私部門推動：勞力僱用服務部門、孩童福利、子女撫養法執行以及「有需求家庭之暫時性救

負責。之後發展為「第 8 類房屋補助計畫」，由 HUD 設於各大城市或縣的房屋處（Housing Authority）負責，其主要分為（1）自選房屋補助券計畫（Housing Choice Voucher Program）及（2）指定房屋補助計畫（Project Based Program）。所謂「自選房屋補助券計畫」乃指有 Section 8 補助的人士或家庭需要自己找尋居住單位（居住單位的所在城市、單位面積等等均有一定的規定或限制）。至於「指定房屋補助計畫」乃指有 Section 8 補助的人士只能居住於某一指定的住宅單位。通常屬於「指定房屋補助計畫」的住宅單位大多為一幢樓高十餘層，每層有數個住宅單位，而該大廈的業主或管理公司亦與當地房屋處簽署合約，只能出租予 HUD 核准的 Section 8 計畫補助的人士或家庭居住（Department of Housing and Urban Development, 2022）。

助」計畫（Winston et al., 2002）。在第一種「勞力僱用服務部門」（JOBS）項目私有化中，美國在勞動市場相關的就業服務之福利服務與輸送推動上，非營利組織與私人公司已經成為福利體制運作推動主力，如在佛羅里達州的 Polk 縣，有一間巨大的營利公司「勞動力投資附屬電腦機構」（The Workforce Investment Act. Affiliated Computer Services, Inc）設置，經營與管理許多職業介紹所（One-Stop career center）；麻薩諸塞州亦有私營企業設置教育訓練機構中心，結合政府推動社會福利計畫項目（Roper, 1998; Winston et al., 2002）。

二、契約外包第二種項目：孩童福利

在第二項目「孩童福利」私有化中，包括家扶中心、領養程序、兒童與少年保護家庭維繫方案（family preservation）、心理健康治療等任務均已私有化。例如紐約市在 20 世紀初期就已經將兒童與少年監護管束等服務交由非營利組織進行（Bernstein, 2002），在 1998 年，美國至少有 29 個州已經將孩童福利交由民間機構辦理（McCullough & Schmitt, 1999）。堪薩斯州為了吸引全國民眾的注意，採取了一個全州針對孩童管理照護計畫，私部門只要轉介一個需要幫助的孩童就可以賺取一份費用，包括負擔家扶中心、家庭保護、或領養機構等全部費用（Kansas Action for Children, 2001）。田納西州、俄亥俄州也都有類似的私有化機構進行處理孩童福利項目（Kamerman & Kahn, 1998）。

三、契約外包第三種項目：子女撫養法執行

在第三項目子女撫養法執行私有化中，從 1980 年代開始，私部門開始參與子女撫養法執行，舉凡付費流程、陪產、手續與制度建立、協尋父母位置、客服等，針對協助缺席父母、不與孩子同住在家裡並有責任支付贍養費之父母、非居家父母、無監護權父母和負責父母等行政令、和解協定、同意令、判決和法令，或未履行之父母責任通知與認定而確立及產生

的贍養費拖欠款等事務。截至 2002 年，就有 16 州有許多私有化機構提供全項目子女撫養法執行的福利服務（Winston et al., 2002）。

四、契約外包第四種項目：「有需求家庭之暫時性救助計畫」

在第四項目「有需求家庭之暫時性救助」福利服務的私有化中，裡面有四大任務交由私部門進行，包括個案管理、受僱與就業服務、支援服務（如孩童照護、交通、監控或其他協助）、特殊化服務（如心理健康、藥物濫用、青少年未婚懷孕、資格審查）等（Winston et al., 2002）。在 1997 年，威斯康辛州與佛羅里達州均已將把這些項目交由私部門的營利組織或非營利組織進行運作（Rosenau, 2000）。1999 年亞利桑那州業已將資格審查與其他福利服務等交由 MAXIMUS, Inc 公司管理（Kornfeld, 2001; Rosenau, 2000; Winston et al., 2002）。

伍、社會福利體制民營化的主力

一、社會福利體制私有化的機構類型

美國通常執行一項社會福利政策時，會同時結合州政府與營利組織、非營利組織等三個單位結合一起運作。例如加州的「婦嬰幼兒特殊營養補充計畫」（California Women, Infants, and Children Program），是由州政府的每個城鎮辦公室進行資格審查，擁有領取福利資格的民眾即可前往各鄉鎮社區型非營利組織 WIC 中心或是公營的衛生局完成例行事務（Bendick, 1989），如每月產檢、健康追蹤與評估、營養師分析、健康與營養教育、領取 WIC 信用卡（Bartholomew et al., 2017; National WIC Association, 2020），然後再到各個超市或賣場以 WIC 信用卡方式消費免費購買規定內的各種商品（USDA Food and Nutrition Service, 2020）。

進行福利體制私有化的營利組織、非營利組織共可分為三種類型，第

一種類型為營利機構，包括 MAXIMUS, Inc、Affiliated Computer Services, Inc、Curtis and Associates（1985 年成立）、Policy Studies, Inc（1984 年成立）、America Works（1984 年成立）與包括 Association for Research and Behavior（ARBOR）Inc（1974 年成立）等五間公司。第二類型為巨型的非營利組織，包括 Goodwill Industries（1902 年成立）、Catholic Charities（1910 年成立）、AFL-CIO（1955 年成立）等三間組織（Owitz, 2001; Winston et al., 2002）。第三類型為民間鄉鎮社區為基礎的小型非營利組織（Winston et al., 2002）。

二、社會福利體制民營化代表企業：MAXIMUS

在推動社會福利各民營化的各組織中，最早積極推動社會福利服務且成為最大的一間盈利組織非 MAXIMUS 公司莫屬（Owitz, 2001）。MAXIMUS 建立於 1975 年，其乃是一間專門接受政府契約外包福利服務的公司，其創辦人 David V. Mastran 曾服務於美國健康、教育與服務部門，後來創立該公司，專門為政府部門諮詢，主要負責衛生、健保、社會服務等項目，在 1988 年接受洛杉磯縣的第一份社會福利服務契約，1997 年在紐約證券交易所上市上櫃。曾經外包過許多社會福利項目，諸如管理威斯康辛州密爾瓦基第六行政區域 W-2 稅務計畫；在亞利桑那州 Maricopa 縣的工作前瞻展示計畫；加州、紐約州、華盛頓特區等區域的就業服務等社會福利項目（Dernbach, 2019; Winston et al., 2002）。

MAXIMUS 成長速度非常快，從 2008 年到 2018 年不斷擴充職員人數、擴大與政府簽契約所承辦的業務項目，從招募個案工作員、設計評估工作員的作業系統、推動政府的「子女撫養法執行」方案、生命線營運，協助政府建立各項降低成本的諮詢計畫，範圍甚至擴及監獄的設計與營運（Dernbach, 2019; McMillan, 2018）。在前 MAXIMUS 執行長 David V. Mastran 任內已經創下年收入七十億一千萬的資本額。在歐巴馬任內，《病患保護及平價醫療法案》（The Patient Protection and Affordable Care Act,

ACA)（又稱歐巴馬健保）之醫療補助需要複雜的資格審查，這也成為MAXIMUS擴展新的市場（McMillan, 2018）。

自從2008年起，在美國50個州、華盛頓特區、紐約市等53個行政區中，MAXIMUS跟其中44個行政區有簽下180個契約、392個修正案與更新計畫，任務包括進行各區的《醫療補助保險計畫》（Medicaid）、《兒童健康保險計畫》（The Children's Health Insurance Program, CHIP）等資格審查的健康照護方案管理（Dernbach, 2019; McMillan, 2018）。不只印第安納州政府將MAXIMUS視為一個有價值的夥伴，美國聯邦醫療保險和補助服務中心（the Centers for Medicare & Medicaid Services）的前執行長Seema Verma所擁有的諮詢公司光在2017年聽證會期間，就跟MAXIMUS簽了一萬個契約（McMillan, 2018）。而且MAXIMUS協助的區域不限於美國，與它簽約的對象還包含非洲、拉丁美洲、世界銀行、以色列與澳洲的勞動力部門（McMillan, 2018）。

陸、美國福利民營化評估

政府有兩種方式付費給私有化市場以提供公共財。其一，非營利或營利組織契約外包政府業務，以賺取政府經費方式，輸送福利或服務到個人身上；其二，政府可以給個人錢或消費券，讓人民自行向私有化市場購買所需要的公共財（Hevenstone, 2015）。而當中央政府將福利工作交由非營利組織或民營化單位進行時，就能透過競爭與責任分攤（load shedding）方式讓組織或個人的福利市場化達到高效率且高效能的績效（Smith & Lipsky, 1993）。

目前的工作福利（Welfare-to Work）運作包括三個層面績效表現的評估：聯邦政府、州政府、福利輸送機構（Service Delivery Areas, SDAs）。首先，針對聯邦政府對JOBS的評估，以勞力僱用服務部門契約外包的來說，聯邦政府過往要求工作福利機構要達到合格性與準確性

（eligibility and accuracy），以減少發放錯誤津貼對象案件為最重要的績效標準，然而，現在則追求達到顧客的自足性（self-sufficiency）為目標（Bartik, 1995）。美國衛生及公共服務部（United States Department of Health and Human Services）建立評估指標，並外包給「人力表現研究公司」（Manpower Demonstration Research Corporation）分析成果，包括超過一段領取福利給付津貼特定時間的件數、「工作訓練夥伴法案」（Job Training Partnership Act, JTPA）的表現測量指標達成率、受僱率提升多少、離開 JOBS 後成員的薪資所得、非補貼受僱[8]工作三個月（或特定時期）後還繼續工作的比率（Job retention rate）等（Bartik, 1995; GAO, 2019）。

其次，針對州政府進行 JOBS 的評估，美國公共福利協會（American Public Welfare Association）與美國政府責任署（Government Accountability Office, GAO）會進行 50 個州績效年度報告，包括測量各州參與 JOBS 的成員人數、僱用時薪、因有工作不再領取津貼的人數、工作三個月（或特定時期）後還繼續留下來的工作延長比率（Job retention rate）、因有工作而使福利計畫經費下降的程度、教育與工作培訓有否成效（如領到受訓證書等比率）、找到好工作（有提供健保）的人數、因失業又重回到福利計畫的人數、過了一段時期的時薪漲幅程度、每週僱用薪水等十個績效指標（Bartik, 1995; Department of Labor, 1998; Riccucci & Lurie, 2001）。

再者，針對地方福利輸送機構的評估，則包括追蹤成人受僱率、週薪所得、年輕人進入職場的受僱率、年輕人就業能力提升率（employability enhancement rate）等。不過地方福利輸送機構的評估依據不同的地區或所隸屬公司而有所差異，例如威斯康辛州強調取得全職與部分工時的工作人數、分派不同組進行競爭，賓州則重視五項指標：受僱率、每個成員花費成本、薪資、每項業務成本、有健保受僱率等。又，America Works 號稱以媒合工作（placement）高成功率與高工作延長率之績效著稱（Bartik, 1995; Freeman, 2007）。

---

[8] 雇主並未領取任何政府或其他民營化單位支助補貼僱用 JOBS 人員的福利。

柒、結語與建議

美國社會福利政策的運作與歐洲國家截然不同，美國未曾發展出以國家為中心的社會服務機構或是完全為聯邦政府整合的收入維持系統（integrated income maintenance system）（Reisch, 2009），相反地卻是走向福利產業化的發展。社會福利系統以民營化方式運作，不僅能達到節省成本，更能提升品質、培養有專業員工、強化彈性、增加政治支持度；企業和非營利組織透過私有化方式，承攬外包政府各項社會服務與社會工作（Stevenson, 2006），如此確保了福利體系運作與管理的競爭力與高彈性、控制成本與更新個案管理資訊、發展有效率的契約與提案設計、隨時監控外包廠商的各項表現與績效、強化政治與福利推動關係、深入提升民間社會團體與組織與福利輸送的結合、增進專業人才培養、整合各組之間的採購與供應鏈管理等（Winston et al., 2002）。

美國社會福利民營化發展歷經 1935-1965 年的草創期，將領取福利者視為消費者；1965-1980 年的形成期，把多數社會服務等項目用契約外包給非營利組織；1980-1996 年的蛻變期，福利輸送經營方式結合「管理主義」、「金融化」、與「新公共管理」等運作模式；1990 年代後期進入擴張期，柯林頓總統認為國家提供福利救濟只是暫時協助，轉而重視職業訓練與工作，並將福利給付的資格審查下放給私部門進行，此後，勞力僱用服務部門、孩童福利、子女撫養法執行、以及「有需求家庭之暫時性救助」計畫等業務多由私部門進行。美國目前多數福利輸送與管理多數以政府、非營利組織、企業三方共同營運，亦或將眾多社會工作業務交由民間企業盈利管理，如 MAXIMUS 上市公司，甚在 2017 年榮獲《Fortune》雜誌全球最受推崇企業其中之一、事業發展蒸蒸日上（Miles, 2017）。

然而，社會福利民營化的運作亦有其限制。首先，它無法衡量福利輸送後的外部性效果及負起相關權責，像是設立矯治藥物濫用中心會使得周遭房價下跌等。再者，當提供福利相關資訊不充分（如照護機構服務太複雜，一般民眾無法理解）、不具有充分的競爭條件（市場太小、入行成本

太高等)、顧客或領取福利的對象（如嬰幼兒、重度身心障礙患者等）未有理性裁決能力之情況產生時，社會福利體制以民營化方式運作則十分不適切（Blank, 2000; Winston et al., 2002）；加上以經營窮人補助費用作為賺取暴利的福利管理掏金熱潮（welfare management gold rush）仍造成許多不公不義的社會問題、各方要求改革聲浪四起（Dernbach, 2019; Owitz, 2001; Pressprogress, 2021; Thorne, 2003），未來顯見美國仍會朝著這條福利生意（welfare business）的道路前進，但路途崎嶇不平，將仍迫切需要改革私有化產生之弊端。

參考文獻

Abramovitz, M. (2004). Saving Capitalism from Itself: Whither the Welfare State? *New England Journal of Public Policy, 20*(1). https://scholarworks.umb.edu/nejpp/vol20/iss1/6

Abramovitz, M. (2014). Economic crises, neoliberalism, and the US welfare state: Trends, outcomes and political struggle. https://ses.library.usyd.edu.au/handle/2123/18299

Abramovitz, M., & Zelnick, J. (2015). Privatization in the Human Services: Implications for Direct Practice. *Clinical Social Work Journal, 3*(43), 283-293.

Allen, K., & Kirby, M. (2000). Unfinished Business: Why Cities Matter to Welfare Reform. Brookings. https://www.brookings.edu/research/unfinished-business-why-cities-matter-to-welfare-reform/

Andrews, K. T. (2001). Social Movements and Policy Implementation: The Mississippi Civil Rights Movement and the War on Poverty, 1965 to 1971. *American Sociological Review, 66*(1), 71-95.

Baines, D. (2004). Pro-Market, Non-Market: The Dual Nature of Organizational Change in Social Services Delivery. *Critical Social Policy, 24*(1), 5-29.

Bartholomew, A., Adedze, P., Soto, V., Funanich, C., Newman, T., & MacNeil, P. (2017). Historical Perspective of the WIC Program and Its Breastfeeding Promotion and Support Efforts. *Journal of Nutrition Education and Behavior, 49*(7 Suppl 2), S139-S143.e1.

Bartik, T. J. (1995). Using Performance Indicators to Improve the Effectiveness of Welfare-to-Work Programs (Working Paper No. 95–36). Upjohn Institute Working Paper.

Béland, D., Howard, C., & Morgan, K. J. (Eds.). (2018). *Oxford Handbook of U.S. Social Policy*. Oxford University Press.

Bendick, M. (1989). Privatizing the delivery of social welfare services: An idea to be taken seriously. https://press.princeton.edu/books/hardcover/9780691630557/privatization-and-the-welfare-state

Bernstein, N. (2002). *The Lost Children of Wilder: The Epic Struggle to Change Foster Care*. Vintage Books.

Blank, R. (2000). When Can Public Policy Makers Rely on Private Markets? The Effective Provision of Social Services. *Economic Journal, 110*(462), C34-49.

Buffett, P. (2013, July 27). Opinion | The Charitable-Industrial Complex. The New York Times. https://www.nytimes.com/2013/07/27/opinion/the-charitable-industrial-complex.html

Center on Budget and Policy Priorities. (2019). Policy Basics: Introduction to the Federal Budget Process. Center on Budget and Policy Priorities. https://www.cbpp.org/research/policy-basics-introduction-to-the-federal-budget-process

Clark, R. F. (2000). *Maximum Feasible Success: A History of the Community Action Program*. National Association of Community Action Agencies.

Cmolina. (2020, October 1). The 2021 Doughnut Hole for Medicare Part D Explained. AssociatesMD. https://associatesmd.com/the-2021-doughnut-hole-for-medicare-part-d-explained/

Department of Housing and Urban Development. (2022). HUD.gov / U.S. Department of Housing and Urban Development (HUD). https://www.hud.gov/

Department of Labor. (1998). Welfare-to-Work Grants; Performance Bonus Criteria. *Federal Register, 63*(225). https://www.govinfo.gov/content/pkg/FR-1998-11-23/html/98-31224.htm

Dernbach, B. Z. (2019). This is what happens when you let a for-profit company run public benefits. Mother Jones. https://www.motherjones.com/politics/2019/12/this-is-what-happens-when-you-let-a-for-profit-company-run-public-benefits/

Dustin, D. (2008). *The McDonaldization of Social Work*. Routledge.

Freeman, R. B. (2007). *America Works: The Exceptional U.S. Labor Market*. Russell Sage Foundation.

GAO. (2019). Report to the Permanent Subcommittee on Investigations. Committee on Homeland Security and Governmental Affairs, U.S. Senate. https://www.gao.gov/assets/gao-19-200.pdf

Gillette, M. L. (1996). *Launching the War on Poverty: An Oral History*. Twayne Publishers.

Hamilton, C. V. (1979). The Patron-Recipient Relationship and Minority Politics in New York City. *Political Science Quarterly, 94*(2), 211-227.

Harvey, D. (2007). *A Brief History of Neoliberalism*. Oxford University Press.

Hasenfeld, Y., & Garrow, E. (2007). The Welfare State, the Non-Profit Sector and the Politics of Care.

Hasenfeld, Y., & Garrow, E. E. (2012). Nonprofit Human-Service Organizations, Social Rights, and Advocacy in a Neoliberal Welfare State. *Social Service Review, 86*(2),

295-322.

Healy, K. (2002). Managing Human Services in a Market Environment: What Role for Social Workers? *The British Journal of Social Work, 32*(5), 527-540.

Henderson, A. S. (2001). The Price of Citizenship: Redefining the American Welfare State. *History: Reviews of New Books, 30*(1), 5-5.

Hevenstone, D. (2015). *The American myth of markets in social policy: Ideological roots of inequality*. Palgrave Macmillan.

Kamerman, S. B., & Kahn, A. J. (1998). Privatization, Contracting, and Reform of Child and Family Social Services. https://eric.ed.gov/?id=ED429715

Kansas Action for Children. (2001). The Kansas Child Welfare System: Where Are We? Where We Should Be Going?

Kornfeld, B. (2001). Evaluation of the Arizona Works Pilot Program: Impact Study Interim Report.

Lubove, R. (1968). *The Struggle for Social Security, 1900-1935*. Harvard University Press.

Marwell, N. P. (2004). Privatizing the Welfare State: Nonprofit Community-Based Organizations as Political Actors. *American Sociological Review, 69*(2), 265-291.

McCullough, C., & Schmitt, B. (1999). *Managed Care and Privatization Child Welfare Tracking Project*. CWLA Press.

McMillan, T. (2018). How One Company Is Making Millions Off Trump's War on the Poor. Type Investigations. https://www.typeinvestigations.org/investigation/2018/12/17/maximus-making-millions-off-war-on-the-poor/

Medicare.gov. (2022). How do Medicare Advantage Plans work? | Medicare. https://www.medicare.gov/sign-up-change-plans/types-of-medicare-health-plans/medicare-advantage-plans/how-do-medicare-advantage-plans-work

Midgley, J. (1997). *Social Welfare in Global Context*. SAGE.

Miles, L. (2017). MAXIMUS Included on Fortune's Annual World's Most Admired Companies List. Maximus, Inc. https://investor.maximus.com/news-events/press-releases/detail/138/maximus-included-on-fortunes-annual-worlds-most

Morgan, K. J., & Campbell, A. L. (2011). *The Delegated Welfare State: Medicare, Markets, and the Governance of Social Policy*. Oxford University Press.

Morrison, E. M., & Luft, H. S. (1990). Health maintenance organization environments in the 1980s and beyond. *Health Care Financing Review, 12*(1), 81-90.

National WIC Association. (2020). WIC Program Overview and History. National WIC

Association. htttps://www.nwica.org/overview-and-history

Nightingale, D. S. (1997). *Privatization of Public Social Services: A Background Paper*. Urban Institute.

Owitz, B. B. (2001). *Prospecting Among the Poor: Welfare Privatization—In the Public Interest*. Applied Research Center. https://inthepublicinterest.org/prospecting-among-the-poor-welfare-privatization/

Patterson, J. T. (2000). *America's Struggle Against Poverty in the Twentieth Century*. Harvard University Press.

Pavetti, L., Derr, M., Anderson J., Trippe C., & Paschal S. (2000). Role of Intermediaries in Linking TANF Recipients with Jobs: Final Report. https://aspe.hhs.gov/reports/role-intermediaries-linking-tanf-recipients-jobs-final-report

Pressprogress. (2021). Doug Ford is Privatizing Low-Income Employment Services. An American Firm Linked to Trump's Welfare Cuts Wants the Contract. PressProgress. https://pressprogress.ca/doug-ford-is-privatizing-low-income-employment-services-an-american-firm-linked-to-trumps-welfare-cuts-wants-the-contract/

Pye, J. (2018). Almost 62 Percent of Federal Spending in 2018 Is Baked in the Budgetary Cake | FreedomWorks. https://www.freedomworks.org/content/almost-62-percent-federal-spending-2018-baked-budgetary-cake

Reisch, M. (2009). United States: Social Welfare Policy and Privatization in Post-industrial Society. In J. Hendricks & J. Powell (Eds.), *The Welfare State in Post-Industrial Society: A Global Perspective* (pp. 253-270). Springer.

Riccucci, N., & Lurie, I. (2001). Employee Performance Evaluation in Social Welfare Offices. *Review of Public Personnel Administration, 21*, 27-37.

Roper, R. W. (1998). A Shifting Landscape: Contracting for Welfare Services in New Jersey. Rockefeller Reports.

Rosenau, P. V. (2000). *Public-private Policy Partnerships*. MIT Press.

Rothman, D. (1971). *The Discovery of the Asylum: Social Order and Disorder in the New Republic*. Little, Brown and Company.

Salamon, L. M. (1999). The Nonprofit Sector at a Crossroads: The Case of America. *Voluntas: International Journal of Voluntary and Nonprofit Organizations, 10*(1), 5-23.

Salamon, L. M. (2003). *The Resilient Sector: The State of Nonprofit America*. Brookings Institution Press.

Sanger, M. B. (2001). When the Private Sector Competes: Providing Services to the Poor in the Wake of Welfare Reform. Brookings. https://www.brookings.edu/research/when-the-private-sector-competes-providing-services-to-the-poor-in-the-wake-of-welfare-reform/

Smith, S. R., & Lipsky, M. (1993). *Nonprofits for Hire: The Welfare State in the Age of Contracting*. Harvard University Press.

Social Finance. (2012). A New Tool for Scaling Impact: How Social Impact Bonds Can Mobilize Private Capital to Advance Social Good. Social Finance. https://socialfinance.org/resource/a-new-tool-for-scaling-impact-how-social-impact-bonds-can-mobilize-private-capital-to-advance-social-good/

Stern, M., & Axinn, J. (2017). *Social Welfare: A History of the American Response to Need*. Pearson.

Stevenson, D. D. (2006). Privatization of Welfare Services: Delegation by Commercial Contract. Undefined. https://www.semanticscholar.org/paper/Privatization-of-Welfare-Services%3A-Delegation-by-Stevenson/3588894bb285d7ff51d82559ce4ccb9bdae3d886

Thorne, A. (2003). Maximus: Maximising Profits at the Expense of the Poor. Freedom Socialist Party. https://socialism.com/fsb-article/maximus-maximising-profits-at-the-expense-of-the-poor/

USDA Food and Nutrition Service. (2020). WIC Eligibility Requirements. https://www.fns.usda.gov/wic/wic-eligibility-requirements

Winston, P., Burwick, A., McConnell, S., & Roper, R. W. (2002). Privatization of Welfare Services: A Review of the Literature. Undefined. https://www.semanticscholar.org/paper/Privatization-and-the-Poor%3A-Exploring-Patterns-in-Butz/de2d10b8ec44384b6efb4cb220e29ee89a426ae0

Young, D. (1999). Complementary, supplementary, or adversarial? A theoretical and historical examination of nonprofit-government relations in the United States. In E. Boris and E. Steuerle (Eds.), *Nonprofits and government: Collaboration and conflict*. Washington, DC: Urban Institute Press.

第二篇
東亞發展與經驗

- 第五章　第三部門作為國家治理的伙伴與批判者：南韓的非營利組織與政府關係
- 第六章　長照改革中的服務機構民營化對第三部門的衝擊——以廣東省為例
- 第七章　從代理者到附從機構——試論香港社福非營利機構與香港特別行政區政府的關係

第五章
第三部門作為國家治理的夥伴與批判者：南韓的非營利組織與政府關係

林秉賢（東海大學社會工作學系助理教授）

壹、前言：公民社會組織在韓國社會的脈絡意涵

公民社會（civil society）以公民自願的公益活動為基礎。作為一個領域，公民社會是非政府和非營利部門，而不是國家和市場領域。什麼是公民社會？第三部門（third sector）和非營利部門（non-profit sector）與公民社會密切相關，公民社會是社會的第三部門（third sector），不包括政府和企業，包括公民社會組織（civil society organization, CSO）和非政府組織（non-governmental organization, NGO）（Salamon & Sokolowski, 2014; 2016）。非營利部門，是美國社會體系發展衍生的概念，亦即美國的傳統上特別對於非營利組織（non-profit organization, NPO）在稅法上享有政府制度優惠，以及必須進行註冊與公開揭露組織訊息之制度設計（Salamon, 2006）。現在已成為全球通用的全球概念，聯合國的非營利部門概念被定義為由具有以下五個特徵的非營利機構（non-profit institution, NPI）（UN, 2003: 14-15）。

1. 具有正式組織（organizations）的自主規定等。
2. 非營利（non-profit）組織，根據法律或習俗擁有組織。
3. 從制度上獨立於政府的非政府（non-governmental）組織。
4. 具有自治運作（self-governing）的特點。
5. 且具有自主性（non-compulsory）不受政府或其他外部強制力的影響。

非營利部門的發展與公民社會連動密不可分，從中世紀歐洲的傳統，可追溯至亞里士多德的「政治共同體」（politike koinonia）的意義，該詞被譯為拉丁文並在歐洲歷史傳統中使用（Edwards & Foley, 1998: 6）。政治共同體是指統治者和被統治者、國家和社會之間規定基本身分的意義，但這並不意味著它涵蓋了現代意義中的公民社會。此外，拉丁文的 civilis societas 意味著「超越國家法律，遵循超越法律的規範的共同體」（Rooy, 1999: 7）。

作為現代意義中突出的公民社會，是在「18 世紀新誕生的、已經存

在的結社體,在追求能夠自由地追求自己目標的社會空間之奮鬥中成長」(Edwards & Foley, 1998: 6)。從不同的文化視角來看,公民社會的意義呈現出豐富的脈絡多樣性特徵。在西方社會和其他一些南美、東歐、亞洲等地區,公民社會的意義相對突出。在西方社會,非政治的、文化的特徵追求恢復市民性和市民參與的傳統;而在非西方社會,則在對抗全權主義或權威主義政權的統治和統治的抵抗與奮鬥中,形成了政治化的形象(Barber, 1998: 14; EC, 2000: 2)。亞洲和韓國民主化之後,也有討論到公民社會與非政府組織扮演無能政黨的部分替代角色的「準政黨」的功能(Clarke, 1998: 40-41; Cho Hee-yeon, 2001: 296)。

拉丁美洲、南非和亞洲(包括韓國),在冷戰之後的國家發展中,公民社會組織扮演關鍵影響力的政策變遷者角色,將獨裁與專制國家制度殘餘進行民主化的社會變革(Edwards, Foley & Diani, 2001)。在此民主化歷程中,政府開始邀請公民社會組織組織扮演管理當地的福利服務機構,進行就業培訓、社會福利服務提供、家庭照顧或地方產業發展等計畫,形成公民社會組織從社會制度影響的邊緣地帶逐漸主流化,成為福利服務提供的核心角色(Kendall, 2000)。Salamon(1995)稱之為全球公民社會組織革命(the global associational revolution)。

本文旨在透過韓國公民社會發展的歷程,透過質化研究中的脈絡分析取徑(contextual approach),以韓國公民社會發展歷程的文獻檢閱,相關重要社會事件之研究報導與第三部門相關之法規變革歷程進行文本分析。在研究韓國公民社會組織變遷的過程中,我們認為獨裁政權的民主化是其中一個關鍵的決定性因素。因此以 1948 年 5 月韓國於二戰後獨立,分別獨立於共產主義朝鮮,自由主義南韓為基準點,在韓國公民社會發展的歷史脈絡中,理解行動者:公民社會組織與第三部門治理結構。韓國對公民組織的相關規範/法規之制度變遷,採以 Giddens 的結構化理論(structuration theory)(Giddens, 1984)作為基礎分析視角,理解結構和行動相互依存共建的二重性特徵,並以研究紀要形式進行報導,以期讀者對韓國的非營利組織過去與現代發展軌跡,產生其第三部門行動者角色對公

民社會的發展意涵洞察。社會科學的對象既是由社會定義的，也是由社會產生的。本研究利用不同時代背景下公民組織的行動與制度環境的關係分析，指出其經驗層（the empirical layer），探討個別行動者無法觀察到的情況下所發生的事情，如常規化的社會互動和事件（實際層）（real layer）（Kvalsund & Hargreaves, 2009: 143），以探究第三部門與政府治理間，在特定國家與文化脈絡之中的關係舞動特徵。

韓國近代的公民運動可以追溯到 19 世紀末李氏朝鮮王朝，隨著日本、中國、俄羅斯和美國，紛紛尋求在韓國建立勢力範圍，希望通過與韓國建立貿易關係，於 1882 年簽訂相關港口開放條款的開港時期。在君主專制時代結束後，現代社團逐漸興起，而在這之前，民間社團組織是被禁止的（Shin et al., 2013: 18）。隨著日本殖民統治體系的解體，解放時期出現了各種社團──從極左團體到各種營利性組織──呈現爆炸性的增長，這被稱為「公民社會的萌芽階段」（Shin et al., 2013: 23）。然而，朝鮮戰爭的爆發結束了當時的民間社會繁榮，新的反共意識型態的社會控制形勢下，限制了民間社會的自願結社活動。我們現在所關注的各種民間社會組織，可以視為在朝鮮戰爭結束後，克服壓迫局勢後，隨著韓國社會邁向民主化而崛起的組織。

首先，讓我們看一下本文所討論的公民社會組織的類型。在本文中，我們以意義範疇較為廣泛的公民社會組織（CSO）作為一個基本概念。在韓國公民社會的制度發展脈絡中，有四種普遍認為具有代表性的公民社會組織，包含韓國接受海外國家援助時期的（1）海外國際援助組織（haeoe wonjo danche，海外援助團體）、（2）政府認可的志願服務組織（kwanin mingan danche，官認民間團體）、（3）人民運動型組織（minjung undong danche，民眾運動團體）和（4）公民運動團體（simin undong danche，市民運動團體）（Choi, 1996; Wells, 1995; Yu & Kim 1995），直至 1999 年韓國國會通過非營利組織支持法，方進入當前國際社會脈絡中聯合國所範定之非營利機構（non-profit institution, NPI）之定義，開始依據法規區分為（1）非營利社團法人（non-profit corporation）與（2）非營利組織（nonprofit organization）之概念。

以下接續透過介紹兩韓戰爭時期（1945 年至 1960 年）、獨裁政府時期（1961 年至 1992 年）與民主化政府時期（1993 年迄今），以探究韓國非營利組織的前身演變與當代在國家治理的脈絡中所呈現的關係互動與角色特徵。

貳、韓戰政權下的第三部門：海外國際援助組織的進入

一、戰爭國家式治理

在現代西方福利史上，兩次世界大戰被認為構成了（重建）核心福利國家結構的關鍵轉折點（Titmuss, 1976）。福利國家（welfare state）一詞與戰爭國家（warfare state）相對，由大主教 William Temple 創造，隨後在整個戰後歐洲被採用（Eisner & Morone, 2003）。然而，二戰後的韓國仍然處於戰爭狀態，因為該國立即陷入了另一場全球衝突——冷戰。1945 年從日本帝國統治下解放後，朝鮮半島被置於聯合國託管之下三年，直至 1948 年 5 月以大韓民國（Republic of Korea）獨立，成立南韓政府，導致朝鮮半島分裂為蘇聯支持的社會主義國家朝鮮和美國支持的民主政府韓國（Ahn & Lee, 2005）。

韓國政府將自己定位為反對社會主義朝鮮，對左翼分子進行政治鎮壓。具體而言，自由主義總統李承晚（Syngman Rhee）於 1948 年推出的《國家安全法》（the National Security Law）為政治鎮壓提供了法律依據。根據這項法律，那些支持社會主義或承認朝鮮是合法政治實體的人將被指控威脅國家安全並受到應有的懲罰。朝鮮戰爭期間（1950 年至 1953 年）有 550,915 人因違反該法律而受到懲罰，這表明該立法的適用範圍有多麼廣泛（Bae, 1991）。

因此，戰後韓國社會保障被國家安全徹底取代，在當時有其政府強力

介入的脈絡意義。公共援助和社會保險等社會保障計畫的引入只是為了加強國家安全。例如，為了獎勵愛國主義精神，李承晚政府通過《1950年軍事救濟法》（the Military Relief Act）和《1951 年警察救濟法》（the Police Relief Act），為朝鮮戰爭期間陣亡或受傷的士兵和警察的貧困家庭推出了特別公共援助計畫，直至 1961 年才對公眾進行立法；公務員養老金是當時引入的唯一社會保險形式，也是對公務員忠誠於國家的獎勵（Arrington & Goedde, 2021: 88-89）。

除某些職業群體外，普通公民和工人沒有社會安全網資源。李承晚政府的首要關注點是展示對朝鮮的經濟優勢。1970 年代中期之前，韓國經濟落後於朝鮮，因為大部分戰前工業基礎設施都位於朝鮮。因此，為了趕上朝鮮的進步，韓國工人被迫忍受低收入和長時間工作，民眾的社會照顧與福利需求退居二線（Choe et al., 2022: 88）。

二、海外國際援助組織的進入：韓國第三部門社會照顧角色的萌芽

此時期的韓國政府，對於韓國的社會政策相對被動與反應遲緩，公民社會組織扮演補位的角色則愈被突顯（Young, 2000: 169）。在韓國社會經濟與公民社會組織動力、制度尚未明確，甚至被壓制時，海外國際援助組織（haeoe wonjo danche）在此時期走在了最前列。鑑於儒家價值思維，強調牢固的家庭照顧與支持連帶，在東亞國家，家庭被廣泛認為傳統上承擔著提供福利的責任（Jones, 1990; Kim & Hong, 1999）。然而，實際上此時期普遍經濟窮困者的家庭福利支持不足，特別是在韓國戰爭時期，往往因為個人窮困而無法對家庭成員產生實質照顧能力。1950 年的韓國，作為全球收入最低的國家之一，韓國的人均 GDP 為 67 美元，超過 50% 的人口生活在絕對貧困中（Ha, 1989）。

因此，正如當今的發展中國家一樣，國際援助對於彌補國家社會福利和家庭照顧等社會政策方面的不足至關重要。朝鮮戰爭後，國際援助組

織大規模進入韓國，具有這樣的脈絡性角色功能。1950 年 12 月，聯合國呼籲國際組織向韓國提供難民救濟，並成立韓國聯合國民事援助司令部來協調相關國際組織；1955 年這些海外國際援助組織註冊了 49 個外國志願服務機構，後來進入韓國的外國志願服務機構，數量猛增至 1961 年的 123 個（韓國志願服務機構協會 Korean Association of Voluntary Agencies, KAVA, 1995: 78）。

海外國際援助組織，於此時期投入了大量人力與財務等資源提供緊急救援。1953 年至 1959 年間，他們的現金援助達 1,500 萬美元，並向貧困人口提供了大量藥品、糧食和衣物等物資（見表 1）。

表 1　國際援助組織在韓國投入之援助（1953-1959）

年代	金額（美金）	物資援助（百萬噸）				
		糧食	衣物	醫療物資	其他	合計
1935-1955	3,701,592	20,126	8,205	420	4,671	33,422
1956	1,881,792	36,528	1,991	135	1,312	39,966
1957	1,903,352	114,756	4,112	600	2,456	121,932
1958	2,755,362	93,298	1,952	93	16,638	111,981
1959	2,096,557	81,229	2,466	320	1,239	85,254

資料來源：Kim (2007: 63)。

這些組織的另一項主要社會活動是建立社會福利機構，例如孤兒院、療養院、社區福利中心和庇護所。截至 1953 年，此時期的海外國際組織共開辦了 440 所孤兒院，收容了超過 55,000 名戰爭孤兒。此外，他們還在大學開設社會福利課程，提供培訓給當地社會工作者。例如於 1947 年，在外國基督教組織的幫助下梨花女子大學（Ehwa Women's University）成立了韓國第一個社會工作系；隨後，江南大學（Kangnam University）於 1953 年，在 YMCA 的支持下成立了社會工作系；接著不久，首爾國立大學（Seoul National University）也成立了社會福利系。由於這些活動，國際援助組織在幫助飽受戰爭蹂躪的韓國建立福利設施和引進西方社會工

作模式方面發揮了不可或缺的作用,因而被譽為「第二個衛生和福利部」(KAVA, 1995: 77)。

表 2　海外國際援助佔韓國衛生福利部年度預算之比率（1958-1988）

年	1958	1959	1960	1961	1962	1963	1964	1965	1966
佔比（%）	36.2	27.9	61.6	216.3	106.2	124.7	201.0	165.9	119.6
年	1967	1968	1969	1970	1971	1972	1973	1974	1975
佔比（%）	76.5	43.9	65.8	105.7	72.2	99.9	109.9	145.6	34.7
年	1980	1981	1982	1983	1984	1985	1986	1987	1988
佔比（%）	14.6	15.8	12.7	10.3	10.1	6.4	5.6	5.6	4.0

資料來源：World Vision Korea (1993: 209)。

事實上,從 1958 年的 36.2% 上升到 1960 年的 61.6%,國際援助佔衛生和福利部（Ministry of Health and Welfare, MOHW）年度預算的比例有所增加。到了 1961 年,國際援助的數額已擴大到超過 MOHW 預算的二倍（216.3%）,如表 2 所示（World Vision Korea, 1993）。此一時期,戰後階段的韓國政府的社會福利措施,主要僅針對退伍軍人、警察和公務員,海外國際援助組織主要扮演提供福利服務給一般遭遇生活困境的民眾。

參、軍事政權時期的第三部門：在壓制與對抗中興起的公民社會組織

一、韓國獨裁政權階段對公民社會的壓制與控管

軍事統治時期的特點是壓制民主和快速的經濟增長。1960 年學生領導的「四月革命」結束了李承晚 12 年的獨裁統治,為政治解放開闢了明顯的空間。然而,1961 年,由朴忠熙（Park Chung-hee）領導的軍事政變終結了民主的希望；從朴忠熙政府開始,即從 1961 年到 1992 年,一系列軍事領袖掌握了政治權力（Arrington & Goedde, 2021: 174-175）。國家計

畫發展主義是軍事統治的一個關鍵特徵（Cole & Lyman, 1971）。朴忠熙於 1962 年開始連續實施五年經濟發展計畫，旨在實現經濟高速增長，為其軍事政變辯護。這些由國家主導的經濟措施取得了巨大成功，使人均國民生產總值從 1960 年的 80 美元增長到 1980 年的 1592 美元，並帶動了製造業增長率達 20.3%（Kim, 2003: 275）。

隨著經濟增長的同時，國家也推出了許多社會福利計畫。大部分基本社會保障制度在這一時期得以建立。例如，朴忠熙政府於 1961 年頒布了生計保障計畫（Livelihood Protection），這是第一個針對普通貧困人口的公共援助計畫。此外，工業事故賠償（Industrial accident compensation）和健康保險計畫（health insurance）也在這個時期引入（分別於 1963 年和 1964 年）。而《國民年金法》（National Pension Law）雖然於 1973 年立法，但由於當年的石油危機，直到 1988 年才開始實施（Kim, 2003: 273）。

然而，雖然在這一時期推出了一系列福利計畫，但其社會支出仍然相對微薄。根據韓國健康和社會事務研究所（Korean Institute for Health and Social Affairs, KIHASA）的統計，1965 年和 1985 年，韓國的社會福利相關支出分別僅佔韓國 GDP 的 0.71% 和 2.32%（KIHASA, 2003）。相較於同時期西方福利國家，韓國軍事政府並未形成福利國家主義（welfare statism），即對福利國家的信仰或倡導。政府的福利政策缺乏支持福利國家的構想，公民身分和社會權利等概念在政策中也很少被提及（Joo, 2017: 185）。

引入國家福利計畫的背後有一定的政治意圖。除了減輕政治非法性外，軍事政府還希望利用福利計畫作為經濟發展的工具。例如，朴忠熙政府引入養老金的原因之一是希望動員養老金作為投資重化工業的財政資源。健康保險和工業事故賠償保險的目的是培養健康、有生產力的工人，推動工業發展。因此，這些保險首先針對擁有 500 名或以上員工的大公司內的正式員工提供。公共援助僅限於 18 歲以下或 65 歲以上的貧困、不從事經濟活動的個人，因為這被認為會妨礙工作年齡個人的經濟獨立（Kim, 2003: 275）。因此，福利制度被描述為生產主義福利資本主義的一個例

子，或者說是一個發展性福利國家的例子，其福利政策旨在鞏固社會中生產要素的地位並支持經濟發展（Holliday, 2000; Kwon, 2002）。同時，根據這些公民社會組織與獨裁政權的互動姿態處於配合管控亦或是對抗，可以分為政府批准的官認民間團體（kwanin mingan danche）和人民運動組織（minjung undong danche）。

二、韓國獨裁政權階段的官認民間團體：社會照顧角色的補位者

在需要國家團結的時代，政府對非營利組織的控制和同化關係可能會變得更加明顯（Young, 2000: 169）。韓國在獨裁政權統治時期，公民社會組織扮演著補位國家社會議題回應和社會控制的角色。為了鞏固獨裁統治，政府需要阻止反政府組織的出現。因此，1961年政變後，朴忠熙政府立即通過《社會組織登記法》（Social Organizations Registration Law），規定所有自願團體必須向政府登記，以查出反政府勢力。結果，造成數百個公民團體被宣布為非法；此外，政府還積極在媒體、工會、學校等社會領域安插親政府組織，這些組織被描述為「政府認可的」（kwanin，官認）、「政府友好的」（kwanbyeon，官邊）或「政府控制的」（ôyong，御用）志願組織（Yu & Kim, 2001）。

特別是，政府批准的社會福利機構說明了在這一時期志願部門如何在社會福利夥伴關係中發揮補位作用。儘管工業化被視為國家提供福利發展的重要背景，但同時也減少了家庭和傳統社區提供的非正式支持（Cutright, 1965），在大規模工業化之後，軍政府在福利提供方面仍然扮演制度控制者而非提供者，將福利提供的責任轉交給海外國際援助組織等志願組織。

1962年，朴忠熙政府成立了國家救援協調委員會（National Relief Coordination Committee），將公共服務任務交給海外國際援助組織。1964年，這些國際援助機構有義務根據《外國志願組織法》（Foreign Voluntary

Organizations Law）每年向衛生部重新註冊並提交年度進展報告，這種國家干預使得外國機構難以自由地履行自己的使命，導致大部分組織在 20 世紀 70 年代撤離（KIHASA, 2006: 123; KAVA, 1995: 216）。僅有世界展望會（World Vision）、國際希望會（Compassion）和救世軍（Salvation Army）等少數組織選擇留下來（World Vision Korea, 1993）。

在此之前由國際援助機構運營的孤兒院、收容所和當地社會福利中心等社會福利機構被國家控制。為了將這些機構納入基本的國家福利體系，政府於 1970 年頒布了《社會福利服務法》(Social Welfare Services Act)，將社會福利機構分為兒童設施、老年人設施和殘疾人設施等類別，並要求這些機構進行國家註冊。如果機構符合國家標準，則被正式認定為「政府認可的社會福利機構」，並有資格獲得國家補貼（Kim, 2007: 33）。根據表 3，國家補貼這些機構運營成本的 65-85%，而這些機構亦代表代表國家提供社會照顧之服務。

表 3　1991 年韓國政府核撥予社會福利機構的財務支持

社會福利組織類別	財務佔比（%）			
	政府	民眾捐款	服務費	其他
兒少福利機構	65.0	12.0	15.8	7.3
身障福利機構	82.1	4.7	9.8	3.4
老人福利機構	84.3	7.2	5.7	2.8
綜合型社會福利機構	78.4	7.0	10.4	4.2

資料來源：Foundation of Korean Industries (1991: 27)。

自 1970 年代以來，韓國社會福利服務提供體系的一個顯著特點是，政府作為資金支持者和監管者，與政府認可的福利機構作為服務提供者之間形成了合作夥伴關係。到了 1992 年，有 95% 的社會照顧服務由政府認可的福利機構提供，僅有不到 5% 由國家機構提供。從國家的角度來看，這種合作夥伴關係比直接提供服務更具成本效益。透過策略性地提供補貼，政府能夠將社會服務的公共支出降至遠低於 GDP 的 0.1% 的水平

（Lee, 1999: 34）。

然而，從志願部門的角度來看，這種夥伴關係本質上類似於資助人和客戶之間的關係。根據《社會福利服務法》的授權，政府有權向福利機構賦予任務，干預其管理、人事決策和預算支出，這是合法的。由於對國家資金的依賴，福利機構別無選擇，只能服從國家的指令。當海外國際援助機構撤出後，海外國際援助佔衛生部年度預算的比例從 1961 年的 216% 下降到 1980 年的 14.6%，而在 1991 年更低，僅為 2%（World Vision Korea, 1993: 203-209）。因此，社會福利機構經常表現出對政治中立的態度，有時甚至是親政府的態度，以避免激怒其主要資助者——獨裁軍政府。因此，軍政府時期政府批准的福利機構被批評為「國家的延伸武器」（extended arms of the state）（Kim, 2007: 133）。

三、韓國獨裁政權階段的人民運動組織：國家壓迫力量的批判者

在軍事統治時期，政府批准的「合法」志願服務組織在國家支持下展開活動，而與人民運動相關的另一類公民社會組織，則採取批判與反政府立場。由於政府對民眾福祉的冷漠，弱勢群體的不滿情緒不斷增強，並以極端行為的形式零星爆發。例如，在 1970 年，22 歲的縫紉廠工人全泰壹（Chun Tae-il）在市場上自焚，高喊「遵守基本勞動法！」；1971 年，5 萬名貧民窟居民參加光州荒野起義，縱火焚燒警察局，高呼「保障窮人的生存權利」。這些起義導致進步知識分子轉向「被壓迫的民眾」（minjung）（Koo, 2001）。這些知識分子認為城市貧民、工人和農民是民主的三個核心階層，並試圖組織起來進行反政府的民主運動（Wells, 1995）。

最渴望發起民主運動的知識分子是神職人員和學生（Ogle, 1990），目睹了政府對民主派的剝削後，一群神職人員從拉丁美洲解放神學中獲得靈感，開始組織反政府活動。1973 年，國家教會理事會和教會與社會委員會等新教協會明確表達了反獨裁立場；1974 年，約莫 400 餘名年輕的天

主教神父組成了一個名為「天主教正義神父團體」（Catholic Priests' Group for Justice）的社會網絡。大學生組成了另一個異議團體，特別是在已故的全泰壹的日記於 1983 年出版之後，日記揭示了全泰壹與大學生交朋友的願望，他們可以教他有關勞動法和社會理論的知識，這一發現激發了許多學生投身民主運動的決心（Cho, 1983）。

為了凝聚人民的組織力量關係，大量異議人士前往工廠、農村和城市貧民窟與他們一起生活和工作。到 1980 年代末，估計有 10,000 名學生在首爾和仁川的工廠隱姓埋名地工作；神職人員還在城市貧民窟以社區教堂的名義建造了民眾教堂；這些措施包括日托設施、免費藥房和夜校，以確保與貧困居民定期接觸並提高他們的意識。儘管軍政府公然打壓世俗志願組織，但由於教會的治外法權和擔心引起國際批評，它對介入宗教部門相對謹慎（Cho, 1983）。因此，民主派教會成為民主發展運動的向心力，提供聚集場所和資金。這種植根於當地的激進主義構成了民主運動的獨特特徵。與西方導向的民主選舉競選活動不同，韓國在此時期的民主運動，這些人民運動的公民社會組織，提供包含基層設施，為被邊緣化的民眾提供教育、醫療保健或兒童保育等替代福利服務。

因此，在軍事統治時期，韓國此時期的人民運動組織，既充當社會弱勢邊陲人口群的福利提供者，又充當國家政策的批判與反對者。雖然政府認可的福利機構主要與軍政府合作提供服務，但人民運動組織將服務提供視為促進反政府運動的渠道（Kim Do-Hyun, 2007: 39）。在這個階段，志願組織部門發揮了如 Gramsci（1971）所描述的「公民社會的雙重功能」（a dual function of civil society）。一方面，這個部門充當了國家的延伸手臂，另一方面，它構成了反霸權鬥爭的場域。

肆、民主政權時期的第三部門：公民社會組織的治理參與

一、韓國民主化初期：公民團體的組織與社會服務興起

在民主化後，集會和結社自由逐漸普及。1994 年，原本的《社會組織登記法》（Social Organization Registration Law）被廢除，取而代之的是《公民社會組織申報法》（Civil Social Organizations Notification Law），根據這部法律，人民可以自由地成立自願社團，無需經過國家許可（Kim, 2011: 50）。因此，公民社會組織如雨後春筍般湧現。以韓國人民日報於 1999 年所進行的《韓國公民社會組織概況調查報告》中列出的 4,023 個組織為例，其中有 56.5% 是在 1990 年代成立的。

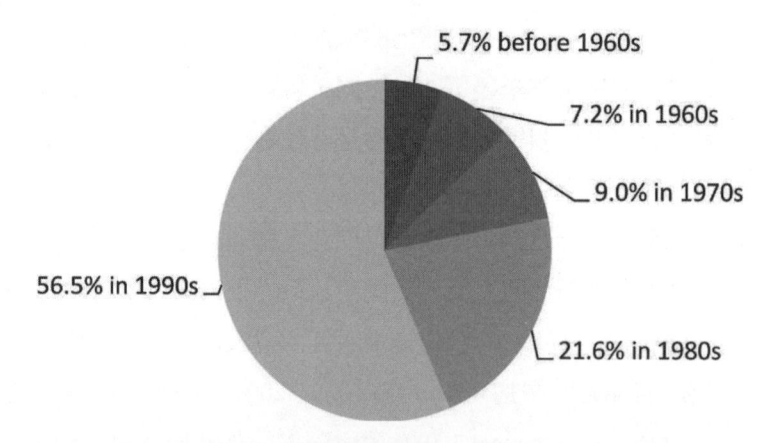

圖 1　韓國公民社會組織成立年份（N=4,023）
資料來源：Citizens' Newspaper (2000)。

此份調查報告，於 1996 進行韓國首次大規模的公民社會組織調查，並於 1999 年進行第二次調查。Shin 等人（2005）針對兩波調查進行次級資料分析，排除資料之中創立登記年份遺漏、兩次調查間的遺漏追蹤資料，以及整併母機構與分支機構數據，合併共 6,577 筆資料進行 2000 年以前韓國公民社會組織的發展趨勢分析，如圖 2 與圖 3 所示。

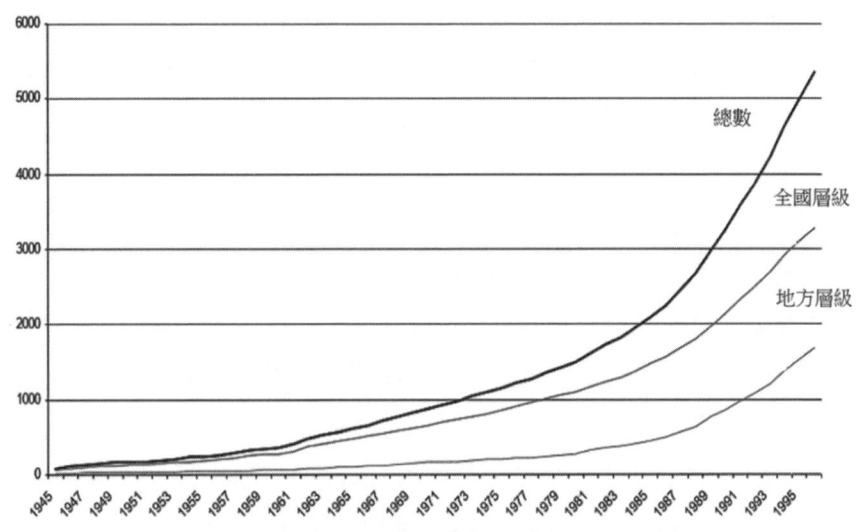

圖 2　2000 年以前韓國公民社會組織發展趨勢（全國性 / 地方）
資料來源：Shin et al. (2005: 19)。

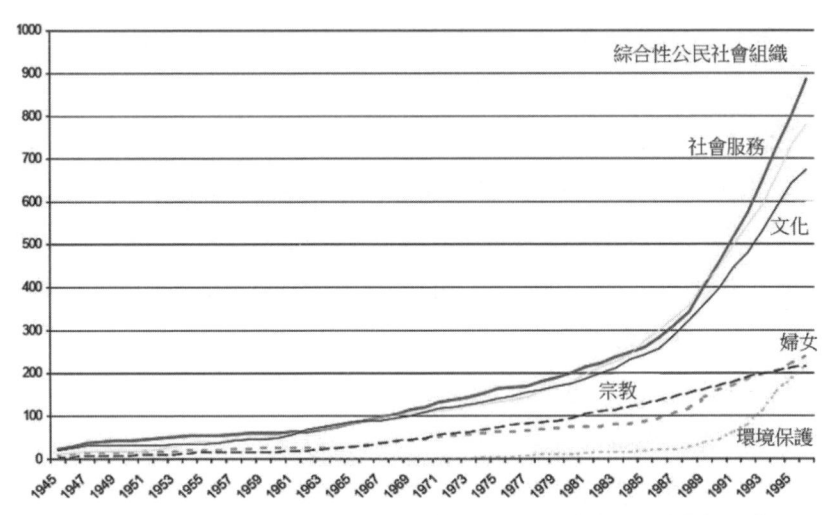

圖 3　2000 年以前韓國公民社會組織發展趨勢（組織類型）
資料來源：Shin et al. (2005: 19)。

根據 Shin 等人（2005）研究結果發現，1990 年以後開始，雖然公民社會組織數量大規模的出現，但是個別公民社會組織的會員 / 參與人數卻

大幅度減少，以全國性組織為例平均減少約 1.2 萬人數，其中一般綜合性社會組織、勞工與婦女組織的個別組織參與人數均是負成長，而「社會服務」類則是在組織數量與參與人數均呈現成長狀態，Shin 等人（2015: 17）認為這與該時期政府會明示與暗示支持某些與部分類型的組織有關，再加上當時期的韓國公民社會組織由於資金不足、人力資源缺乏，彼此之間的資源競爭而導致消長（Cha, 1998: 182）。

在新成立的公民社會組織中，對社會發展影響最突出的是公民運動組織（simin undong danche）。軍事時期結束後，許多公民運動參與人士認為，以民主運動為特徵的法外示威時代已經結束，現在需要逐步進行合法的社會改革來深化民主。他們將他們的 simin（以市民 / 公民為基礎）運動與早期的 minjung（以民眾為基礎）運動區分開來（Han, 2006: 37），以強調他們作為在法律範圍內運作的擁有公民權利和主張社會權利的公民的身分。

這波公民運動與西方的「新社會運動」（new social movements）概念有部分重疊。雖然民主運動主要集中於工人、農民和窮人的政治革命，但公民運動下形成的團體開始提出與身分、生活方式或文化有關的問題，推動女權主義、生態、和平或 LGBT 運動，例如韓國 Sarangbang 人權組織（成立於 1992 年）、韓國環境運動聯合會（成立於 1993 年）、人民團結參與式民主組織（成立於 1994 年）和韓國 LGBT 權利團結會（成立於 1997 年）都是這波新社會運動的一部分（Joo, 2020: 87）。

人民團結參與式民主組織（People's Solidarity for Participatory Democracy, PSPD）是韓國此時期著名與重要公民運動，由約 200 名年輕的公民（其中大多數是教授、律師和醫生）於 1994 年創立，在這一領域發揮了先鋒作用。其組織宗旨為以「經濟正義」和「參與性民主」為核心，成立了社會福利委員會，並開展了一系列社會福利運動，隨後許多其他社會組織也紛紛效仿（PSPD, 1994）。他們提出普及公共救助、擴大社會保險覆蓋面等。PSPD 還進行遊說、開展全國性運動並請願立法此類福利政策。由於社會民主黨的主軸由律師和教授組成，他們甚至在政治家的協助下

自己制定福利政策法案並將其提交給國會（Han, 2006: 36-37）。包含全民救助（universalized public assistance）、1999 年的全民基本生活保障（the National Basic Livelihood Guarantee）、1998 年的醫療保險改革（health insurance reforms）等都源於其公民團體主張推動之法案。

　　正如 Kim 和 McNeal（2005）所觀察到的，如果沒有公民組織的積極政策倡導，民主政府將需要更長的時間來實施福利擴張。事實上，在後民主韓國的獨特背景下，國民議會、行政當局和法院等國家機構中威權主義持續存在，市民組織的政治影響力是無與倫比的。韓國蓋洛普 2002 年的調查報告顯示，公民組織被認為是最值得信賴的權威機構。如表 4 所示，公眾對這些組織的信心（77.0%）遠遠超過對國會（11.1%）和行政官僚（23.4%）的信心，這也是金大中和盧武鉉作為少數派總統在制定社會政策時尋求與公民組織結盟的原因之一。

表 4　韓國人民對社會組織的信任調查（N = 1,552）

	信任	不信任	未回應
公民組織	77.0%	19.7%	3.3%
宗教	50.4%	43.2%	6.4%
媒體	46.9%	49.6%	3.5%
媒體	34.4%	62.1%	3.5%
司法	30.5%	67.8%	1.7%
政府行政	23.4%	75.9%	0.7%
國會	11.1%	88.5%	0.4%

資料來源：Gallop Korea (2002)。

　　公民組織的影響力不僅限於福利政策的倡議。他們還通過普及公民、公民身分和社會權利的概念，領導了鞏固福利國家主義的努力。PSPD 的社會福利學者透過新聞採訪、公開聲明、學術論壇等方式主動公開傳播這樣的理念。因為他們的宣傳，有關公民身分和社會權利的思想廣為人知。PSPD 社會福利委員會的座右銘：「福利是每個公民的社會權利」甚至被金大中政府採納為福利政策口號（Joo, 2020: 62）。

二、韓國非營利組織的正式法治化：納入社會福利體系的制度化

2000年12月韓國《非營利組織支持法》(Assistance for non-profit, non-governmental organizations Act)公告施行以後，韓國的非營利組織依據相關法規開始可以區分為兩類：(1)非營利社團法人(non-profit corporation)與(2)非營利組織(non-profit organization)之概念。公民組織可以依據其領域與身分，依據《民法》(Civil Law)的第32條向所涉及領域的主管機關登記法人；而非營利組織則必須依據《非營利組織支持法》進行註冊申請方才具有法人身分。

在韓國非營利社團/組織沒有註冊的義務，而是根據需要進行註冊，通常是為了獲得政府補貼或支持公開招標項目的組織成為法人，且適用《公益法人的設立和運營法》(Law on establishment and operation of public service corporations)的公益法人，則可成為稅務減免捐贈的指定機構。非營利社團法人，其規模與設立領域特徵，多數隸屬地方層級；而非營利組織，由於韓國非營利組織支持法的規範，明訂組織宗旨：需以開展公益活動為主要目的，不以營利為目的的民間組織，並符合以下要求：(1)服務項目的直接受益人必須是不特定的多數；(2)成員不得相互分享利潤；(3)事實上不得以支持或支持特定政黨或公職候選人或宣傳特定宗教教義為主要目的而設立和運作；(4)正式成員人數必須為100人或以上；(5)過去一年如果是非法人組織，必須有經選舉之代表或經理人。至此，韓國公民社會組織，開始進入明確法治化體系中的發展。

韓國依據民法登記的社團法人的數量，可透過地方層級政府統計彙整估計，從1993年至2003年間，約註冊10萬個左右的組織數量，至2013年則已達到約13萬個組織，20年間成長約40%（Joo, 2020: 217）。至於，依據非營利組織支持法登記的非營利組織，數量總額從2000年的約莫2,500個組織，至2011年成長至約9,000個組織，直至2022年達到1.5萬個組織數量，如表5與表6所示。在非營利組織支持法通過的前十

表 5　2000-2011 年間韓國非營利組織註冊數額

		2000	2001	2002	2003	2004	2005	2006	2007	2008	2009	2010	2011
註冊總數（個）		2,524	3,451	3,972	4,588	5,232	5,953	6,699	7,241	8,175	9,003	9,603	9,003
類別	中央行政機構	292	372	428	480	555	663	743	790	845	981	1,189	1,092
	市/省	2,232	3,079	3,544	4,108	4,677	5,290	5,956	6,451	7,330	8,022	9,020	8,511
組織數量較上年增減		2,524	927	521	616	644	721	746	542	934	828	600	2,524
增減比例（％）		0	36.7	15.1	15.5	14	13.8	12.5	8.1	12.9	10.1	6.7	6.3

資料來源：Ministry of Public Administration and Security of Korea, MPOAS (2023)。

表 6　2012-2022 年間韓國非營利組織註冊數額

		2012	2013	2014	2015	2016	2017	2018	2019	2020	2021	2022
註冊總數（個）		9,603	10,209	10,889	11,579	12,252	12,894	13,464	13,933	14,275	14,699	15,051
類別	中央行政機構	1,319	1,413	1,494	1,561	1,599	1,624	1,662	1,685	1,707	1,733	1,754
	市/省	9,570	10,166	10,758	11,333	11,865	12,309	12,613	13,014	13,344	13,725	13,823
組織數量較上年增減		606	680	690	673	642	570	469	342	424	352	407
增減比例（％）		6.7	6.3	5.8	5.2	4.4	3.4	2.5	2.9	2.4	2.7	0.7

資料來源：Ministry of Public Administration and Security of Korea, MPOAS (2023)。

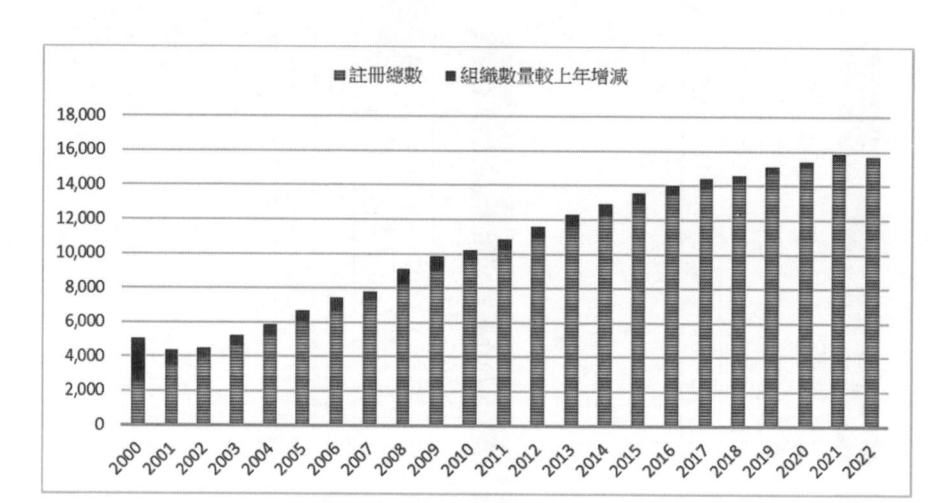

圖 4　韓國非營利組織註冊總額趨勢

資料來源：Ministry of Public Administration and Security of Korea, MPOAS (2023)。

年，是韓國非營利組織快速飛漲的時代，平均每年以 12% 的比率成長，至 2022 年近十年逐漸穩定於每年約莫 400 個組織註冊，如圖 4 所示。

　　承韓國民主化前期公民組織對於社會政策的積極倡議，於此階段則透過政府法規的制度化，越來越多的公民社會組織開始與民主政府合作，納入社會福利服務的制度之中來提供公共服務。在西方福利國家，福利夥伴關係在國家自身供給的公共服務規模縮小的過程中得到了擴大。但值得注意的是，在福利擴張的過程中，韓國的福利夥伴關係成倍增加（Joo, 2004）。在 2000 年以前，韓國政府對公民社會組織的社會服務支持，主要以《政府支持組織特別法》（Special Act on Governmental Support Organizations）為主，支持國家推行的三大社會政策：新村運動（Saemaeul Undong）、自由韓國聯合會（Freedom Federation）、正直的生活（Living Rightly），並由政府所主導的官邊組織所執行（Kim Yeong-su, 2005: 59-87）。

　　自 1993 年民主化之後的首任總統金永三（Kim Young-sam）、金大中（Kim Dae-jung）和接續當選的盧武鉉（Roh Moo-hyun），為了應對先

前被壓抑和新出現的社會需求，民主政府擴大了現有社會服務的覆蓋範圍，並推出了大量新的服務項目，包括自給自足計畫（Self-Sufficiency Program）、無家可歸者收容所計畫（Homeless Shelter Program）等。然而政府的資金卻大量由官邊組織延續主導分配，盧武炫任期中（2004 年）曾將社會福利服務的補助預算約 60％ 分配給 13 個官邊組織，爾後的李明博（Lee Myung-bak）、朴槿惠（Park Geun-hye）更是擴大這樣的資源偏袒，李明博政府期間向原三大國家計畫委託的官邊組織提供每年 44 億韓元，即 219 億韓元；而朴槿惠政府更是採取「白名單」策略，將部分從事批判與不配合的公民社會組織排除，光是 2013 年一年，給予白名單組織的社會福利委託補助即達到 346 億韓元，導致公民團體的大規模抗議（Joo, 2017: 178-182）。韓國的非營利組織於此階段，不僅與政府有制度化內的社會福利服務委託與資源連動關係，也扮演相關制度的批判與倡議者。

例如民主化後，大批民主派領導人加入或被選入制度化的政治舞台，其中包括 2002 年出任京畿道知事的反貧窮活動人士孫鶴久善（Son Hakyuson）和 2006 年出任總理的勞工活動人士韓明淑（Han Myeong-suk），有許多其他民主活動人士當選為國會議員（Kim, 2011: 55）。除了個人積極分子被吸納外，相當數量的公民組織也被制度化到國家福利體系中，作為公共服務的合作夥伴。如前所述，公民組織深深紮根於貧困社區，為主要的福利服務對象提供服務。他們在為居民提供免費兒童保育、醫療、教育和培訓服務等替代社區服務方面也擁有長期經驗。因此，民主政府邀請這些組織以及傳統的社會福利機構作為當地的社會福利夥伴參與新發起的社會服務。許多民主組織同意了這一夥伴關係提議，因為政治民主化緩和了政府與民主組織之間此前存在的極端敵意。此外，在西歐，福利夥伴關係通常被理解為福利緊縮，而在韓國，它們構成了這一時期福利擴張的關係互動連帶（Kim, 2011: 53）。

透過建立這種夥伴關係，一些公民組織被納入國家福利體系，以非營利組織的身分與社會福利機構一起作為補充國家提供社會福利的夥伴。儘

管許多前人民組織仍將重點放在公共行政之外的社會運動上,但將舊有的社會運動相關團體納入社會福利體系的制度化,已成為韓國民主時期公民社會組織的一個顯著趨勢。

三、公民社會組織的國家治理參與:社會福利體系的參與建制者

韓國歷經持久的反政府運動最終迫使軍事領導人將控制權交付於民主陣營。1992 年 12 月,非軍系政治家金永三當選為總統後,金大中和盧武鉉相繼領導民主化後的韓國社會,並發起了廣泛的福利改革。軍政府對福利供應的冷漠導致擴大社會福利體系,成為民主政權的責任。因此,1993 年引入了失業保險,1999 年將國家養老金擴大到所有公民。同年,公共援助的覆蓋範圍也大幅擴大,納入處於工作年齡的貧困人口。因此,社會支出佔政府預算的比例從 1990 年的 4.52% 上升到 1998 年的 11.09%(KIHASA, 2003)。

也是在民主時期,韓國真正的福利國家主義開始紮根。文官政府宣布了承認社會權利和國家對人民福祉的責任的國家宣言。因此,金永三政府推出了「生活品質全球化」(globalization of the quality of life)、金大中政府推出了「生產性福利」(productive welfare)、盧武鉉政府推出了「參與性福利」(participatory welfare)(Lee, 1999: 23)。此外,金大中政府與盧武鉉政府,接續提出第一個社會保障五年發展計畫(1999-2003 年,2004-2008 年期間繼續),取代了五年經濟發展計畫。新的國家發展計畫,強調社會和經濟優先事項的平衡發展,並將擴大社會福利和增強公平作為其核心。針對此時期,許多韓國學者稱韓國正在形成一個真正的福利國家,並且超越了東亞生產福利資本主義(productivist welfare capitalism)(Kim, 2008: 109)。

立法改革被定義為朝著更全面的社會、經濟或政治平等的方向進行變革,並擴大社會和政治體系的參與(Huntington, 1968: 344)。韓國公民社

會組織的改革立法運動追求實現廣泛的實質民主，同時其開始產生大量的非營利組織，投入社會福利服務的供給行列並獲取財政支援，但韓國的公民組織同時也展現出強烈的批判能力，例如李明博政府期間於 2008 年因為興建高速高路引發地方環境破壞的爭議引發「燭光運動」的發生，導致政府刻意將參與燭光運動的非營利組織排除與政府補助計畫，並開始實施黑名單政策（Joo, 2017: 180）；一直至朴槿惠政府延續這樣的策略，動用國家情報單位與大企業資源壓迫公民組織，並發生 2014 年的世越號（Sewol）船難，導致 400 餘名的高中師生亡故，最終亦因為白名單政治之醜聞而被彈劾（Joo, 2020: 68），並於文在寅（Moon Jae-in）政府上台後，通過針對世越號設立社會重大大事件真相調查法，以及《社會服務組織與社會服務提供支持法》（Act on assistance in social services and the establishment and operation of public agency for social service），以回應國家支持非營利組織程序不透明與資源分配之爭議。

在韓國，社會福利領域是韓國非營利部門中增長最快的領域之一，同時也在議會及政府決策和法律制度執行方面扮演著主要角色，隨著行政部門的擴大，議會組織也擴大，為非政府組織的活動提供了更廣闊的舞台。然而非營利組織與政府關係的衝突和相關社會議題法案的提倡時常發生，其中最大的特色在於不僅社會福利相關法案，針對政府對於非營利組織與公民組織意見表達，抑或資源分配不透明／不均的議題，亦會反應在公民組織所扮演的角色變化，同時影響諸如控制公民自由的集會遊行法、國家安全法，並在政策制定過程，推促設立國家人權委員會、反腐敗委員會機構，使第三部門組織能夠更積極地參與政策制定，成為國家治理具有重要影響力的一環。相關韓國公民組織參與國家治理之重大事項如表 7 所示，其中包含政府透明化治理議題、住房與土地正義、消費者保護、勞動權益與私校教師權益、社會福利與社會照顧等政治、經濟與社會的法治化治理參與。

表 7　公民組織參與韓國民主政權階段韓國政治、經濟與社會改革事項

	政治改革	經濟改革	社會改革
金永三政府 （1992-1997）	集會遊行法修正（1997）	金融實名制（1993）	性暴力防制法（1993）
	5月18日民主化運動（光州運動）相關者補償法（1995）	不動產實名制（1995）	廢除社會組織登記法（1994）
	公共機構訊息公開法（1997）	勞動關係法（1997）	慰安婦支援法（1993）
			女性發展基本法（1995）
			捐款募集法（1995）
			家庭暴力防制法（1997）
金大中政府 （1997-2002）	集會遊行法修正（1999）	解僱與勞工派遣法（1998）	醫療法修正
	可疑死亡事件調查法（2000）	消費者保護法（1998）	國民基礎生活保障法（2000）
	民主化運動補償法（2000）	製造物責任法（1999）	非營利組織支援法（2000）
	公共機構信息公開法修訂（2001）	禁止性別歧視法（1999）	國民醫療保險法（1997）
	國家人權委員會（2001）		老人福祉法案修正
	腐敗防止法（2002）		修正地方教育自治法
			社會團體登記法廢止
			共同募款會法（1997）
			北韓脫北居民支援法案（1997）
盧武鉉政府 （2002-2007）	集會遊行法修正（2004）	修正私立學校法（2005）	修正地方教育自治法
	廢止社會穩定法		交通弱勢移動權法（2005）
	親日反民族調查法（2004）		幼兒教育法（2003）
	修正親日反民族調查法		文化遺產與自然環境國民信託法（2006）
	軍隊疑問事件調查法（2005）		社會企業法（2007）

	政治改革	經濟改革	社會改革
	公民投票法（2003）		性交易禁止法（2004）
	居民傳喚法（2006）		長期照護保險法案（2007）
			捐款物品募集法（2006）
			志願者基本法（2006）
李明博政府（2007-2012）	修正親日反民族調查法	韓美自由貿易協定法（2011）	國際開發合作法（2010）
	可疑死亡事件調查法（2009）		身心障礙者就業促進法（2010）
			大韓老人會法（2011）
			合作社法（2012）
			青少年福利支持法法（2012）
			兒少性剝削防制法（2012）
朴槿惠政府（2012-2017）	國家安全法修正（2016）		基礎年金法（2014）
	公共機構訊息公開法修訂（2013）		預防兒童虐待特別法（2014）
			船舶安全特別法（2014）
			反不正當行賄和收受禮金法（2016）
文在寅政府（2017-2022）	檢察廳法修正（2022）	勞動關係法（調整最低工資）修正（2018）	社會重大事件真相調查特別法（2020）（世越號事件）
	刑事訴訟法修正（2022）	解僱與勞工派遣法修正（2018）	兒少性剝削防制法修訂（2021）
	國家安全法釋憲（2022）		身心障礙者就業促進法修訂（2021）
			社會服務組織與社會服務提供支持法（2021）

資料來源：Korean Law information center (https://www.law.go.kr)；修訂自 Joo (2020: 72)。

伍、第三部門與國家治理變革：公民社會組織的關係之舞

一、國家治理制度對公民社會組織的交互牽動

公民社會可以是將個人與公共領域和國家聯繫起來的社會部門（UNDP, 2000: 31），在此概念中公民社會組織作為國家夥伴關係的前提條件，係個人和中介組織必須從國家獲得獨立性和自治權力。以社會政策取向的立場而論，有效的國家和強大的公民社會是相互支持的（OECD, 1998: 7），此視角中國家在公民社會中的核心角色，最重要的是發揮其職能，提供可參與的法律體系，並承認受法律保護的「公共領域」的存在。在這個公共領域中，公民社會可以在沒有不當國家干預的情況下發展壯大。公民社會組織作為國家治理的中介組織，其角色的扮演與其關係互動的特徵，在過去福利國家的發展討論上有諸多觀點，包含批判公民社會組織是「前福利國家機構的殘餘」（White, 2006: 45），抑或認為公民社會組織得以扮演有影響力的政策改變者，清算專制國家的殘餘（Edwards, Foley & Diani, 2001），亦有第三條路線論述的柴契爾主義（Thatcherism）與雷根主義（Reaganism），關注國家為主的低效率與官僚問題，使第三部門的角色受到關注（Giddens, 1998; Lewis, 2005）。

從韓國公民社會組織發展的脈絡歷程省察，可以發現前述公民社會組織與政府的關係與角色狀態，是動態變化地且很難在同一組織/政府提出完全一致的行動表現，而韓國政府與公民社會組織在國家治理的發展歷程中，在制度與行動者之間則呈現有國家治理制度多元化（Institutional pluralism）的沿革特徵。從政府的角度來看，其對於制度多元化治理的特徵可以分為（1）接受與拒絕、（2）對稱與不對稱的權力關係兩大特徵，據此要素 Coston（1998: 362-7）提出政府與第三部門治理關係類型，可分成 8 種表現型態。

這 8 種型態分別是政府「拒絕」多元治理的制度，而呈現出對公民社

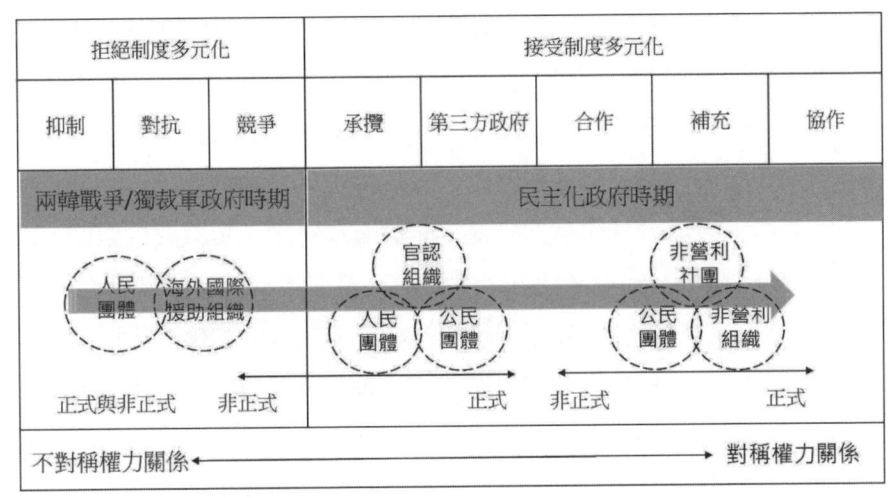

第五章　第三部門作為國家治理的夥伴與批判者：南韓的非營利組織與政府關係　111

圖 5　韓國政府應對公民社會組織制度多元化歷程
資料來源：參考修訂自 Coston (1998: 363)。

會組織的（1）抑制型（Repression）與（2）對抗型（Rivalry）；以及從「接受」多元治理的制度，所採取的（3）競爭型（Competition）、（4）承攬型（Contracting）、（5）第三方政府（Third-party government）、（6）合作（Cooperation）、（7）補充（Complementary）與（8）協作（Collaboration）；權力關係光譜的左邊代表政府主導，光譜右移代表第三部門主導優勢的增強。針對韓國政府與公民組織的治理，對公民社會組織參與多元治理的拒絕/接受反應，可分為兩韓戰爭與獨裁軍政府（1945-1993）以及民主化政府階段（1993 之後）兩階段呈現公民社會組織與政府關係互動的表現特徵，如圖 5 所示。

（一）抗拒多元治理制度的公民社會抑制型態

在韓國獨裁軍政府期間，人民團體（minjung undong danche，民眾運動團體），是非正式被認可，且極度受到政府壓抑與打壓，而民眾運動多半是由基層勞動者所組成，為生活困境與民主意識而抗爭（Arrington & Goedde, 2021: 201-202），政府拒絕接受制度多元化，政府單方面拒絕人民

團體各種法規的支持形成（1）抑制型態，抑或是採用（2）對抗型態，對人民團體進行審查監管，隨後進行活動限制。

期間海外國際援助組織（haeoe wonjo danche，海外援助團體），為此關係帶來轉變的契機。海外援助的資源讓韓國人民團體可以以社會服務參與的姿態，獲取公民組織的資源，而韓國政府除了延續對抗型態，以《外國志願組織法》強迫諸些外援團體進行登記審查外，並出現（3）競爭型態，透過設立《社會福利服務法》將各項社會照顧機構予以列管，並透過三大國家政策計畫：新村運動（Saemaeul Undong）、自由韓國聯合會（Freedom Federation）、正直的生活（Living Rightly），由政府規劃、監管且透過政府認可的志願服務組織（kwanin mingan danche，官認民間團體），將援助資源與政府資源集中控制。

（二）政府透過權力不對等的制度多元化，委託社會照顧服務型態

人民團體僅能選擇非法活動，參與社會議題抗爭，或者選擇價值中立立場，成為官方認可民間組織，政府則以（4）承攬型態，將社會照顧的角色委託由民間團體進行服務，但實質上僅是委託關係而非治理參與關係，政府既是制度制訂者、監管者也是評估者；其中在 1970 年代，海外國際援助組織大量撤離前，亦出現（5）第三方政府的型態，將該時期的韓國社會照顧困境，委由外援組織自行籌募資源與組織服務人力，即便陸續轉換成承攬型態，在非營利組織支持法通過前，政府採用不透明的審議並運用公民社會組織的黑名單與白名單策略，將大量國家資源轉向官認組織，致使第三部門作為官方政府政策制度化歷程，同時也存在財政依賴、自主權受損、身分弱化等挑戰。

（三）政府與第三部門的合作協力關係型態

業經政府的管控與民間公民力量的逐漸成長，2000 年後韓國的公民社會組織，開始得以透過正式專法註冊成為法人運作，並得以募集社會資

源進行組織的使命實踐。部分人民團體，開始依據民法轉化為具有法定身分的公民運動團體（simin undong danche，市民運動團體），抑或者轉登記為非營利社團與非營利組織，爭取政府社會政策資源。此階段政府則採取（6）合作型態，意味著政府與第三部門彼此訊息交換流動，而公民社會組織則依據政府相關法規行動，特定事務上政府可以對第三部門友好，但如果過於激進，則可能轉為防禦姿態，從而損害兩者之間的關係；特別是部分公民社會組織，若欲取得政府資源，則需正式註冊成為非營利組織，政府亦認可其合法身分形成至少法律上最低限度的信任，採（7）補充型態，不管是技術或者資金讓非營利組織扮演互利共存，以達成政府任務之狀態。而最後一種（8）協作型態，呈現政府與公民社會組織呈現權力對等，且第三部門保有強烈自主性的特徵，這些特徵特別彰顯在韓國民主化的階段，幾次對於政府治理輪替與重大社會事件的推動，包含總統的罷免、人權委員會與社會服務輸送資源分配相關法案的修訂，都可見韓國政府對待公民社會組織，不再只是以上對下的姿態，而具有對等協作的特徵。

二、結語：從韓國第三部門發展歷程，省察公民社會組織的角色姿態

要把公民社會組織的特徵，統一為一個靜態的概念似乎是不可能的（Alcock, 2010）。從公民社會的基礎特徵來看，無論使用什麼術語，公民社會組織基本上都與獨立、互助、自願、民主和非營利性分配等社會價值相關（Salamon & Anheier, 1997）。特別近年來，國家政府與公民社會組織的合作關係，開始挑戰公民社會自治的經典模式，因為模糊邊界（blurring boundaries）是合作關係的關鍵成分（Henman & Fenger, 2006: 11）。這樣的特色在韓國的公民社會組織發展脈絡亦是，很難斷言某一個階段的政府或是組織，一直保持同樣的角色姿態靜態地扮演公民社會組織的行動。

(一) 公民社會組織，作為國家治理的夥伴角色

夥伴關係是檢視公民社會組織的一個關鍵角色立場（Salamon, 1995），而大多數關於夥伴關係的觀點，都將公民社會組織與國家治理的角色姿態描述為相互的、共生的和民主關係，並將公民社會組織視為這種良好夥伴關係的基石。強調公民社會組織是政府官僚與市場營利組織外，代表自願部門的動態意向（Morison, 2000: 105）；亦有對於參與式民主制度的推促意涵（Davis & McGregor, 2000），這樣的觀點，認可公民社會組織作為夥伴關係的協作優勢，認為當市場與政府失敗時的替代解決方案即是第三部門，而公民社會組織是應對社會福利議題的「第一道防線」（Salamon, Sokolowski & List, 1999: 16）。這樣的視角，強調公民社會組織可以提供反應迅速的服務，因為他們對當地問題有更多的瞭解，可以更容易地與福利接受者建立親密的關係，並能更有能力為他們採取全面的方法。

在治理層次面，部分學者甚至提出無政府的治理（governance without government）和空心國家（hollow states）的說法，戲劇性地描述公共行政的新結構（Peters, 1994; Rhodes, 1994, 1996）。在此說法中，公民社會組織通常被譽為良好治理的重要組成部分，他們作為可行的福利管理者，取代了國家導向的社會治理，認為政府作為調控力量的傳統概念不再具有統治力，公民社會中的其他社會行為者已經對政策管理產生了影響。如 Fairclough（2000: 170）所論，第三部門的興起，構成了公民社會組織在民主夥伴關係（democratic partnership）的主導形象。

然而，在前述韓國公民社會組織的發展歷程中，卻不全然是如此。國家權力對公民社會組織行為者的介入干擾並未停止，甚至扮演定義公民社會組織的角色；即使有意願，公民社會組織在夥伴關係的運作過程中，也不一定均有一定程度的裁量權。對等的權力關係，也可能是存在於特定事件與情境中才能發生的理想狀態。因此部分學者，如 Harriss（2002: 116）譴責民主夥伴關係的主流概念是欺騙性的概念，因為它們傾向於隱藏和掩蓋權力的運作。

（二）公民社會組織，作為影子國家的從屬

另一個視角，若公民社會組織採取的角色姿態，是政府的從屬關係。那麼 Wolch（1999）對於公民社會提出的「影子國家」（shadow state）角度，則是極具代表性的批判觀點。他認為儘管諸些公民社會組織，看起來是平等和獨立的，但實際上在這些關係中扮演著政府的小夥伴和影子國家的角色，被國家以正式和非正式的方式控制，一旦政府撤回資金，就會讓人看到這些組織的財務脆弱性。因此反而可能是對公民社會的威脅（Alexander, Nank & Stivers, 1999），以及良好治理的幻覺（illusion of good governance）（Mercer, 2003）。事實上，依據 Kim（2006）對韓國自給自足計畫（Self-Sufficiency Program）的研究即呼應這樣的論點。

韓國公民社會組織的發展歷程，人民團體要不選擇政治中立化；抑或配合政府管理成為官認組織，進入官僚體系約束成為街頭官僚（street-level bureaucrats）而放棄草根組織代言人的特性（Wolch, 1999: 28）；要不就需要配合國家社會政策的委託與評估，形成準市場化的非營利組織（Eikenberry & Kluver, 2004）。然而儘管如此，部分韓國公民社會組織，仍然得以扮演批判者的角色，向政府治理的不透明與資源分配議題提出挑戰，事實上亦推動了一系列的政府治理變革，出現如 Foucault（1980: 142）所論沒有抵抗就沒有權力關係的發展歷程。

（三）公民社會組織，作為非營利組織的抵抗空間

非營利組織成為政府法規下的法人與福利服務委託的重要角色，在新自由主義下的準市場與新管理主義環境中，資源的獲取關係、快節奏和標準化的工作規範，確實限制了其作為公民社會組織表達理念，與其自願參與之精神的能力（Alexander, Nank & Stivers, 1999: 461）。然 Little（1999）以非營利組織承接美國「貧窮家庭暫時性救助金方案」（Tomporary Assistance for Needy Families Program, TANF）的研究提出不同觀點，認為非營利組織清楚自己的立場，並知道如何透過與民眾的溝通，拿捏自己的角色，因此對服務使用者採以「可信賴的母親」取代「福利依賴者」的

說法。

　　非營利組織即使進入政府的夥伴關係中，仍可能透過公民社會獲得抵抗的空間，例如 Baines（2010）就加拿大非營利組織的田野調查觀察發現，非營利組織的從業者如何採取社會聯盟的方式，發起集體的抵抗形式使組織在社會問題上產生發言權。此觀點揭示了非營利組織與整體公民社會的連結，以恢復其在政府夥伴關係體系中的獨立性立場。在韓國公民社會組織的發展脈絡中，公民社會組織一方面扮演在地的社會照顧者，一方面關注社會議題產生倡議組織行動的狀態，亦在反對政府白名單等社會事件中發生。雖然難以否認，政府透過法規與資源委託對非營利組織的制度約束力，但卻反映公民社會的體系具有提供抵抗空間的意義。

　　本文以韓國 1945 年以後公民社會組織的發展歷程，透過政府制度的變革與公民社會組織的行動歷程之脈絡性架構，檢視制度與行動者間的交互建構，以提供讀者省察政府在治理過程中，公民社會組織所扮演的角色與關係型態。在威權體制下，公民社會組織被概括為主僕立場的權力不對稱狀態，傳統的人民團體與社會福利機構，在軍事獨裁政府嚴密監控下進行活動。即使採取政治中立的立場，由於依賴國家補貼，社會福利機構必須遵循政府命令。即便平民政治家掌握了權力，各種公民社會組織，開始作為社會福利制度的形成與實施夥伴，進入政策舞台，夥伴關係仍然存在權力不對等的競爭與委託關係

　　如果不實際瞭解政府與非營利組織夥伴關係的實際運作狀態，就其權力關係進行判斷，就存在著民主夥伴關係假象的風險。雖然在外顯上政府表現出與非營利組織的合作，實質上則是透過資源與規範的控制。然而，即使在韓國軍政府獨裁時期，公民社會組織仍能保有一定程度的自主性，因此我們不應該忽視公民社會的發展脈絡中，即使非營利組織遭遇去政治化、官僚化與準市場化的挑戰，但仍具有與公民社會連動，保有一線抵抗的可能性。

參考文獻

Ahn, S., & Lee, S. (2005). The Development of the South Korean Welfare Regime. In A. Walker & C.-K. Wang (Eds.), *East Asian Welfare Regimes in Transition: from Confucianism to Globalisation*. Bristol: Policy Press.

Alcock, P. (2010). Building the Big Society: a new policy environment for the third sector in England. *Voluntary Sector Review, 1*(3), 379-389.

Alexander, J., Nank, R., & Stivers, C. (1999). Implications of welfare reform: do nonprofit survival strategies threaten civil society? *Nonprofit and Voluntary Sector Quarterly, 28*(4), 452-475.

Arrington, C. L., & Goedde, P. (Eds.). (2021). *Rights Claiming in South Korea*. Cambridge University Press.

Bae, J. (1991). A Review of National Security Law. *Law and Society, 4*, 134-55.

Baines, D. (2010). Neoliberal Restructuring, Activism/Participation, and Social Unionism in the Nonprofit Social Services. *Nonprofit and Voluntary Sector Quarterly, 39*(1), 10-28.

Barber, B. (1998). *A Place for Us: How to Make Society Civil and Democracy Strong*. New York: Hill & Wang.

Cha, S. S. (1998). Changes in the Terrain of Civil Society and Civil Movements. *Journal of Local Government Studies, 6*, 181-196.

Cho, H. Y. (2001). *Korean Democracy and the Dynamics of Social Movements*. Seoul: house of sharing.

Cho, Y. (1983). *The Biography of Taeil Chun*. Seoul: Dolbeke.

Choe, H., Kim, J. K., Jang, H. G., Yoon, Y. Y., & Park, S. H. (Eds.). (2022). *Commons Perspectives in South Korea: Context, Fields, and Alternatives*. Routledge.

Citizens' Newspaper. (2000). *A Conspectus of Korean Voluntary Organizations*. Seoul: Citizens' Newspaper Press.

Clarke, G. (1998). Non-Governmental Organizations and Politics in the Developing World. *Political Studies, 46*(1), 36-52.

Cole, D. C., & Lyman, P. N. (1971). *Korean Development: The Interplay of Politics and Economics*. Cambridge, MA: Harvard University Press.

Coston, J. M. (1998). A Model and Typology of Government-NGO Relationships. *Nonprofit and Voluntary Sector Quarterly, 27*(3), 358-382.

Cutright, P. (1965). Political-Structure, Economic-Development and National Social-

Security Programs. *American Journal of Sociology, 70*(5), 537-50.

Davis, P. R., & McGregor, J. A. (2000). Civil society, international donors and poverty in Bangladesh. *Commonwealth & Comparative Politics, 38*(1), 47-64.

Edwards, B., & Foley, M. (1998). Civil Society and Social Capital beyond Putnam. *The American Behavioral Scientist, 42*(1), 5-20.

Edwards, B., Foley, M. W., & Diani, M. (2001). *Beyond Tocqueville, Civil Society and the Social Capital Debate in Comparative Perspective.* Hanover: University Press of New England.

Eikenberry, A. M., & Kluver, J. D. (2004). The marketization of the nonprofit sector: civil society at risk? *Public Administration Review, 64*(2), 132-140.

Eisner, M. A., & Morone, J. A. (2003). From Warfare State to Welfare State: World War I, Contemporary State Building, and the Limits of the Modern Order. *Perspectives on Politics, 1*(1), 137-146.

European Commission (EC). (2000). *Concise Report of the debates of the First Convention of civil society organised at European level.* Brussels: Commission of The European Communities.

Fairclough, N. (2000). Discourse, social theory, and social research: the discourse of welfare reform. *Journal of Sociolinguistics, 4*(2), 163-195.

Foucault, M. (1980). *Power/Knowledge: Selected interviews and other writings.* New York: Pantheon.

Foundation of Korean Industries. (1991). *Conditions and Problems of Social Welfare Institutions.* Seoul: Foundation of Korean Industries.

Gallop Korea. (2002). *Survey on People's Trust in Social Organizations.* Seoul: Gallop Korea.

Giddens, A. (1984). *The constitution of society: Outline of the theory of structuration.* Berkeley, CA: University of California Press.

Giddens, A. (1998). *The Third Way: The Renewal of Social Democracy.* Oxford: Polity.

Gramsci, A. (1971). *Selections from the Prisons Notebooks of Antonio Gramsci.* London: Lawrence and Wishart.

Ha, S. (1989). *The History of Korean Social Welfare.* Seoul: Parkyoungsa.

Han, Y. H. (2006). An Analysis of the Discourse on the Citizens' Movement in Korea: A Comparison to the Japanese Case. *Korea Journal, 46*(2), 35-67.

Harriss. J. (2002). *Depoliticizing Development: The World Bank and Social Capital.* London: Anthem Press.

Henman, P., & Fenger, M. (2006). *Administering welfare reform: international transformations in welfare governance*. Bristol, UK: Policy.

Holliday, I. (2000). Productivist Welfare Capitalism: Social Policy in East Asia. *Political Studies, 48*(4), 706-23.

Huntington, S. (1968). *Political Order in Changing Societies*. NY: Yale University Press.

Jones, C. (1990). Hong Kong, Singapore, South Korea and Taiwan: Oikonomic Welfare State. *Government and Opposition, 25*, 446-62.

Joo, S. S. (2004). *NGOs and civil society*. Seoul: Hanyang University Press

Joo, S. S. (2017). *History of Civil Society in South Korea Democratization Period 1987-2017*. Seoul: Hakmingeulbat.

Joo, S. S. (2020). *Civil society, third sector, non-profit sector, social economy*. Seoul: Hanyang University Press

Kendall, J. (2000). The mainstreaming of the third sector into public policy in England in the late 1990s: whys and wherefores. *Policy & Politics, 28*(4), 541-562.

KIHASA. (2003). *Social Welfare Expenditure in South Korea*. Seoul: Korean Institute for Health and Social Affairs.

KIHASA. (2006). *An Analysis of Religious Organizations' Contribution to Social Welfare Facilities in Korea*. Seoul: Korea Institute for Health and Social Affairs.

Kim, Do. Hyun. (2007). *Resist discrimination: 20 years of the disability movement in Korea*. Seoul: Park Jong Cheol Publishing.

Kim, H. & McNeal, D. (2005). From State-Centric to Negotiated Governance: NGOs as Policy Entrepreneurs in South Korea. In R. P. Weller (Eds.), *Civil Life, Globalization, and Political Change in Asia* (pp. 95-109). London and New York: Routledge.

Kim, M. (2003). Social Welfare System. *Social Indicators Research, 62/63*(1-3), 265-289.

Kim, S. (2006). Institutionalisation of Social Movements into Social Welfare Programme: A Case of South Korean Self-Sufficiency Programme. (Unpublished master dissertation). Seoul National University.

Kim, S. (2011). The Politics of Struggle in a State-Civil Society Partnership: A Case Study of a South Korean Workfare Partnership Programme. (Unpublished doctoral dissertation). London School of Economics, Department of Social Policy, London.

Kim, S. & Hong, K. (1999). The Reality of the Korean Welfare Regime: Lagging State,

Emerging Market and Changing Community. *Korean Journal of Social Welfare Studies, 13*, 29-59.

Kim, Taekyoon. (2007). Controlling the welfare Mix: A historical review on the changing contours of state-voluntary relationships in Korea. (Unpublished doctoral dissertation). Oxford: Oxford University.

Kim, Y. S. (2005). *The shop-floor and labor unions of Korean rail workers in the 1960s and 1970s*. Seoul: Hanwool.

Koo, H. (2001). *Korean workers: the culture and politics of class formation*. Cornell University Press.

Korean Association of Voluntary Agencies. (1995). *Directory of Foreign Voluntary Agencies in Korea*. Seoul: Korean Association of Voluntary Agencies.

Kvalsund, R., & Hargreaves, L. (2009). Reviews of research in rural schools and their communities: Analytical perspectives and a new agenda (special issue). *International Review of Educational Research, 48*, 140-149.

Kwon, H. (2002). Welfare Reform and Future Challenges in the Republic of Korea: Beyond the Developmental Welfare State? *International Social Security Review, 55*, 23-38.

Lee, H. (1999). Globalization and the Emerging Welfare State: The Experience of South Korea. *International Journal of Social Welfare, 8*, 23-37.

Lewis, J. (2005). New Labour's approach to the voluntary sector: Independence and the meaning of partnership. *Social Policy and Society, 4*(2), 121-131.

Little, D. L. (1999). Independent workers, dependable mothers: Discourse, resistance, and AFDC workfare programs. *Social Politics, 6*(2), 161-202.

Mercer, C. (2003). Performing partnership: civil society and the illusions of good governance in Tanzania. *Political Geography, 22*(7), 741-763.

Ministry of Public Administration and Security (MOPAS) (2023). Number of registered non-profit private organizations of Republic of Korea. Retrieved July 20, 2023, from https://www.index.go.kr/unity/potal/main/EachDtlPageDetail.do?idx_cd=2856

Morison, J. (2000). The government-voluntary sector compacts: Governance, governmentality, and civil society. *Journal of law and society, 27*(1), 98-132.

OECD. (1998). *Impact of the Emerging Information Society on the Policy Development Process and Democratic Quality*. Paris: OECD.

Ogle, G. E. (1990). *South Korea: Dissent within the Economic Miracle*. London: Zed

Books.

Peters, B. G. (1994). Managing the hollow state. *International journal of public administration, 17*(3), 739-756.

PSPD. (1994). *Civil Actions for Participatory Welfare*. Seoul: Peoples Solidarity of Participatory Democracy.

Rhodes, R. A. W. (1994). The Hollowing out of the State — The Changing Nature of the Public-Service in Britain. *Political Quarterly, 65*(2), 138-151.

Rhodes, R. A. W. (1996). The New Governance: Governing without Government. *Political Studies, 44*(4), 652-667.

Rooy, A. V. (Ed.). (1999). *Civil Society and the Aid Industry*. Routledge.

Salamon, L. M. (1995). *Partners in public service: Government-nonprofit relations in the modern welfare state*. Baltimore, MD: Johns Hopkins University Press.

Salamon, L. M. (2006). *UN Nonprofit Handbook Project*. Baltimore: The Johns Hopkins University Center for Civil Society Studies.

Salamon, L. M., & Anheier, H. K. (1997). *The third world's third sector in comparative perspective*. Baltimore: The Johns Hopkins University Institute for Policy Studies.

Salamon, L. M., & Sokolowski, W. (2014). *The third sector in Europe: Towards a consensus conceptualization*. Brussels: European Union.

Salamon, L. M., & Sokolowski, W. (2016). *The Size and Scope of the European Third Sector*. European Union. Brussels: Third Sector Impact.

Salamon, L. M., Sokolowski, S. W., & List, R. (1999). *Global civil society: Dimensions of the Nonprofit Sector*. Baltimore: The Johns Hopkins Center for Civil Society Studies.

Shin, D., Kim, K., & Kim, J (2005). Growth of Civic Organizations in South Korea. *Journal of Survey Research, 6*(2),75-101.

Shin, D., Kim, K., & Kim, J. (2013). *Citizen Society's Challenge: The Growth of Civic Organizations in South Korea*. Seoul: Humanitas.

Titmuss, R. M. (1976). *Essays on 'The Welfare State'*. London: Allen and Unwin.

UNDP. (2000). *UNDP and Governance: Experiences and Lessons Learned*. New York: United Nations.

United Nations (2003). *Handbook of national accounting: Handbook on non-profit institutions in the system of national accounts*. New York: United Nations.

Wells, K. M. (1995). *South Korea's Minjung Movement: The Culture and Politics of Dissidence*. Honolulu, Hawaii: University of Hawaii Press.

White, D. (2006). State-Third Sector Partnership Frameworks: From Administration to Participation. In Paul Henman & Meeno Fenger (eds.), *Administering Welfare Reform: International Transformations in Welfare Governance*. Bristol, UK: Policy.

Wolch, J. R. (1999). Decentering America's nonprofit sector: reflections on Salamon's crises analysis. *Voluntas, 10*(1), 25-35.

World Vision Korea. (1993). *The Forty-Year History of World Vision Korea*. Seoul: World Vision Korea.

Young, D. R. (2000). Alternative Models of Government-Nonprofit Sector Relations: Theoretical and International Perspectives. *Nonprofit and Voluntary Sector Quarterly, 29*(1), 149-72.

Yu, P. & Kim, J. (Eds.). (2001). *Civil Society and Citizens' Movements*. Seoul: Hanul.

第六章
長照改革中的服務機構民營化對第三部門的衝擊——以廣東省為例

陳永傑（廣州中山大學政治與公共事務管理學院副教授）
徐禎（廣州中山大學政治與公共事務管理學院公共管理碩士）
張仲妍（英國約克大學商業與社會學院博士研究生）

壹、研究背景

我國老齡人口基數大，增速快，老齡化程度嚴重，且預計於未來三十年迎來老年人口高峰。第七次人口普查資料[1]顯示，我國60周歲及以上人口為26,402萬人，占總人口的18.7%，較2010年增長5.44%；65周歲及以上人口為19,064萬人，占總人口的13.5%，較2010年增長4.63%。隨著生命歷程進入老年階段，老年人面臨失能、失智的風險大大增加，需要長期的生活照料、醫療護理和康復訓練等服務。在家庭結構核心化、女性就業率不斷提高的社會背景下，長期照護成為一項社會重要議題。

為了滿足老年人長期照護需求，同時破解政府失靈所導致的服務類型單一、效率低下等問題，在新公共管理、福利多元主義等理論指導下，政府採取多元措施鼓勵社會力量參與到養老服務領域中，「健全失能老年人長期照護服務體系」、「優化供給結構、提升服務品質，有效強化基本養老服務」[2]，養老服務民營化、市場化、社會化進程加速推進。

養老服務的足量優質供給離不開社會力量的積極參與。新公共管理、福利多元主義等理論為服務機構民營化提供了理論支撐。新公共管理理論從政府職能、服務供給主體、供給手段三個方面探討公共服務的市場化。首先，理論強調政府應發揮掌舵而非划槳的職能，為市場參與公共服務奠定基礎。其次，公共服務的提供主體應打破政府、公共企業的壁壘，拓展到一切所有制性質的組織。最後，該理論認為政府應引入合同外包、直接資助、專案申請等方式，把企業管理的競爭機制引入服務供給中，鼓勵社會力量參與公共服務提供，提高公共服務的提供效率與品質。在此基礎上，社會福利的供給也開始由政府轉移到民間，從中央下放到地方，由單一的服務提供方式轉變為組合式的服務提供範式。而福利多元主義理論

---

[1] 國家統計局。第七次全國人口普查主要資料情況。http://www.stats.gov.cn/xxgk/sjfb/zxfb2020/202105/t20210511_1817195.html。2021/05/11。

[2] 中華人民共和國民政部。國家發展和改革委員會關於印發《"十四五"民政事業發展規劃》的通知。民發〔2021〕51號。http://xxgk.mca.gov.cn:8011/gdnps/pc/content.jsp?id=14980&mtype=4。2021/06/18。

則從分權與參與兩個維度強調政府權力分散化與社會福利民營化。一方面，政府不應該是福利的唯一提供者，而應轉變為福利服務的規範者與購買者，促進其他主體從事服務供給。另一方面，福利的責任應該由公共部門、市場部門、第三部門和家庭共同承擔，政府應與民間合作，共同提供社會福利的各項服務，滿足福利需求（林閔剛，2002）。總體上看，兩個理論都強調打破政府在公共服務供給中的壟斷作用，強調多元主體發揮各自優勢，提高養老服務服務供給效率與品質，促進由市場部門、第三部門等主體承辦的養老機構蓬勃發展。

作為供給養老服務的重要承擔者之一，為了促進養老服務供給的多元化發展，滿足老年人日益增長的長期照護需要，政府出臺了多項政策促進和支援養老服務機構民營化。2016 年，國務院辦公廳印發《關於全面放開養老服務市場提升養老服務品質的若干意見》，以加快推進養老服務業供給側結構性改革為指導思想，放開養老服務市場。提出到 2020 年實現養老服務市場全面放開，養老服務和產品有效供給能力大幅提升、供給結構更加合理的目標。2017 年，民政部印發《關於加快推進養老服務業放管服改革的通知》，要求進一步調動社會力量參與養老服務業發展的積極性，培育和打造一批品牌化、連鎖化、規模化的養老服務企業和社會組織。

2019 年，針對養老服務市場活力尚未充分激發，有效供給不足、服務品質不高等問題，國務院辦公廳印發《關於推進養老服務發展的意見》，要求強化放權與監管並重的服務管理體系，大力推動養老服務供給結構不斷優化、養老服務品質持續改善。既強調研究非營利養老服務機構企業所得稅支援政策，減輕養老服務稅費負擔。又要求集中清理廢除養老服務中涉及地方保護、妨礙統一市場和公平競爭的各種規定，對遇到經營困難的民辦養老機構予以資金支援。

2020 年，農村養老問題得到關注，《關於促進養老托育服務健康發展的意見》指出，社會力量應參與鄉村養老服務體系建設，使區域內服務資源得到整合，不斷拓展鄉鎮敬老院的服務能力與輻射範圍。政策具體表述總結如下表 1：

表 1　促進養老機構民營化的相關政策梳理

時間	檔案名	政策內容
2016.12	關於全面放開養老服務市場提升養老服務品質的若干意見 國辦發〔2016〕91號	1. 指導思想：加快推進養老服務業供給側結構性改革，保障基本需求，繁榮養老市場，提升服務品質。 2. 深化改革、放開市場。進一步降低准入門檻，積極引導社會資本進入養老服務業，充分激發市場主體活力。
2017.2	關於加快推進養老服務業放管服改革的通知 民發〔2017〕25號	1. 總體要求：進一步調動社會力量參與養老服務業發展的積極性培育和打造一批品牌化、連鎖化、規模化的養老服務企業和社會組織。 2. 提高政府精準推動養老服務發展能力。各地養老服務機構運營補貼發放方式應逐步由「補磚頭」、「補床頭」向「補人頭」轉變。
2019.4	關於推進養老服務發展的意見 國辦發〔2019〕5號	1. 制定公建民營養老機構管理辦法，細化評審標準和遴選規則，加強合同執行情況監管。 2. 減輕養老服務稅費負擔。研究非營利性養老服務機構企業所得稅支援政策。 3. 對符合授信條件、但暫時遇到經營困難的民辦養老機構，要繼續予以資金支持。
2019.9	關於進一步擴大養老服務供給促進養老服務消費的實施意見 民發〔2019〕88號	優化養老服務營商環境。全面建立開放、競爭、公平、有序的養老服務市場，放寬養老服務市場准入，支援社會力量參與提供養老服務。
2020.12	關於促進養老托育服務健康發展的意見 國辦發〔2020〕52號	優化鄉村養老設施佈局，開展社會化管理運營，不斷拓展鄉鎮敬老院服務能力和輻射範圍。

　　在政府職能轉變、養老服務市場逐步放開和多元政策的激勵之下，服務機構的民營化發展勢頭迅猛，養老服務的供給呈現由公共部門、市場部門、第三部門和家庭多元主體共同承擔的態勢。作為養老服務供給的重要主體之一，養老服務領域市場部門的蓬勃發展會對第三部門承辦的養老機構造成哪些影響？本文以廣東省為例，探討長照改革中服務機構民營化對

第三部門造成的衝擊和影響，進一步為協調養老服務領域政府、市場和第三部門的關係，促使第三部門更好地貫徹自身理念、發揮自身作為服務提供者的獨特優勢，為優化養老服務資源配置、提升基本養老服務供給效果提出有價值的政策建議。

貳、第三部門在長照服務供給中的作用

20世紀70年代以來，西方國家在供給公共物品上面臨著「政府失靈」和「市場失靈」的雙重困境，這給第三部門的全球化發展帶來了重大機遇，這被美國學者薩拉蒙（2007）譽為繼現代民族國家之後的「全球社團革命」。薩拉蒙認為，第三部門具有組織性、非政府性、非營利性、自治性、志願性五個特徵。首先，第三部門應具有國家法定的身分；其次，第三部門既不屬於政府部門，也不應由政府官員領導；第三，第三部門的利潤只能用於機構宗旨限定的範圍內，而不能在工作人員間分配；第四，組織能夠自我管理而非受外部組織控制；最後，第三部門的活動以志願為基礎，在組織的管理、董事會和其他活動中均有志願人員的參與。政府和第三部門在各類公共物品或準公共物品的供給上相互合作、互相監督，協同推進發展（郭道久，2009）。

我國語境下，第三部門指的是由各級民政部門作為登記管理機關，納入登記管理範圍的社會團體、民辦非企業單位、基金會這三類組織（王浦劬、薩拉蒙，2010）。自20世紀80年代以來，我國第三部門呈現蓬勃發展態勢，對於彌補政府和市場的缺陷、加快政府職能轉變（孟祥林，2021）、履行公共職能（陳陽等，2018）、從事社會公益活動和提供公共服務（劉婷婷，2020）上發揮著不可替代的作用。

在長照服務供給上，第三部門作為其中的重要社會力量，能夠發揮其獨特優勢。這種優勢主要體現在三個方面。首先，第三部門可以通過其靈活、高效、自治的優勢彌補「政府失靈」與「市場失靈」的負面影響，保

證長照服務供給的持續性和高品質，滿足老年人多樣化的需求。其次，第三部門能夠發揮其專業化的優勢，提高服務品質，促進長照服務市場的公平競爭。最後，第三部門有利於整合社會資源，拓展資金來源。第三部門資金來源的多樣化突破了單純依靠國家財政撥款的單一機制，有利於整合社會福利資源，提高資源的配置效率，成為政府與社會溝通的橋樑。

在放開長照服務市場、提倡多元主體供給的大背景下，2016-2020年，廣東省第三部門養老機構不斷發展，在長照服務中發揮著越來越重要的作用。從機構數與床位數上看，2016-2020年，廣東省第三部門舉辦的養老機構的數量不斷增長，其機構數從201家增長到345家，增長率為71.6%；床位數從44,984張增加到73,088張，增加率為62.5%（見圖1）。從使用人數上看，2016-2020年，廣東省第三部門舉辦的養老機構的在院人數從20,625人增加到31,307人，增長率為51.8%（見圖2）。隨著使用人數的上升，這些養老機構的收入與開支也在不斷增加，並在總體上呈現出支出大於收入的態勢（見圖3）。這些資料表明國家制定的稅收減免、運營補貼、土地支持等鼓勵政策，有力推動了養老機構民營化趨勢的進一步加深，有利於提供多層次、多樣化的普惠性養老服務。

圖1　2016-2020年廣東省第三部門舉辦的養老機構數與床位數
資料來源：《中國民政統計年鑒》2017-2021。

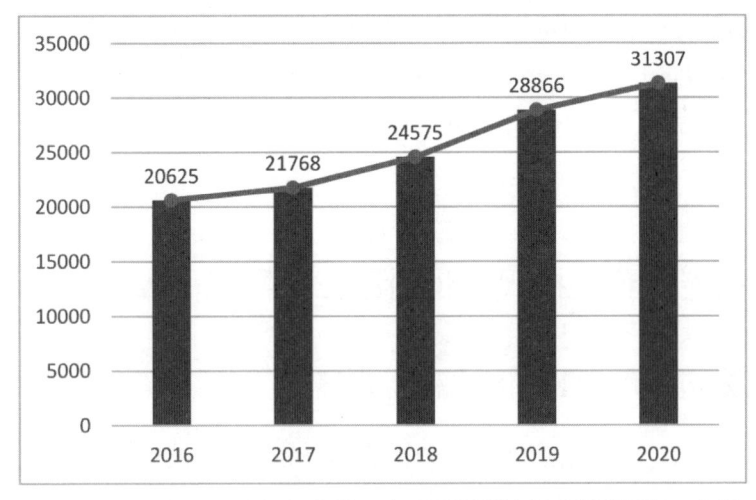

圖 2　2016-2020 年廣東省第三部門舉辦的養老機構使用人數
資料來源：《中國民政統計年鑑》2017-2021。

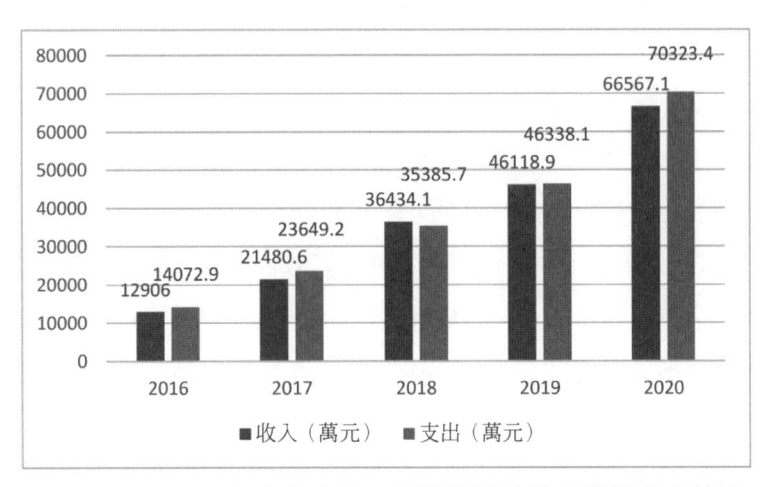

圖 3　2016-2020 年廣東省第三部門舉辦的養老機構收支情況
資料來源：《中國民政統計年鑑》2017-2021。

然而，我國第三部門發展起步較晚，當前仍面臨著獨立性不足、力量薄弱、自發性與自律性差等問題（楊寧，2019）。這一方面是由於社會公眾對第三部門的理解還很淺薄，參與支持度存在一定的不足；另一方面，受制於政府部門的強干預，第三部門往往對政府部門具有較強依附性，制

約了其獨特優勢的發揮（劉婷婷，2020）。為了促進長照服務領域第三部門的快速發展，必須進一步規範養老服務市場的發展，為第三部門營造良好的發展環境，增強其提供公共服務的能力和服務水準。

參、養老服務機構民營化對第三部門的衝擊

一、政府與第三部門：伙計而非夥伴

在養老機構中，第三部門依靠政府出臺的鼓勵政策與自身獨特優勢，在養老服務供給中發揮著越來越重要的作用。但是自 2015 年以來，寬鬆的制度環境被轉變，政府開始對第三部門實施嚴格的管控措施。在廣東，這些管控政策體現在黨建引領、「雙百計畫」建立以及監督機制的強化三個方面。

首先，黨建工作的強化抑制了第三部門發揮優勢。政策要求加強第三部門黨建工作，發揮黨組織的政治核心作用。自 2015 年國務院辦公廳發布《關於加強社會組織黨的建設工作的意見（試行）》以來，廣東省社會組織的黨建工作全面推進。2017 年中共廣東省委辦公廳印發《關於加強我省社會組織黨的建設工作的實施意見》，強調發揮社會組織黨組織的政治功能與服務功能，在政治功能方面要宣傳和執行黨的路線、方針、政策，確保社會組織的組織章程和組織行為與其保持一致。在服務功能方面發揮服務社會組織事業發展、人才成長和社會治理的作用，引導社會組織更好地承接政府轉移職能，提供更高品質的公共服務。除此以外，黨組織也要在社會組織的培育與監管上發揮引領導向作用。

在政策指導下，各非營利養老機構紛紛開展黨建活動，並開展黨員志願服務，省民政廳也將其黨建工作成果納入考核的重要指標。在第三部門中加強黨建工作，可以發揮基層黨組織的政治領導作用。但伴隨而來的是，第三部門的自治功能難以得到發揮。一方面，政策要求第三部門建立

健全雙向互動機制，強調管理層與黨組織班子成員雙向進入、交叉任職。從本質上看，這意味著各非營利養老機構要受外部力量即黨章黨規的約束，難以實現自我管理。另一方面，黨建工作的開展方式與第三部門非政府性的特徵相違背。第三部門開展黨建工作主要採取行政推動的方式，各級黨委、組織部門、民政部門乃至業務主管部門借助於政治與行政權力，發揮著組織籌建的主推力作用（馬慧吉、劉強，2012）。這使得行政力量介入到非營利養老機構的組織活動中，使其靈活性下降，難以發揮有別於政府部門的獨特優勢。

其次，「雙百計畫」的推行，阻礙了第三部門的持續發展。「雙百計畫」是一項政府主導的社會工作服務計畫，其著力於通過穩定社工人才隊伍、提高社會工作的專業水準，進而探索本土社會工作服務模式[3]。「雙百計畫」以政府資金投入為主，其社工由民政廳負責選拔、培訓、監督，由當地鎮政府、街道辦與其鑒定勞動合同，以推動社會工作人才隊伍的建設（顏小釵、李衛湘，2017）。2020年，廣州市民政廳發布《關於實施「廣東兜底民生服務社會工作雙百工程」的通知》，擴大服務站覆蓋範圍，要求到2022年底前實現全省社會工作服務站（點）100%覆蓋、困難群眾和特殊群體社會工作服務100%覆蓋。

儘管「雙百計畫」的推行有效培育了社工人才隊伍，將社會工作力量與民政服務相結合，滿足了群眾需求。但不可否認的是，「雙百計畫」的推進阻礙了非營利性養老機構持續發展。一方面，「雙百計畫」採取的是通過政府力量直聘社工的方式，通過專業團隊對社工進行選拔、培訓，並對其薪資進行保障。在第三部門自身能力不足、難以自行培育社工團隊的情況下，這種對社工人才隊伍的建設實際上阻礙了社工流向第三部門，使得第三部門的社工數量下降甚至面臨短缺。另一方面，「雙百計畫」通過服務團隊的建立，在承擔大量的社會服務工作的同時，也佔據了部分財政資金。導致政府減少了向第三部門的購買服務。在目前第三部門仍依賴政府資金支援、專案購買的情況下，「雙百計畫」的推進阻礙了第三部門的

---

[3] 廣東社工雙百工程。關於雙百。http://www.shuangbaiplan.org/about/5358/。

持續健康發展。

> J市民政：就是我想和你說那塊資金，財政不會再追加一筆錢下來的。財政不可能讓你浪費同一筆錢，肯定要抽離一部分的錢出來做雙百工程，然後社會組織購買服務就會少了。這裡會導致什麼問題呢？社會組織的健康、持續發展就會受到影響，沒有政府的購買，社會組織的發展是很受影響的。那社會組織又是民政管的，很矛盾。（JM20210225）

最後，綜合監督機制的強化可能會影響第三部門的活動空間。2018年以來，廣東省政府通過日常工作和推進黨建工作相結合，對社會組織進行規範化管理。首先，廣東省出臺了系列規範社會組織的政策檔，包括《廣東省社會組織登記管理機關實施行政處罰程式規定》、《廣東省民政廳關於社會組織資訊公開辦法（試行）》等，為依法查處社會組織違法違規行為提供指導。其次，廣東省政府的監管技術也不斷提高，通過建立年度報告制度、創建全息化管理和全流程監管平臺，不斷加強對第三部門的監管力度；最後，廣東省還探索建立了「1+5+9」監管模式，通過制定資訊公開、年度報告、評比表彰與示範創建、重大事項管理、協力廠商監督評價5個管理方法及建立9個管理機制，由行政管理向信用管理轉變，根據廣東實際情況逐步建立起規範化的監管機制（林蕾，2021）。多樣的監督手段、不斷強化的監管力度雖然可以實現第三部門的規範化發展，提高其提供公共服務的能力；但是另一方面過強的監管力度也會影響第三部門的活動空間，不利於其發揮靈活性。

近年來第三部門之所以遭受政府的嚴格管控，與大陸第三部門與政府的依附性關係以及政府對第三部門的態度有著密切的關係。

第三部門與政府的依附性關係主要體現在資金依賴與業務指導兩個方面。在資金依賴方面，通過政府購買服務與各項鼓勵性政策，政府往往成為第三部門的重要資金提供方。一方面，第三部門通過承接政府養老服務

專案，來維持自身的發展。這不僅促進了政府與第三部門的合作，也導致政府加強對社會組織活動的干預，影響其自主發展。另一方面，政府通過床位補貼、稅收減免、運營補貼等方式給予第三部門養老機構資金支援。除此以外，第三部門還依賴政府提供的業務指導。民政部門按照政策法規，通過對第三部門進行行業規範，說明這些養老機構建立規章制度，培訓管理人員和服務人員。這些業務指導在調動其積極性、提高其服務品質與水準的同時，也加強了第三部門與政府的依附關係。

從政府的角度看，政府的自身立場也是導致對非營利性養老機構加強管控的主要原因。一方面，政府意識到為了提供多樣化、多層次、高品質的養老服務，應發揮第三部門靈活、高效的獨特優勢，使其承擔提供公共服務的責任；另一方面政府又擔心高自由度下第三部門的發展脫離政府的政策目標。養老服務作為一項準公共物品，政府需要確保第三部門在遵守國家規章制度的同時，採用非營利性的形式，提供普惠性的養老服務。因此在政府發展第三部門的資源需求和社會控制需求之間存在著持久的衝突。

總的來看，我國第三部門與政府存在較強的依附關係，其產生和發展都與政府的政策、資金支持緊密相關。在黨組織政治引領、「雙百計畫」建立以及監督機制、手段不斷強化的作用下，行政力量更多地介入到非營利養老機構的組織活動中，不僅使其自主性下降，難以發揮有別於政府部門的獨特優勢；「官方提供社會工作」的方式也阻礙了第三部門的健康持續發展。最終導致第三部門失去了跟委託方（政府）平等商議決定服務項目的地位元，成為項目的承接者。

二、市場部門與第三部門：擠壓生存空間

《「十四五」民政事業發展規劃》明確了「十四五」期間「逐步建立養老服務分類發展、分類管理機制，形成基本養老服務與非基本養老服務互為補充、協同發展的新發展格局」的養老服務發展戰略。政府鼓勵各類社

會力量參與到養老服務的供給當中，不僅僅是第三部門，市場部門也在養老服務的供給上發揮著日益重要的作用。然而，與以公共利益為組織目標的第三部門不同的是，市場部門參與養老服務追求的目的是實現利潤最大化。儘管市場部門的加入也能夠一定程度上彌補政府職能的不足，但也要求消費者付出更高的成本；不同的組織目標也決定了第三部門更多地供給基本養老服務、而市場部門更多地供給非基本養老服務的傾向。由於養老服務資源的有限性，一方獲得了政府的支持和補貼，在養老服務市場上擴張、興建的同時，意味著另一方可以獲得的資源的減少。當一方阻礙另一方實現組織目標時，就會導致各方處於對立甚至敵對狀態。養老服務機構民營化下，市場部門對第三部門造成的衝擊和擠壓主要有以下表現：

第一，政府對服務物件的核心需求認知不清，市場部門過多地進入高端養老服務市場，養老服務結構畸形發展。近年來，廣東省尤其是珠三角地區養老服務行業的結構性矛盾日益凸顯，高端養老服務市場趨於飽和甚至過剩，中低端養老服務市場供給不足且品質較差。究其原因，主要是由於當前我國政府指導思想的扭曲和誤導，錯誤地指導了養老服務改革的實踐（楊團，2011）。

在前期研究的過程中，筆者瞭解到，部分地區的政府部門對養老服務市場需求尚認知不清，對主要服務物件的定位模糊。如 M 市當地政府認為本地區的養老服務水準較為低端，在養老服務的財政資金本就較為緊張、老年居民的購買力有限且本地中低收入的老年人的長護照護服務需求尚沒有得到較好解決的情況下，政府卻對引進收費高昂的高端民辦養老院和引進高端養老服務產業抱有樂觀預期甚至熱衷態度，這種想法實則是公共決策的失誤。

> M 市民政：落後的地方確實是條件比較落後，市場需求這一塊不能滿足……我們也想在高端方面有個引入，不單是低端的，還有中高端，甚至是大型的，比如產業，養老地產等……主要把老人的有關需求與房地產結合起來，包括吃飯、醫療、運動等，滿

足老人需求的各個方面配套設施，建場地，包括適老改造，符合老年人生活的、休閒的大的項目，其實我們這邊也想引進。（MM20210224）

從社會政策的視角來看，養老服務特別是基本的長期照護服務作為一種福利性質的准公共服務，其最初目標是強調按照人們的需要提供對應的服務。但是，如果任由以營利為目的的市場部門大肆發展而不加規制，如果各類營利性質的養老服務商品充斥著市場，必然導致養老服務普惠性、福利性特徵的不斷喪失。如果政府沒有加以規劃和限制，資本過多地投入中高端養老服務市場，不僅會導致養老服務結構畸形發展，也從整體上提高了老人獲取休閒療養、老年娛樂等一系列非照護服務類的預期。進而，政府為了減輕當地居民因無法獲得高端非照護服務的「落差感」，不得不提高公共部門對養老服務的財政補貼水準，變相造成了長期照護基金的壓力，使本來可以用於補貼養老服務專案、支援第三部門提供普惠性質的長期照護服務的資金減少，服務效率低下。

第二，政府的財政補貼缺乏區分度，對高端養老機構和中低端養老機構在床位補貼、稅收減免、運營補貼等方面一視同仁。由於資本的逐利性質和以系列缺乏區分度的補貼政策，更加助長了不符合老年人實際需求的高端主題式養老地產、花園式頤養社區層出不窮的虛假繁榮態勢。然而，具體分析，高端養老機構無論是選址、服務內容、收費等方面都偏離了當前老年人的核心需求。高端養老機構或養老產業多處於城郊地區，儘管環境優美，但其脫離老年人熟悉的居住環境，交通等基礎設施相對薄弱、就醫不便，多樣化的休閒娛樂和理療服務也使其收費相對高昂，只適合個別經濟條件較好、自理能力強的老年人進行短期休養度假，大部分「未富先老」「未備先老」的中低收入老年人的購買力無法承受（王先菊，2018），更無法滿足失能、半失能老年人群體的日常生活照料和醫療護理需求。參考國際經驗，政府本質上是滿足多數集體需要的基本養老服務的安排者（薩瓦斯，2003），針對高收入健康老人的高端民辦養老機構和養老產業屬

於非基本養老服務的範疇，一般完全由市場模式經營，由於價格高昂、福利性質較差，很少能成為政策性老年人的入住首選，因此政府應該很少投資或給予高端民辦養老機構政策補貼。然而，由於政府在建床補貼、運營補貼等方面缺乏區分度，高端民辦養老機構和養老產業仍能和第三部門同等取得床位補貼、稅收減免和運營補貼等財政補助，但由於和老年人的需求不匹配，入住率往往不高，本來應該資助以長期照護為核心功能的中低端養老機構的補貼被資本侵佔。

總的來說，政府部門對於服務物件的核心需求認知尚不夠清晰，對私人資本在養老服務市場上大肆興建高端民辦養老機構的作法不加限制，甚至同等地給予財政補貼和稅收優惠，在市場部門的擠壓下，第三部門的補貼資金被侵佔，自身的生存空間有限。不僅沒有達到優化養老服務供給結構，為廣大老年人提供價格適中、方便可及、品質可靠的普惠性養老服務的目的，甚至偏離了政府發展基本養老服務發展的初衷，導致有限的養老服務資源被浪費。

肆、政策建議

當前我國社會老齡化程度持續加深，失能失智老年人群體規模不斷擴大，老年人「未富先老」和「未備先老」的情況仍不容樂觀，在養老資源並不豐富的情況下，政府發展普惠性養老服務面臨著巨大壓力。由於政府行為易導致效率低下而市場行為易導致供需結構失調的問題，基本養老服務的供給迫切地需要第三部門的力量。基於前文分析中第三部門受到政府和市場部門的雙重壓力的問題，為更好地發揮第三部門在長照服務領域的作用、優化養老服務資源配置、提升基本養老服務供給效果，本文建議如下：

第一，明確服務物件，優先瞄準剛需群體。在資源有限的前提下，優先解決老年人群體的養老服務需求：一是長期失能失智的功能弱勢老年

人，二是對於購買養老服務「心有餘而力不足」的收入弱勢老年人，兩類老年人群體的核心需求可以總結為獲得質優價廉的長期照護服務。因此，政府在規劃和支援社會力量提供養老服務時，應以低收入、失能、失智老人為主要服務物件；進行養老服務規劃建設時，以發展連續性的長期照護服務的發展為核心，保證老年人能以較低的價格獲取優質的日常照料、醫療護理等服務，滿足其「老有所養」的基本需求。

第二，釐清政府與市場、第三部門的責任邊界。一方面，在基本養老服務的供給方面，放寬對第三部門的約束，促進第三部門自主性成長，強化造血功能，發揮部門特色，促進第三部門主動承擔社會責任，為老年人提供優質便利、方便可及的長期照護服務。建議政府嚴格建立起長期照護供應商清單管理機制，認真評估落實，將通過官方資質認定的第三部門或其他服務商納入政府購買服務的合作清單，定期對清單中的養老機構進行培訓、檢查和考核，淘汰經營不當、服務品質不達標的服務商，減少選擇過程中的交易成本（鐘慧瀾，2017）。另一方面，在非基本養老服務供給方面，主要依靠市場機制、市場力量發展非基本養老服務，但考慮到當前養老服務結構畸形發展、中高端養老服務市場飽和甚至過剩的情況，政府不可再盲目鼓勵社會力量興辦養老機構，而是應當加強對籌建養老機構的評估和指導服務，更加審慎地研究服務提供者的各項資質，評估養老機構准入的可行性研究報告，推進行政審批流程標準化，盡可能科學地規劃佈局各類養老服務機構。政府應加強對養老服務市場的規制和監管，合理把控高端養老服務市場規模，謹防市場虛假繁榮景象，淨化養老服務市場環境，促進高水準供需均衡。

第三，改革財政補貼制度，強化政策引導功能。針對目前財政補貼缺乏區分度的問題，其一，為了讓長期照護服務惠及更多老年人，政府的各項優惠政策應重點面向長期照護服務的服務供應商，以便進一步整合社會福利資源，擴大基礎性、非營利性養老服務市場，發揮第三部門供給養老服務的獨特優勢。建議政府鼓勵養老機構匹配群眾實際需求，向普惠型養老機構傾斜優惠政策和資金支援，引導服務價格與當地居民可支配收入、

退休金、CPI變動等掛鉤,提供工薪層買得起的養老服務[4]。其二,財政補貼上也可以逐步從補貼機構、補貼床位向補貼個人轉變,增強老年人的自主選擇性與購買能力。這有助於提升財政資金使用效率,並且為第三部門營造更為公平的發展環境,有利於避免可能會產生的供方誘導需求現象(陸傑華等,2019)。建議政府將補助重點放在機構運營補貼,根據機構服務的老年人(尤其是失能失智老年人)數量實施獎勵,推進養老機構實際接受老年人入住的動力,提高資源利用率。此外,考慮受到新冠肺炎疫情防控的影響,很多第三部門經營的小微型非營利性養老機構實行封院管理,收治老人規模受到限制。由於運營成本提高而收入相對減少,機構生存在一定的困難,建議政府酌情提高相關運營補助待遇,支持小微機構渡過難關,促進養老服務提質增效。

---

[4] 徐佩玉。城企聯動普惠養老專項行動實施──提供工薪層買得起的養老服務。http://www.gov.cn/xinwen/2019-02/27/content_5368803.htm 。2019/02/27。

參考文獻

E. S. 薩瓦斯著、周志忍譯（2003）。《民營化與公私部門的夥伴關係》。北京：中國人民大學出版社。

王先菊（2018）。〈養老服務供給研究〉。中共中央黨校。

王浦劬、薩拉蒙等（2010）。《政府向社會組織購買公共服務研究——中國與全球經驗分析》。北京：北京大學出版社。

林閩鋼（2002）。〈福利多元主義的興起及其政策實踐〉。《社會》，2002(07): 36-37。

林蕾（2021）。〈廣東省社科類社會組織監管策略及路徑優化研究〉。廣東外語外貿大學。

孟祥林（2021）。〈政府"在場"抑或"退出"：第三部門發展的困境與出路〉。《華南理工大學學報（社會科學版）》，2021,23(02): 105-113。

馬慧吉、劉強（2012）。〈新社會組織黨建：經驗、難題及破解〉。《理論探索》，2012(06): 50-53。

陸傑華、姚克勤、杜鵬主編（2019）。《深圳人口與健康發展報告（2019）》。北京：社會科學文獻出版社。

陳陽、程雪蓮、唐貴忠、何中臣（2018）。〈第三部門在"健康中國"戰略實施中的優勢及作用探討〉。《衛生經濟研究》，2018(05): 41-43。

郭道久（2009）。〈第三部門公共服務供給的"二重性"及發展方向〉。《中國人民大學學報》，2009,23(02): 93-99。

楊團（2011）。〈公辦民營與民辦公助——加速老年人服務機構建設的政策分析〉。《人文雜誌》，2011(06): 124-135。

楊寧（2019）。〈我國第三部門參與社會治理的路徑探討〉。《桂林航太工業學院學報》，2019,24(01): 104-109。

劉婷婷（2020）。〈我國政府促進第三部門發展問題研究〉。吉林財經大學。

顏小釗、李衛湘（2017）。〈雙百計畫：加速全粵社會工作專業化、均衡化進程——訪廣東省民政廳廳長卓志強〉。《中國社會工作》，2017(03): 8-9。

薩拉蒙（2007）。《全球公民社會：非營利部門視界》。北京：社會科學文獻出版社。

鐘慧瀾（2017）。〈中國社會養老服務體系建設的理論邏輯與現實因應〉。《學術界》，2017(06): 65-77。

第七章
從代理者到附從機構——試論香港社福非營利機構與香港特別行政區政府的關係

陳綺文（香港大學公民社會與治理研究中心副總監）

香港特別行政區政府每年投放不少公共資源在社會福利項目上，在 2022-23 年度，社會福利的經常開支佔政府經常開支總額 19.8%，在各項政策範疇中位列第二（財經事務及庫務局，2022）。從香港回歸前至今，香港政府一直依賴非營利機構（NPO）提供各類社會服務以滿足不同組群的需要，政府跟社福 NPO 可說是唇齒相依，但其關係既是夥伴卻亦存在某種張力，本文將闡明在回歸後到 2020 年，尤其是經歷過幾場大型社會運動後，兩者關係之變化。

政府作為社福 NPO 的主要資助者，固然可減輕它們在籌集資金上的壓力，但隨之而來的卻是一連串的問題，學者亦集中討論過份依賴單一資助者及不同的資助形式為 NPO 帶來的各種挑戰。在香港，除了資助外，政治議題對政府與 NPO 之關係舉足若輕。香港社福界向來是輔助政府施政，從回歸前的維持社會安定到回歸後的建立共融社會都一貫如是。本文嘗試論證縱使政府改變其撥款形式而令雙方關係緊張，如果 NPO 沒有挑戰政府施政方針的話，政府沒有動機作重大改動來改善關係。相反，若 NPO 的意識型態偏離政府，它會通過各種方法令 NPO 重回施政軌道，偏離軌跡越大，方法便更廣泛更嚴謹。在回歸初期，社福 NPO 甚少有系統地挑戰政府的意識型態，兩者的緊張關係來自「整筆過撥款」機制。可是，2010 年後，雙方在意識型態出現分歧，因此政府認為需要作出強而有力的回應，這發展令兩者從委託及代理關係走向現時有主次之分的附從關係。

本文包括四部分，首先是文獻探討，第二部分從社福政策目標及 NPO 與政府關係本質上的改變來描述回歸後香港社福界的發展道路及與政府的關係；第三部分透過 Lee and Huque 分析政府參與 NPO 的指標來論證現時兩者已成附從關係，最後將會總結分析所得。

壹、文獻探討

Salamon 等搜集和分析跨國資料，解釋 NPO 界別在不同國家的特徵，從 NPO 界別的規模及政府於社會福利開支這兩個維度，建構了第三部門體系模式（Model of third sector regime）。這模式勾畫出四種體系：第一、國家（statist）體系形容 NPO 界別規模小以及社福開支低，如日本；第二、社會民主（social democratic）體系描述 NPO 界別規模小但社福開支卻高，如瑞典、義大利；第三、自由（liberal）體系出現於 NPO 界別規模大但社福開支卻低，如美國、英國；最後就是社團（corporatist）體系，它的特點是 NPO 界別規模大及社福開支高，如德國、法國。每個國家的第三部門體系之形成均受其社會經濟發展軌跡影響，就像德國歷代都存在地主精英，以致即使步入現代社會，教會及君主政體都仍然保持一定的影響力，能夠給予政府壓力增加社會保障。基於這些組織的特殊地位，政府跟它們一直長期合作，社團體系渾然而成（Salamon & Anheier, 1998）。

根據 Salamon & Anheier 的第三界別體系模式，Lee 在分析香港第三界別的發展時，發現香港展現一個混合模式——一方面政府比較強勢，並限制結社自由及在社福開支相對 GDP 比例較西方國家為低；另方面社福 NPO 在政府卻有一定的影響力。香港社會服務聯會（社聯）作為大多數服務 NPO 的代表，自 70 年代開始便積極參與制定社福政策，甚至扮演中介角色替政府篩選社區項目。此特別定位可能有利香港社福界發展出一個獨特之處：即使極度依賴政府撥款，但 NPO 仍保持相當大的自主權，甚至在 70 至 80 年代，不少社會運動就是由社會工作者（社工）帶領。因此香港的第三界別既有國家體系亦有社團體系特色，為了更精準描繪這情況，Lee 用了國家－社團（statist-corporatist）體系這概念來形容香港 NPO 界別的狀況（Lee, 2005）。

在一般情況下，政府通常以各種形式的補助來參與第三界別，如金錢、稅務優惠等等，政府甚至成為某些 NPO 的主要資助者。政府作為

NPO 的主要贊助，有利亦有弊。此舉至少能彌補四個公益組織之缺失（voluntary failure）：民間慈善機構的資源有限，政府龐大的資源能增加及擴闊 NPO 的服務。再者，政府的考慮亦較全面，受眾超越民間慈善機構可能設有的特定群組。此外，如果 NPO 的運作不夠專業，也可透過政府的資助，提升 NPO 服務質素。最後，一般民間慈善團體的操作通常由上而下，服務使用者未必能參與服務設計及資源運用，而政府的視野較廣，能要求 NPO 提高服務使用者的參與度（Salamon, 1995）[1]。另外，亦有研究證明，政府的確有助彌補 NPO 的不足，至少在兒童服務這範疇上便能展現其效果。政府一般傾向著重群體權益以及提供社會和弱勢社群有需要的服務（Lynn, 2002），較專業及著重協作的 NPO 也更易獲取政府資助（Suarez, 2011）。除了以上種種好處，獲得政府資助的 NPO 不但能解決財政問題，普羅大眾亦視之為政府對此等 NPO 的認可，從而提高 NPO 的名聲及認受性（Jung & Moon, 2007; Nikolic, 2008）。

但如果 NPO 過於依賴單一資源提供者，亦需承受某些風險。資源依賴論（Resource dependency theory）早在 70 年代末已提出組織行為受資源提供者的影響更甚於內部結構及動態。資源包括金錢、資訊、關係網絡等等（Pfeffer & Salancik, 1978）。當一個 NPO 的資金來源單一，它必然要配合資金提供者，在服務對象、內容、指標及成效上，甚至人事安排及組織策略都可能需要調整。縱使資金源自政府，NPO 亦不例外地要配合其要求和期望（Moulton & Eckerd, 2012）。可是，當主要的資金提供者減少資助，如政府減少 NPO 的服務資助，機構便需要開源節流，尋找其他資源，例如將服務商業化，收取服務使用者費用（Weisbrod, 1998）。從吸引服務使用者角度出發，有學者贊成用商界的市場營銷角度來研究 NPO 界別（Gainer, 2016）。另外，由於要貼近市場需要及迎合其他捐贈者或機構，NPO 可能需要調節其原本使命，甚至改變其本意，服務不同的對象。最後，亦可能是對第三界別影響最大的，就是 NPO 失去自主權及倡

---

[1] 這四個失誤 Salamon 分別稱之為：philanthropic insufficiency; particularism; amateurism 及 paternalism。

議能力。這問題體現在至少三方面：第一、於 NPO 管理上，研究發現依賴政府資金的 NPO，無論在目標設定、資源分配及服務制定上都比較少依賴政府的 NPO 更受約束（Jung & Moon, 2007，轉錄自 Verschuere & De Corte, 2012），甚至出現行外人以官僚方式管理行內專業人士（Froelich, 1999）。第二，從 NPO 治理層面，高度接受政府資助的 NPO 理事會，其組成人數通常較少以及傾向技術官僚（technocratic）（Stone, Hager & Griffin, 2001），而且其社區代表性亦較低（Guo, 2007）。這可能是由於理事會沒有籌集資金的壓力，因此不用面向社會，為爭取資源而需要建立廣泛人脈網絡。第三，民眾可能以為這些 NPO 已經有政府這資源雄厚的支持者，便不需其他資助（crowding out）（Tinkelman & Neely, 2018）[2]，結果形成惡性循環，令依賴政府的 NPO 在拓展資源時更困難。

資助模式亦會影響 NPO 的發展，因此 Salamon 建議在新的公共治理下，研究政府與第三界別的關係應由從前以機構或項目改為以工具（例如：撥款或資助形式）作分析單位，他認為項目成效原因各異，但政府資助項目方法引申出來的結果卻是有跡可尋，因而他及一眾學者討論各種資助模式對 NPO 治理的影響（Elliott, 2002）。Toepler 亦同意將資助的形式作為一種資助者用來調控受助者的工具（tool），他列舉合約（contract）、撥款（grant）、代金券（voucher）、支出退還（reimbursement）、間接資助（indirect subsidy）及稅務優惠/借款（tax credit/loan）等財務工具對 NPO 發展及治理的影響，並進一步擬定不同的假設，討論各種資助形式對 NPO 的商業化、自主、理念、官僚化、政治行動、治理、財政擠出（crowding out）及販者主義（vendorism）等帶來的後果。他估計合約對 NPO 的商業化影響不大，但對其他方面卻有重大影響。撥款類似合約，只是合約在各方面都比撥款更具約束力；相反，稅務優惠/借款以至間接資助則對 NPO 影響最少。代金券主要令 NPO 更商業化，支出退還會驅使 NPO 商業化、官僚化及治理上可能需要調整，但對其他範疇的作用則

---

[2] 不只是政府，龐大商業機構對 NPO 的捐助也會令社會人士誤以為這 NPO 不再需要資金，對捐助這 NPO 卻步。

微弱（Toepler, 2018）[3]。根據這理論，NPO 的發展不僅限於受政府資助的多寡，資助形式也是影響因素之一。

NPO 作為公民社會的一部分，政府對 NPO 的資助多寡及其模式有深遠的影響。而這些影響的輕重在不同政治體系的國家也有不同的份量。譬如在一個自由民主的國家，可能大部分人認為 NPO 理所當然有一定的自主性，因此關注點會放在 NPO 的商業化、官僚化和籌款等問題上。在一些半民主及非民主或對個人自由及民權保障較低的政治體制下，學者及業界相對上可能更關注 NPO 的自主性，包括服務 NPO 在內，因為它們站在第一線服務弱勢社群，除了致力改善服務群組的生活外，或多或少亦希望為他們發聲，令社福政策能夠更加準確及達到預期效果。如果因為某些因素，令 NPO 的自主性降低而削弱了它們為民發聲的機會，長遠來說對社會共融亦不甚理想。

除了財務資助，政府亦可在其他領域影響第三界別的運作。這方面可參考 Lee 與 Huque 比較新加坡和香港有關第三界別的研究（Lee & Haque, 2008）。他們進一步細化了 Salamon 的分析架構，認為雖然兩地的第三界別同樣也可歸納為國家－社團體系，但政府在參與第三界別的程度卻不同。作者從政府對 NPO 界別的管制條例及政府動員 NPO 的程度這兩個角度去分別政府參與程度，他們總結新加坡政府參與第三界別的程度較香港政府高。這些呈現在新加坡 NPO 的資金來源較單一、缺乏代表 NPO 利益的組織、NPO 沒有政策制定權、NPO 服務政治目標、國家為 NPO 訂明使命，以及它們只有非常低自主權。本文旨在論證香港近年，特別是《中華人民共和國香港特別行政區維護國家安全法》（國安法）實施後，NPO 跟政府的關係跟新加坡的情況越趨接近，以及兩者關係的變化，如何由回歸前的夥伴關係到回歸初期的委託及代理關係，以至於 2020 年代逐漸呈現的附從（subsidiary）關係。

---

[3] 雖然學者一般沒有區分撥款及合約這兩種資助形式，但 Toepler 釐清兩者之間的分別，認為撥款是資助申請者的計劃，而非執行撥款者的原意，而後者則較著重撥款者的意願。

貳、回歸後香港社福界的發展道路及與政府的關係

一、社福政策的目標

　　殖民時期的港英政府奉行積極不干預政策，涉及民生的問題幾乎都由民間自發解決。在 19 世紀後期成立為華人提供中醫服務的東華醫院就是由當時的華人精英籌辦，幾乎在同一時期，幾位華商亦開辦了旨在保護婦女，「保赤安良」的保良局。事實上，直至 50 年代，NPO 如同鄉會、行業協會、商會、教會及工會等組織在改善民生上扮演積極的角色（洗玉儀，1997）。香港在 1966 年及 1967 年經歷了兩次動盪後，港英政府察覺到取信於民對管治的重要性，而表現關心市民的方法莫過於提供社會服務。從 70 年代開始，政府加大對 NPO 的資助，由它們來營辦社會福利服務。70 年代可稱為社福服務發展的黃金時代（Chow, 1998），港英政府與 NPO 的關係是互補（complementary），政府未能營運的服務便由 NPO 補上，而 NPO 資源不足的問題則由政府解決，兩者的關係甚至是嵌入式的（embeddedness），即 NPO 的存在是為了加強政府施政之能力，因此 NPO 其實是起了穩定社會的作用（Lam & Perry, 2000）。

　　不論是殖民時期的港英政府或是回歸祖國後的特區政府，香港政府對社會福利的態度都非常貫徹及清晰；社會福利並非一種權利，只有值得幫助的貧乏人士（deserving poor）才可享有，這類人士沒有自立能力，譬如失去工作能力的年長人士、病人、身心障礙人士等。身體壯健的必須自食其力，社會援助金只能是個過渡安排，以協助有需要人士在沒有收入期間的生活所需，政府一直強調個人自主，並設置措施鼓勵自主及杜絕對政府依賴。回歸後第一屆特區政府在社會福利政策上進行了一系列的改革，不論原因是出於當時的亞洲金融海嘯令公共財政緊拙，又或是政府希望通過改革公營部門去贏取公眾支持及提升政府管治的合法性，這些改革都是朝著減輕政府財政負擔、提高效率及成本效益這些方向出發，這亦標誌著香港於公營部門引入新管理主義的開始（Chau & Wong, 2002）。

現時香港的社會福利政策由勞工及福利局（勞福局）制定，在不同的社會福利及勞工事項都設置相關的諮詢委員會以協助勞福局制定適切的政策，這些諮詢委員會定期開會及就各服務發展及原則提出提議，所有委員會成員皆由行政長官委任。有關福利事項的委員會設有如兒童事務委員會、扶貧委員會、安老事務委員會、康復諮詢委員會等等，而檢討整體社福服務的則由社會福利諮詢委員會（社諮會）負責。社諮會最近一次就社福長遠規劃進行研究已是十多年前，並在 2011 發表了《香港社會福利長遠規劃報告書》（香港特別行政區政府社會福利諮詢委員會，2011），報告書提出六項福利發展的指導原則，其中包括「建立可持續發展的社會福利機制」及「探討能者共同承擔費用原則的可行性」，並訂下一系列的方針，包括「推廣社會投資」、「鼓勵多方夥伴關係及協作」、「發展及推廣社會企業」以及另外四項等。從這些建議看來，政府鼓勵市民自食其力，避免依賴政府福利的方向未改，雖然政府仍然是大部分服務 NPO 的主要資金來源，但報告書要求 NPO 開源，考慮以收費、社會企業、夥拍商業機構及慈善基金會等等來開拓更多的資金來源。這報告肯定了政府在社福的方針，例如在 2005 年由政府成立的「攜手扶弱基金」是一個鼓勵跨界別合作的配對基金，對商界提供給 NPO 的捐款進行配對，目的就是推動 NPO 與商界合作以提升市民生活質素及個人的就業能力，從而建立一個和諧的社會（社會福利署，2021）。另一設於民政事務總署的「夥伴倡自強」社區協作計劃由 2006 年開始，為社會企業提供種子基金，旨在提高弱勢社群的就業能力，達到可以自力更生的目標（民政事務總署，2022）。支持社會創新及社會企業的「社創基金」在 2013 年成立，冀望促進跨界別合作，提供種子基金，以創新方案扶貧和防貧，令社會更共融（效率促進辦公室，2023）。

從 2010 年至 2019 年，香港經歷了幾場一個比一個暴力的大型政治運動，市民反對特區政府之政策的同時，亦顯示他們對祖國的不信任，政府更認為示威活動有外國勢力介入，藉著市民對特區政府的不滿，鼓動他們顛覆中央政府，是一場意識型態之爭。有鑒於此，在示威活動平息後，

政府的施政著眼於建設愛國愛港的社會，並於 2020 年中實施了國安法。現時政府施政的首要方針是維護國家安全，正如特首李家超在 2022 年的《施政報告》中提及：「眼前的繁榮穩定並非必然，撥亂反正過後，我們仍須增強憂患意識，建立底線思維，確保維護國家主權、安全、發展利益的工作持久進行，嚴防威脅再現。」（香港特別行政區政府，2022）政府亦理所當然地要求 NPO 跟從其施政方針，確保它們不會參與不利國家安全的事情（詳見下節「二」之內容）。

香港回歸祖國後，政府的施政目標因應社會發展而有所不同，有關 NPO 的政策亦跟隨政府施政目標而改變。在回歸後的頭十來年，除了資助恆常的社會服務，政府鼓勵跨界別合作來締造社會凝聚力，如此既可減輕公共開支，又可以拉動商界、慈善基金會、學界及社會人士等群策群力關心弱勢社群。這階段政府在社福政策上的目標是推動官商民學合作，建設和諧共融的香港。近年社會經歷過激烈的示威活動，不但挑戰特區政府的管治，更被視為顛覆主權的行為，因此政府的著眼點放在維護國家安全。

二、NPO 與政府關係本質上的改變：由行政改革的緊張到意識型態之分歧

踏入 80 年代，NPO 與港英政府的關係起了微妙的變化，NPO 除了繼續為社會提供服務外，它也擔任「為民請命」的角色，在一些具爭議的事情上為弱勢社群發聲，這不免牽涉反對政策，漸漸令 NPO 與政府的關係變得緊張。一方面，時值中英兩國就香港的未來進行會談，受到民主、自由、人權、公平、公義和廉潔政府等理念影響的社工在政治議題上愈趨活躍，並透過他們在社區工作中建立的網絡及關係，壯大其號召力；另一方面，社會擔心公民社會在回歸後萎縮，市民將會失去原來享有的自由和法治，因此重視保護香港的共同價值，導致關注點從民生轉向政治議題。在這背景下，社工從正式及非正式渠道參與政治（Goodstadt, 2014）。政府感

受到來自社福界的挑戰,並認為 NPO 需受約束。在回歸初期,社福改革實行的措施,包括「整筆過撥款」及競投服務項目等,就是在這大前提下產生(Kwan & Chui, 2018)。

政府在 2001 年實行「整筆過撥款」,其精髓源自於新公共管理(New public management)主義,提倡於公營及政府資助機構引入商業管理手法。對社福界而言,這意味著政府對 NPO 的資助模式的改變——由以往從經常性開支撥款,改為「整筆過撥款」,並引入服務競投模式,令 NPO 不但要面對業內競爭,還要處理來自商界爭奪服務合約的挑戰。這徹底改變了政府及 NPO 的關係。在新模式下,政府其實是個服務購買者,通過與 NPO 訂立合約購買其服務。這轉變了的關係亦使政府對提供社會服務的角度改變——逐漸由使用者之需要轉移到與服務表現掛鉤,從服務成果、效能及成本效益等指標作服務評估。換言之,政府跟 NPO 的關係由政策改革前的夥伴關係,轉變到後來的委託及代理關係,政府作為委託人,NPO 則為代理人(Lee, 2012)。

「整筆過撥款」為社會服務團體帶來深遠的影響,它的原意是令社福機構更靈活地運用撥款。與此同時,通過服務合約制度引入競爭及監察服務水平來提升 NPO 的效能。可是,它亦帶來至少三個深層的負面影響(Lee, 2012)。第一、NPO 員工由公職人員變相成為私人企業職員,政府亦因而不需要在某些範疇上對 NPO 職員問責。NPO 員工的入職條件及薪金原來是跟公務員看齊,但在「整筆過撥款」制度下兩者脫鉤,令 NPO 高層能全權決定人手編排及員工薪金。結果,有些 NPO 被非議在薪金上「肥上瘦下」,人手編配不公,甚至削弱服務。第二、抹煞了 NPO 在政策制定的角色。從 90 年代開始,「香港社會服務聯會」(社聯)被邊緣化,政府在制定社福政策再也沒有諮詢社聯。政府繞過社聯直接跟 NPO 商議服務細則及合約,不但淡化其中介人的作用,更削弱了社聯作為業界代表的效能。第三、削弱 NPO 作為社會代理人的角色。政府可以直接跟 NPO 建立關係,撥款予關係友好的 NPO 以作獎勵,並懲罰不合作的 NPO 令其資源緊張。如此一來,那些敢於反對政府為民請命的社工便得審時度勢,

為了組織資源而調校行動,限制了他們為弱勢社群而發聲。此外,亦有學者指出,「整筆過撥款」這制度改變了 NPO 的內部動態,令其重點放在成功爭取及有效運用資源上,因此偏重業務經理的角色,它甚至比社工等專業人士更為重要。為提升 NPO 的競爭力,有關的商業技巧及財務和人力資源等訓練課程更如雨後春筍般出現(Goodstadt, 2014)。大體上,「整筆過撥款」令 NPO 的著眼點放在組織的業務上,從而「非政治化」了它的工作。

縱觀香港的第三界別的情況,回歸後新公共管理主義抬頭。NPO 跟政府變成委託人及代理人關係。在新公共管理架構下,NPO 內部可能因資源及人手編排不公而出現內部矛盾;NPO 之間為了贏取服務合約而互相競爭,他們更不會貿然與政府對抗以免影響財政資源。凡此種種,歸根究柢皆因「整筆過撥款」所致。因此,NPO 將問題源頭歸咎於政府,令兩者的關係緊張。

直至 2010 年前後,政府與 NPO 因「整筆過撥款」這行政上改革已變得關係緊張,後來的社會運動更令兩者的關係起了本質的改變,因為兩者在意識型態的分歧而互不信任。在「整筆過撥款」下,社工可能在他們工作以外,以個人名義繼續推動社會公義及爭取民主和自由等普世價值。以機構名義或聯盟形式出現的話,一般是草擬建議書或發表立場聲明,動員參與支持這些價值的遊行示威活動則甚少(Autumnyu、易汶健,2013 年 5 月 17 日)[4]。譬如在 2003 年,政府就基本法 23 條有關叛國、分裂國家、煽動叛亂、顛覆國家及竊取國家機密等行為進行立法諮詢,弄致民意沸騰,對政府的不滿及不信任引致在 7 月 1 日慶祝回歸當天,發生了自香港主權移交到當時的最大規模遊行。那時服務 NPO 並沒有積極動員同工、會員和普羅大眾參與遊行,香港社會工作者總工會(社總)只是就香港未

---

[4] 在一次媒體訪問中,邵家臻曾經說:「……短期合約,機構行事行政化,只求執行不創作,去技術化,缺少聯席之類的業界合作……」,「社工也會參與社會行動,但以個人身分居多,較少用社工身分,或者集體用社工身分。結果,有一段很長的時間,社工界很『離地』,在多次社會和基層運動中缺席。最近的一兩次,大抵是抗議大澳社工被調職的河蟹事件,以及反國教運動。」

來的政制發展發表了建議書（香港社會工作者總工會，n.d.）。誠然，社工們依然追求普世價值，這從立法會代表可見一斑——他們一人一票選出來的社會福利界功能界別代表從回歸後直至 2022 年以前，都由民主派人士當選。

　　大約從十年前起，社福機構或聯盟開始比較積極地參與政治事務。於 2010-11 年由中學生發起的「反國教運動」便是一個例子。當時香港已經回歸祖國超過十年，加上 2008 年北京奧運後，香港市民對祖國的認受性及自豪感提升，政府認為當時適合於中、小學推行國民教育，並於 2011 年中發布了《德育及公民教育科課程指引》諮詢文件，但當時有中學生恐怕自己及學弟學妹淪為政府的洗腦對象，成立了「學民思潮」，組織各類行動來反對設立課程。從一些小型行動開始，發酵成越來越多大眾支持的公眾運動。行動於七月下旬升級，「學民思潮」聯同其他組織舉行遊行、絕食、集會及包圍政府總部等活動，行動逼使政府於九月初讓步（維基百科，2023）。在這「反國教運動」中，香港社會工作者總工會（社總）與八個組織成立聯盟，收集社工及社工學生簽名，反對國民教育，並呼籲參與有關的遊行（NOW 新聞，2012）。

　　「反國教運動」似乎喚起更多社工走出來支持社會運動，它亦催化了一些新的社工組織誕生，譬如於 2013 年成立的「社工復興運動」，它的目標是「保障弱勢權益、不容無聲吶喊、捍衛司法公義及反抗政治暴力」（維基百科，2017）。其召集人邵家臻是一位社工導師，他亦參與了「反國教運動」。在一次媒體訪問中，它的一位核心成員曾醒明表示：「社工，信念很重要。作為社工，失去了社會性與公共性，其實只是一個維穩的雜工。」（獨媒，2014 年 9 月 26 日）「社工復興運動」的成立及理念正反映了當時的社工「回歸初心」，走入社會捍衛公義，而正值當時香港社會就政治改革，爭取民主的討論進行得如火如荼。在這背景下，社工亦涉獵在 2014 年的「和平佔中」、「雨傘運動」及 2019 年的「反送中」這三場浩大的政治運動。

　　2014 年發生的「讓愛與和平佔領中環」（「和平佔中」）的近因來自在

同年6月，中國國務院發布的《「一國兩制」在香港特別行政區的實踐》白皮書，闡明中國與香港特別行政區的「從屬」關係。香港社會「選」出來的首長及立法會議員必須愛國愛港，符合國家的主權及發展利益。因此，需設置機制來確定選舉勝出的人士符合標準，而替選舉設置前設自然引起支持民主的市民大大不滿。全國人大常委會在8月31日正式通過決議（831決議）。在支持民主人士來說，新的選舉制度是走民主倒退的回頭路，例如新一屆的特首選舉提名便較前一屆的門檻更高，幾乎將民主派人士拒諸於門外。「和平佔中」由學者戴耀廷及陳健民以及朱耀明牧師發起，並有十位來自各行各業的人士公開支持，包括「社工復興運動」召集人邵家臻[5]。「和平佔中」聲稱通過非暴力的公民抗命形式佔領中環以爭取普選。它的構思來自審議民主（deliberative democracy）理論，冀望透過集體公開討論來尋找獲得社會支持的普選方案（戴耀庭，2013），並要求佔領行動參與者承擔法律責任[6]。支持者之一社工邵家臻為參與「和平佔中」的社工訂下三個任務：作商討日的主持、作行動日的照顧者及之後陪同家人探監，最後，把佔中運動的理念及程序普及化（獨媒，2013年5月17日；獨媒，2013年5月23日）。「社工復興運動」在「和平佔中」成為一個社工參與及商討平台，讓他們積極參與其中，跟同工一起尋求一個大家接受的行動方案，又將參與運動的二百位社工分為直接參與團隊、現場社工隊及被捕支援隊（維基百科，2017）。

在這班成年人商討「和平佔中」的同時，一班學生已在籌謀，用行動來表達反對人大831決議。香港專上學生聯會（學聯）及學民思潮在9月發起罷課集會，並在罷課最後一晚的集會後，佔領政府總部東翼的「公民廣場」，開展了後來被稱作「雨傘運動」的大型社會運動。參與者大部分

---

[5] 邵家臻於2016年當選立法會社會福利界議員，他因「和平佔中」罪成於2019年被判入獄八個月，2020年7月接到所任教的大學通知，在新學年不再跟他續約。

[6] 戴耀庭在2019年被裁定「串謀犯公眾妨擾罪」及「煽惑他人犯公眾妨擾罪」罪名成立，判入獄十六個月，並於2020年7月被大學解僱。陳建民亦在2019年因同樣罪名被判同樣的刑期，他於同年年初提早任教大學退休。朱耀明於2019年被裁定「串謀犯公眾妨擾罪」罪名成立，判監十六個月，獲准緩刑兩年。

為年輕人，佔領了港島金鐘、添馬及銅鑼灣以及九龍旺角一帶。有學者形容這是個民眾醒覺的運動（傘下人，2015）[7]，佔領者在佔領區內實行自我管理，彼此互助共享，有烏托邦的意味（黃洪，2014年11月5日）。警方在12月中將最後的佔領區清場，結束這場為期七十多天的運動。

　　表面上，社福團體似乎沒有明確支持這場「雨傘運動」。媒體只報導了個別走得比較前的社工。但其實社工們只是默默地參與，根據一位走得較前的社工：「大家以個人、團體或一班人自組的形式滲透整個運動的不同角落，有擔任被捕支援隊；有於社工站情緒支援留守者；有陪伴被拘捕者前往警署；有到醫院探望和支援被警察打傷的市民；有參與物資站協助派發和管理物資，不少社工已默默堅持自己維護公義的使命。只是，大家可能基於機構的壓力，不敢讓太多人知道自己的參與。」（社工逆耳，2014年12月12日）現實中，確實有社工因為於「和平佔中」當義工而失去工作（獨立媒體，2015年4月29日）。雖然如此，經過「雨傘運動」的洗禮，社工學生亦積極參與推動香港的民主步伐（獨媒，2015年1月31日）[8]。由「反國教」到「和平佔中」及「雨傘運動」，好像越來越多社工會公然反對政府方案，或支持示威者，協助他們處理各方面的挑戰，包括被捕及入獄的問題。

　　不論是「反國教運動」、「和平佔中」或「雨傘運動」，參與者的出發點多是因為對內地體制的不信任，希望香港能夠維持「一國兩制」這原則及進一步實踐民主，並用制度來監察當權者，使其不能隨便濫用權力。可惜，特區政府並沒有對症下藥，市民的訴求只是被壓下去。結果，於2019年迎來一場更大的示威潮，而社工及社福團體在這一波的參與更為明顯。在2019年的3月，特區政府提交《2019年逃犯及刑事事宜相互法律協助法例（修訂）條例草案》予立法會審議通過，草案容許涉嫌觸犯中國法律而身處香港的人士移送到中國內地受審（立法會，2019）。香港社

---

[7] 進一步瞭解運動參與者的心路歷程，見傘下人（2015）。

[8] 香港社會工作學生聯會發表了2月1日大遊行立場書：「還我平等政治權 普選方案無篩選」，呼籲同學「堅守信念，繼續抗爭」，參加大遊行。

會普遍對內地司法制度缺乏信心，更有人擔心此舉削弱香港法院在「一國兩制」司法管轄權的地位（李翰文，2019年4月3日；林祖偉，2019年6月10日）。可是，處理這麼一個具高度爭議性的問題，政府卻沒有充分諮詢社會，甚至沒有通過立法會法案委員會這慣常作法，便直接交給立法會二讀。這樣更令市民大眾聯想到草案背後可能隱藏不可告人的原因，因而觸發了香港歷史上最大型的反政府行動（「反修例運動」）。

民間早在3月開始已有零星的抗議活動，反對的聲音來自各行各業，涵蓋不同的政治光譜。可是，政府尚未及處理反對聲音，大型的「反修例運動」遊行已於六月開始，抗議行動亦由初期和平的集會遊行，演變成越來越激烈的警方與示威者武力對抗（明報，2020年6月7日）。警方第一次用武力對付示威者發生在6月12日，當時發射多枚催淚彈驅散在立法會大樓附近的和平集會。政府並將示威者行為定性為「暴動」，希望通過武力鎮壓及暴動罪的重罰則來平息示威。然而，這些部署卻未能阻止示威者，反而令其行動升級，雖然民間有些意見認為警察執法用武無可厚非（BBC News 中文，2019年8月3日），卻還有更多聲音批評警方用過度武力對付示威者。後來即使時任特首林鄭月娥在9月4日撤回《逃犯法例（修訂）條例草案》，但由於在這兩個多月期間，警方與示威者的積怨及未能適時回應示威者訴求[9]，令大型遊行集會及街頭武力衝突持續至2020年初新冠肺炎襲港及同年六月實施《國安法》後才停止。直至2023年中，因「反修例運動」被捕共10,297人，其中4,010人為學生，1,754人為18歲以下。已被檢控的2,910人當中，四成為學生，接近兩成為18歲以下（集誌社，2023年5月24日）。

社福界罕見地公開以行動直接參與這場運動，社聯於6月11日已表明立場公開要求政府撤回草案（香港社會服務聯會，2019），在以後的示

---

[9] 示威者提出五大訴求：一、全面撤回逃犯修例；二、撤回定性6月12日集會及其後的示威活動為「暴動」；三、撤銷所有「反送中」示威者的控罪；四、成立獨立調查委員會，徹底追究警隊濫權情況；五、實行「真雙普選」（即特首及立法會議席）。政府只落實了第一項。

威中,陸續有些新的社福組織及聯盟出現。由 30 多個社福團體組成的「反送中社福聯合陣線」於 8 月初發起社會服務單位罷工,並聲稱已獲得二千名社福界員工支持。發言人在記者會上重申,市民福祉及社會公義是社工的核心價值及使命(獨立媒體,2019 年 8 月 2 日)。業界又於 11 月成立「社福界罷工委員會」,在 12 月中舉行集會,為三天的罷工造勢。集會的標語為「止政亂,抗警暴,齊罷工,顯公義」,委員會主席社工陳虹秀表示,希望以罷工連結港人,鼓勵各行各業籌組工會,以便日後以大型罷工回應社會不公(獨立媒體,2019 年 12 月 16 日)。「社工陣地」在 6 月份當警方與示威者發生衝突初期便籌組,在短短十日已有超過 40 名註冊社工加入。成員駐守衝突現場及協助教育示威者擁有的權利以及被補後需要面對的程序,有些觀點認為「陣地社工」的出現是因為部分社工的「『為人民維權,不為政府維穩』的集體意識和覺醒」(葉靜倫,2019 年 9 月 15 日)。這些團體及聯席行動高調表明部分社福界並不支持政府,認為政府漠視民意,警方濫用權力,以致社會失去公義。

「反修例運動」的性質及發展亦令部分社工感覺到被呼召,並看到自己在運動中的角色及作用。年青人高度參與在這場運動中,他們總是走在街頭抗爭的最前方,面對警棍、水炮、催淚彈、海綿彈甚至實彈。在這情況下,社工便更覺得需要走出來保護孩子或站在衝突前線擔當緩衝角色以安撫示威者情緒,發揮減低武力的一股「柔軟力量」(斯影,2019 年 7 月 26 日;香港 01,2019 年 11 月 5 日)[10]。反之,警方認為社工偏幫示威者,妨礙警方執法並拘捕社工。「社工陣地」的陳虹秀及「社工復興運動」的劉家棟就是在示威現場嘗試協調警方與示威者而被補及遭起訴(Topick,2019 年 7 月 29 日)。社聯、香港社會工作人員協會、社總及邵家臻立法會議員辦事處於八月初發表聯合聲明,關注社工在示威現場履行專業角色時被捕,憂慮他們在示威現場得不到合理保障的情況下,同時要面對無理拘捕(Topick,2019 年 8 月 2 日)。根據「反送中社福聯合陣線」,在 8 月底時已有 12 名社工於衝突現場進行人道工作時以非法結集罪

---

[10] 瞭解社工在示威現場的工作,見斯影(2019/07/26)及香港 01(2019/11/05)。

被捕（Topick，2019年8月30日）。

從以上可見，在回歸後的25年，服務NPO跟特區政府的關係愈趨緊張，但緊張的原因迥異。初期的緊張源自福利制度改革，採納新公共管理主義並引進「整筆過撥款」及服務競投機制，NPO因而需要適應新遊戲規則所帶來對內對外的挑戰及矛盾。而近十年的緊張則來自雙方不一致的意識型態。政府的首要任務是維護國家安全及社會安定，而NPO則往往站在弱者一方，著重「維權」多於「維穩」。尤其在「反修例運動」期間，政府認為社工非但沒有跟隨政府路線及為熾熱的反政府情緒降溫，反而偏袒示威者，兩者的關係因而雪上加霜。

三、政府與服務NPO的關係：從夥伴到代理人到附從單位

文中報告過不少學者已經闡明回歸後香港政府跟NPO之委託及代理人關係，如果新管理主義一天不改變，這關係依然會維持。可是，由於過往十多年雙方意識型態的不同，社工有時未能協助政府履行政策，因此政府認為需要在這方面下工夫。在「反修例運動」的抗議平息後，政府陸續頒布不同的法例及措施以確保社會「由亂到治」，其中更有些針對社福機構，目的是令機構及其僱員更加明白政策方向，以防他們再次偏離施政方針。本文餘下的篇幅將嘗試論證這些新增的措施令政府與服務NPO的關係變成主體及附屬單位——政府作為主體為附屬單位設立行為框架，並獎罰分明，目的是令NPO成為政府的助力而非阻力。

我們採用Lee與Huque分析國家參與第三部門程度的六個維度來說明政府的措施幾乎覆蓋所有維度，包括政府以外的資金來源、代表NPO利益的組織、政策制定權、NPO為政治目標服務、政府為NPO訂明使命，以及NPO自主權（立法會，2019）。政府越高度參與在這六個維度中，NPO的自主性越低，而且更可能嵌入政府的運作或成為其延伸。

首先是資源方面，NPO的收入是否依賴政府這單一源頭？表1顯示香港最大十所服務NPO的政府資助佔其總收入的百分比。無一例外，

這十所 NPO 來自政府的收入相當可觀，從它們 2020-2021 的年度報告資料，只有聖雅各福群會的政府資助佔其總收入約一半，有七所 NPO 的政府資金佔它們七成以上的總收入，其中兩所的比例更達八至九成。當 NPO 過份依賴政府，它可能不再放心思在開源上，因而削弱另拓資源的能力，又或者會導致外界以為某 NPO 已有政府的龐大支持而不需額外的資源。無論原因為何，在數據上香港似乎又符合了這些假設。表 1 顯示所有 NPO 的政府資助在 2020-2021 年度都比 2012-13 年度為高，除了兩所欠缺資料的 NPO 外，政府資助佔 NPO 總收入的增幅介乎 2.4% 至 10.7%。

然而，要尋找政府以外的資源也不容易，除了社會福利署的撥款，服務 NPO 通常會向公益金及獎券基金[11]申請撥款，後者隸屬社會福利署，而前者則傾向支持較成熟在港註冊的認可慈善機構[12]。即使如此，公益金及獎券基金一般只佔 NPO 收入的少部分，例如獲政府資金相對其他 NPO 低的香港明愛，在 2020-21 年度的收入中，獎券基金只佔 2.30%，公益金則佔 1.38%；同樣，聖雅各福群會的獎券基金佔其總收入百分比為 2.72%，公益金則只有 0.81%。開源方面，服務收費至為重要，例如香港明愛的服務收費佔總收入 21.23%，聖雅各福群會則為 25.68%（活動費 14.2% 及學費及服務費 11.48%）。香港賽馬會慈善信託基金亦是一個相當重要的資助來源，不過相對政府資助及服務收費而言，它仍佔 NPO 總收入的少部分[13]，公眾籌款佔 NPO 的總收入更可說是微不足道[14]。

---

[11] 主要資助受社福署資助機構的非經常開支，如家具和設備等，見社會福利署－獎券基金（swd.gov.hk）。

[12] 申請者必須是公益金的會員；入會條件包括機構獲稅務條例第 88 條認可至少三年及提供服務至少三年，並通過公益金有關委員會的審查。見撥款策略及程序（香港公益金，n.d.）。

[13] 於 2020-21 年度，香港賽馬會慈善信託基金的撥款佔香港明愛總收入 3.96%，佔聖雅各福群會 5.96%。

[14] 於 2020-21 年度，公眾籌款佔香港明愛總收入 1.44%（個人捐款則 5.71%），佔聖雅各福群會 0.08%。

第七章　從代理者到附從機構——試論香港社福非營利機構與香港特別行政區政府的關係　159

表 1　2012-2013 及 2020-2021 年度政府資助與 NPO 總收入的百分比

	2012-13 政府資助	總收入	百分比	2020-2021 政府資助	總收入	百分比
東華三院	2,161,038,483（東華三院，2014）	3,617,101,131	59.7%	3,997,000,000	6,088,000,000	65.7%
保良局	NA	NA	NA	4,762,604,000（保良局，2022）	5,121,621,000	93.0%
香港明愛	851,617,000（香港明愛，2014）	1,559,040,000	54.6%	1,617,910,000（香港明愛，2022）	2,689,334,000	60.2%
聖公會福利協會	549,095,771（香港聖公會福利協會，2014）	784,029,500	70.0%	1,201,919,079（香港聖公會福利協會，2022）	1,655,507,907	72.6%
仁濟醫院	639,174,525（仁濟醫院，2014）	849,006,015	75.3%	1,270,540,117（仁濟醫院，2022）	1,636,151,949	77.7%
聖雅各福群會	208,335,271（聖雅各福群會，2014）	480,044,002	43.4%	576,083,191（聖雅各福群會，2022）	1,103,926,748	52.2%
香港基督教服務處	284,984,931（香港基督教服務處，2014）	439,316,990	64.9%	714,660,308（香港基督教服務處，2022）	959,876,093	74.5%
香港耀能協會	358,000,000（香港耀能協會，2014）	443,900,000	80.6%	813,200,000（香港耀能協會，2022）	920,000,000	88.4%
基督教家庭服務中心	241,465,582（基督教家庭服務中心，2014）	359,902,713	67.1%	710,934,134（基督教家庭服務中心，2022）	849,979,145	77.8%
救世軍	NA	NA	NA	666,140,985（救世軍，2022）	902,385,512	73.8%

除此以外，對於公開募捐，一些傳統又實力雄厚的 NPO 如東華三院、保良局及仁濟醫院等會通過電視舉行大型籌款。一般來說，更多 NPO 會舉辦「賣旗日」。欲舉辦「賣旗日」的團體需向社會福利署申請，2022 年的申請表格中已加入國安法的要求，指明機構不能將賣旗的收入用來從事或支持違法的活動，包括不利於國家安全的行為或活動。後來進一步擴大申請的條款，在 2024-25 年度賣旗日的申請表中更要求機構負責人聲明（1）其機構不曾或正在參與違反國安法的活動；（2）機構繼續聘用之承包商、服務提供者或供應商會對國家安全構成不利；或（3）「政府合理地相信上述任何一種情況將會發生」（香港特別行政區社會福利署，2023）。這些規定證明政府以一個比較廣闊的角度來演繹國安法，並將審查與 NPO 有關連的團體之責任交到 NPO 手中。這不但為其帶來不少困擾（明報，2023 年 4 月 19 日），而且杜絕一些曾經反對政府或以往涉嫌反對政府，甚至懷疑可能反對的團體或商店。近年興起的眾籌為不少個人及小型團體帶來籌集資金的機會，由於在線上籌款缺乏監管法規及機構，因此政府於 2023 年初進行社會諮詢，以彌補這方面的漏洞。

第二、社福 NPO 是否有代表它們利益的聯盟或機構。這方面在香港最具代表性的是「香港社會服務聯會」（社聯），它是成立於 1947 年的法定機構，現時會員超過 510 個社會服務 NPO，其業務包括推動社會服務發展、政策倡議、業界發展及地區合作與共創關懷社會。它主要的工作是帶領服務 NPO 發展及推動社福政策倡議，在政府發展社福事務的黃金期，它曾經積極參與政策制定，但在回歸前其角色已逐漸被淡化，它現時並未能統領業界，於社福政策上的意見亦未受政府重視。此外，於 1980 年成立的「香港社會工作者總工會」（社總）是社會工作者的工會，關注業界事件、為同工爭取權益，以致「關注整體香港的民主、民生、法治、自由及公義」（香港社會工作者總工會，2017）。它代表社工發聲，曾經就「整筆過撥款」檢討所提出的建議，及《社會工作者工作守則》修訂文件代表社工回應政策。至於政府對社總的意見有多重視則不得而知，社總互聯網頁列出五個服務關注組，內容多為搜集會員意見、發表意見和回應政

策。可是，與 2018 年後相關的資訊是少之又少，於「社福總動員」那一欄更是空白。因此，近年社總在保護及爭取同工權益上的力度及效能有多大亦不大清楚。

第三、NPO 的政策制定權力。社聯在這方面的影響力已不復以前，但近年一個高調冒起的組織卻相當值得留意。在 2022 年新冠疫情期間，管浩鳴牧師發起了「香港社福界聯合抗疫行動」，在短時間內籌集並派發了數千萬港元的防疫物資，並以其他行動配合政府的防疫政策。同年 7 月及 11 月又分別舉辦了「社福界學習宣傳貫徹習近平主席重要講話精神座談會」及「社福界學習貫徹中共二十大精神研習班」。在 11 月舉辦的研習班有超過二千人參與，包括政府勞福局人員、政界、大專院校社工系老師、及大型社福 NPO 的管理人員及前線社工（文匯網，2022 年 11 月 21 日）。後來這組織發展成「香港社福界心連心大行動」（「心連心」），並在 2023 年 5 月舉行「香港社福開新篇高峰會暨香港社福界心連心大行動成立典禮」。成立典禮規格極高，出席名單不只香港特別行政區行政長官，更有中聯辦主任、國家民政部副部長和廣東省民政廳廳長。特首在典禮中讚揚「心連心」以行動為社福界「打開新篇章」（香港特別行政區政府新聞公報，2023 年 5 月 29 日）；中聯辦鄭雁雄主任的致辭更提到香港社福界應凝聚共識，專注服務社會，弘揚愛國愛港的價值觀，不能再迷失方向。他的講話被一些人演繹為告誡社福界人士回歸本位（李伯達，2023 年 6 月 5 日）。在同一場合，勞工及福利局局長代表特區政府與廣東省民政廳簽署《關於共同推進粵港兩地養老合作的備忘錄》，反映中央對「心連心」的重視及厚望。

「心連心」的成立明顯地得到中央及港府祝福，其使命除了團結本地社福界外，還「支持特區政府良政善治、促進香港與內地社福服務協同合作，及致力全球社福工作持續發展」（香港社福界心連心大行動，2023a）。「心連心」現時的組成有董事會及五個理事會，包括社區服務、政策倡議、專業培訓和發展、國內及國際交流以及慶典活動。首四個理事會的工作跟「社聯」重疊，「心連心」與「社聯」以後怎樣分工合作，是

否取代社聯成為業界龍頭領導業界發展則拭目以待。就政策影響方面，「心連心」擁有人事及策略上的優勢。人事上，其董事會主席管浩鳴牧師為立法會議員，榮譽贊助人為特首李家超，總榮譽顧問為勞福局局長孫玉菡，接近40人的榮譽顧問團成員多為建制派人士，包括行政會議員、立法會議員、人大代表、商界及專業人士（香港社福界心連心大行動，2023b）。策略上，它專注社會服務和背靠祖國的理念跟特區政府施政方針吻合。因此，在未來制定社福政策上，它可能佔有一定位置。

第四、NPO為政治目標服務。隨著2020年6月實施《國安法》後，這方面更為顯而易見。回歸前，服務NPO協助港英政府促進社會穩定；回歸後，則聯同特區政府建設共融社會。到2020年開始，NPO除了提供優質服務，更要體現及發揮愛國愛港的精神。正如在2021年底「勞工及福利局」網上一篇以《確保維護國家安全已成為恆常工作一部分》為題的文章提及，社會福利署已更新服務表現監察制度，在受資助單位的年度服務質素評估中，加入單位有否設立監察程序以確保同事明白及遵守國安法，並且展開修訂《社會工作者註冊條例》諮詢，建議吊銷因國安法被定罪社工的註冊（中華人民共和國香港特別行政區勞工及福利局，2021年11月21日）。此外，受政府資助的NPO在宣傳國家意識的工作也備受立法會議員關注。在一次回答議員的提問中，政制及內地事務局局長曾國衛表示，社會福利署鼓勵受資助單位及其所屬NPO積極配合在單位展示國旗和區旗，並遵守《國旗和國徽條例》及《區旗和區徽條例》。在配合國家政策上，社會福利署積極推動社福界舉辦及參與國情教育及建設粵港澳大灣區社福服務（香港特別行政區政府新聞公報，2023年7月5日）。這些舉措都顯示不單是政府，就連監察政府的立法會議員都認為受政府資助的NPO在意識型態上必須與政府一致，而且需要支持政府的施政方針。由於政府是絕大部分社福服務NPO的財政來源，因此它們有責任亦必須遵從法規。

第五、由政府訂明NPO的使命。一般服務NPO的成立是因為創辦人或服務計劃發起人看到社會需求，現行有關服務缺乏或不足，受到服務使

命的呼喚而成立 NPO 來為社群解困，甚少由政府來主導 NPO 的使命。因此，近年在全港十八區成立的「地區服務及關愛隊伍」（「關愛隊」）是個很有趣的現象。特首在 2022 年《施政報告》宣布，在每一區都成立「關愛隊」，由當區民政事務專員任區內小隊的總指揮，目的是凝聚社區資源以關懷區內人士，同時也擔當政府和市民間的橋樑，使上情下達，下情上達（民政事務總署，2023a）。嚴格來說，「關愛隊」既非 NPO，也不像一個正式組織般，有組織架構、章程、董事會或受有關法律規管。它只是個由有心人士併合而成的非正式小組，但它卻履行服務 NPO 所做的事，如探訪有需要人士或協助居民處理緊急事故。然而，不是所有具實力和富經驗的人士都能獲得政府資源，成為「關愛隊」。有心人士組隊後需要通過兩輪遴選，第一輪遴選的目的為選擇愛國愛港並支持政府、擁有地區服務經驗及有能力獲得社會資源的申請團體；第二輪才評審服務計劃。因此，無論申請團體的服務計劃有多出色和多切合地區需要，如果它未能符合第一輪遴選的要求，就被淘汰出局。愛國愛港的準則包括擁護基本法及效忠特區政府，並簽署聲明承諾申請團體及其僱員沒有違反國安法或從事違反國家安全的行為，及有責任確保與申請團體有關的團體、商店及人士，包括捐贈人、贊助人、義工和參加者在服務活動中不會牽涉違反國安法的活動。另外，愛國愛港的往績也重要，申請團體需要在過往五年在區內舉辦至少兩項支持政策的活動，例如國慶、慶祝香港回歸祖國、學習國情等等（民政事務總署，2023b）。「關愛隊」的成立足以證明政府獎勵一向支持它的人士，現有的 NPO 固然已受國安法及另外一些新條例規管，但政府也另闢途徑，令支持者服務社區以賺取更多政治本錢[15]。

最後一點就是 NPO 的自主權。在「整筆過撥款」模式下，政府作為資金提供者跟服務 NPO 訂下《津貼及服務協議》，定期評審 NPO 的工

---

[15] 由於政府民望低，再加上「反修例」示威，支持政府的建制派在 2019 年區議會選舉大敗，有看法認為「關愛隊」是政府安撫落選建制派的招數，令他們仍可以在區內服務市民，以贏取下次區議會議席。可參考明報（2023/05/02）及香港 01（2023/03/30）。

作，以服務量（output）及成效（outcome）作評審標準。而近年政府則在評審標準加入了政治元素，對 NPO 的自主權造成或多或少影響。除了訂下津貼額及服務內容，NPO 亦要簽署《服務質素標準（標準）及準則》，要求 NPO 符合十六項標準，其中「標準八」為「服務單位遵守一切有關的法律責任」，包括它需要知悉所有監察其運作的有關條例，以及單位需備有監察程序來確保員工守法（社會福利署，2023）。原來的「標準八」指的是與服務相關的條例，如老人院的衛生和安全等法例，但在國安法生效後，它亦涵蓋國安法的內容，NPO 因此需要確保機構內設有機制令員工知悉並緊守國安法。至於 NPO 怎樣演繹這要求則各施其法 —— 有 NPO 為員工舉辦國安法學習班或要求員工修讀其他機構開辦的學習班；有機構主管在審議下屬計劃的項目時，對項目是否跟施政方針一致特別敏感；亦有在機構內一律嚴禁與「反修例」有關，甚至令人聯想到「反修例」的符號或標誌；及響應政府的鼓勵，在 NPO 處所展示國旗和區旗以表現對國家及特區政府支持。遵守國安法及確保員工沒有參與不利國家安全活動成為政府監察 NPO 表現的一部分，NPO 提交給政府的機構報告中需要列明機構這方面的工作，而政府到 NPO 巡查時亦會抽問員工有關國安法的知識。NPO 對保證服務質素有其專業知識，但對滿足國安法的要求則比較陌生，加上現時政治氣氛比較緊張，社會仍處於摸索國安法底線的階段，很多 NPO 不期然地自我約束，寧可用一個較謹慎的態度來演繹「標準八」，以防失去政府重大的資助（明報，2022 年 10 月 4 日）。因此，自從國安法實施後，NPO 的自主性相對減少。

四、總結

香港的服務 NPO 扮演一個補充的角色，提供一些社會需要而政府未能提供的服務，它們主要的資金來自政府。回歸後，政府採納新公共管理主義而改變其撥款方法，NPO 自然需要適應新模式帶來的種種後果，而香港的情況基本上也符合國際趨勢及有關政府作為 NPO 主要資助來源的

研究結果。可是，香港的 NPO 與政府的關係不只受制於撥款模式，更被政府的施政方針及雙方意識型態所影響，近年 NPO 跟政府關係緊張的由來便是因為雙方的意識型態出現了分歧。

長久以來，政府一直是服務 NPO 的主要贊助。自 70 年代政府認真發展社會服務開始，它便夥拍 NPO，從這角度來看，無論是回歸前的維持社會安定還是回歸後的共建共融社會，NPO 的發展一直配合政府施政。本文嘗試論證在回歸後當「配合政府施政」這個前提在本質上起了變化，那政府亦會在多方面下工夫使 NPO 重回軌道。因此，資助模式只是影響政府及 NPO 的關係之其中一環。除此以外，政治考慮也是一個因素。「整筆過撥款」這模式令政府跟 NPO 的關係緊張，基於服務 NPO 的壓力，政府終於在實行「整筆過撥款」十六年後，於 2017 年設專責小組檢討，並於 2021 年中公布檢討報告（香港特別行政區政府新聞公報，2021 年 7 月 5 日）。這個期待而久的報告被批評為「原地踏步」（香港 01，2021 年 7 月 6 日），社聯及社總都表示失望（香港社會服務聯會，2021；香港 01，2021 年 4 月 30）。事實上，檢討結果其實並不意外，因為由「整筆過撥款」而衍生的困難幾乎是 NPO 的內部問題[16]，不影響施政，而且 NPO 仍需要達到政府要求的服務質量，因此，就算 NPO 不滿這撥款模式，又因此令雙方關係緊張，政府依然不認為有需要作重大改變。

2010 年後的幾場大型社會運動，尤其是「反修例運動」，服務 NPO 及社工出現了本質上的變化。他們開始偏離政府施政方向，於意識型態上著重維權多於維穩，而且對發展民主的步伐亦跟政府不一致，因此政府需要通過各種方法「撥亂反正」，如立法、附加撥款要求，甚至另起爐灶支持新的社福 NPO 來抗衡原來的勢力，目的是令服務 NPO 重回配合施政的軌道。

綜觀政府頒下新的措施，有別於新公共管理主義的委託及代理關係，

---

[16] 社聯綜合「整筆過撥款」的前因後果，並就其檢討在 2017 年 10 月舉辦了 9 場諮詢會，所得結果可參考「檢討社會福利『整筆撥款』津助制度」（香港社會服務聯會，2017）。

以服務的質量及成效來評審 NPO，現在則呈現一種主次的附從關係，政府為主，NPO 在各方面配合，在提供服務上 NPO 仍然可以發揮其專業；在內部管理上，它們仍受其董事會監管，服務的質量及成效仍按政府的評審標準。除此以外，政府還添加了在專業服務以外的政治元素，就是 NPO 必須服從政策方針，重要的政策方針變成管制 NPO 的日常。隨著香港將維護國家安全成為政府的首要任務，國安法亦因此成為 NPO 的規範。這樣的安排已超越委託及代理關係，而是發展為主次的附從關係。展望將來，由於服務 NPO 主要收入源頭仍來自政府，從其他各方面的捐款並不多，當政府現時沿用比較嚴緊的尺度來執行國安法，NPO 因而傾向小心跟隨政府的政策路線，集中做好服務，放下維權及政策倡議工作。從這角度來看，服務 NPO 的自主權會比以前低，以輔助政府服務有需要社群為目標，在功能上成為政府的延伸。

參考文獻

中華人民共和國香港特別行政區勞工及福利局（2021 年 11 月 21 日）。〈確保維護國家安全已成為恆常工作一部分〉。取自 https://www.lwb.gov.hk/tc/blog/post_21112021.html

仁濟醫院（2014）。《2012-2013 年報》。取自 https://www.yanchai.org.hk/f/annual_report/587/45AnnualReport.pdf

仁濟醫院（2022）。《2020-2021 年報》。取自 https://www.yanchai.org.hk/f/annual_report/1932/53AnnualReport.pdf

文匯網（2022 年 11 月 21 日）。〈社福界逾 2000 人報班學二十大精神〉。取自 https://www.wenweipo.com/a/202211/21/AP637a9094e4b09044e5138554.html

民政事務總署（2022）。〈夥伴倡自強計劃〉。香港特別行政區政府。取自 https://www.esr.gov.hk/tc/about_esr.html#overview

民政事務總署（2023a）。〈關愛隊概要〉。取自 https://www.had.gov.hk/tc/public_services/district_services_community_care_teams/introduction.htm

民政事務總署（2023b）。〈「地區服務及關愛隊伍」申請指引〉。取自 https://www.had.gov.hk/file_manager/tc/documents/public_services/district_services_community_care_teams/Care_Teams_Application_Guidelines_Chi_2023.05.29.pdf

立法會（2019）。《2019 年逃犯及刑事事宜相互法律協助法例（修訂）條例草案》。取自 https://www.legco.gov.hk/yr18-19/chinese/bills/b201903291.pdf

李伯達（2023 年 6 月 5 日）。〈「心連心」勢壓「社聯」成社福龍頭組織〉。取自 https://www.thinkhk.com/article/2023-06/05/60554.html

李翰文（2019 年 4 月 3 日）。〈逃犯條例：中港擬互相移交嫌犯的種種憂慮〉。取自 https://www.bbc.com/zhongwen/trad/chinese-news-47785008。

明報（2020 年 6 月 7 日）。〈反修例風波一年 細數「首次」與「最多」〉。取自 https://news.mingpao.com/ins/%E6%B8%AF%E8%81%9E/article/20200607/s00001/1590238283740/%E5%8F%8D%E4%BF%AE%E4%BE%8B%E9%A2%A8%E6%B3%A2%E4%B8%80%E5%B9%B4-%E7%B4%B0%E6%95%B8%E3%80%8C%E9%A6%96%E6%AC%A1%E3%80%8D%E8%88%87%E3%80%8C%E6%9C%80%E5%A4%9A%E3%80%8D

明報（2022 年 10 月 4 日）。〈國安法納機構「服務標準」一年 社福界紛辦國安培訓 社工認自我審查〉。取自 https://news.mingpao.com/pns/%E6%B8%AF%E8%81%9E/article/20221004/s00002/1664820368660/%E5%9C%8B%E5%AE%

89%E6%B3%95%E7%B4%8D%E6%A9%9F%E6%A7%8B%E3%80%8C%E6%9C%8D%E5%8B%99%E6%A8%99%E6%BA%96%E3%80%8D%E4%B8%80%E5%B9%B4-%E7%A4%BE%E7%A6%8F%E7%95%8C%E7%B4%9B%E8%BE%A6%E5%9C%8B%E5%AE%89%E5%9F%B9%E8%A8%93-%E7%A4%BE%E5%B7%A5%E8%AA%8D%E8%87%AA%E6%88%91%E5%AF%A9%E6%9F%A5

明報（2023 年 4 月 19 日）。〈賣旗日申請表增國安條例〉。取自 https://news.mingpao.com/pns/ 港聞 /article/20230419/s00002/1681840941224/ 賣旗日申請表增國安條款

明報（2023 年 5 月 2 日）。〈「荃灣南區關愛隊建制派主導 22 成員區選敗將」〉。取自 https://news.mingpao.com/pns/%E8%A6%81%E8%81%9E/article/20230502/s00001/1682965142049/%E8%8D%83%E7%81%A3%E5%8D%97%E5%8D%80%E9%97%9C%E6%84%9B%E9%9A%8A%E5%BB%BA%E5%88%B6%E6%B4%BE%E4%B8%BB%E5%B0%8E-22%E6%88%90%E5%93%A1%E5%8D%80%E9%81%B8%E6%95%97%E5%B0%87

東華三院（2014）。〈財務回顧〉。取自 https://www.tungwah.org.hk/upload/publication/AR/AR14/10Finance_Review.pdf

林祖偉（2019 年 6 月 10 日）。〈逃犯條例：香港各行各業表憂慮 揭示對中國政府的不信任〉。取自 https://www.bbc.com/zhongwen/trad/chinese-news-48539423

社工逆耳（2014 年 12 月 12 日）。〈放開手吧！就讓孩子真正接棒！──社工又如何在佔領後走下去……〉。《獨立媒體》。取自 https://www.inmediahk.net/%E7%A4%BE%E9%81%8B/%E6%94%BE%E9%96%8B%E6%89%8B%E5%90%A7%EF%BC%81%E5%B0%B1%E8%AE%93%E5%AD%A9%E5%AD%90%E7%9C%9F%E6%AD%A3%E6%8E%A5%E6%A3%92%EF%BC%81%E2%80%94%E2%80%94%E7%A4%BE%E5%B7%A5%E5%8F%88%E5%A6%82%E4%BD%95%E5%9C%A8%E4%BD%94%E9%A0%98%E5%BE%8C%E8%B5%B0%E4%B8%8B%E5%8E%BB%E2%80%A6%E2%80%A6

社會福利署（2023）。《服務質素標準（標準）及準則》。香港特別行政區政府。取自 https://www.swd.gov.hk/storage/asset/section/768/tc/SQSs_and_Criteria_Chi.pdf

社會福利署（2021）。〈攜手扶弱基金〉。香港特別行政區政府。取自 https://www.swd.gov.hk/tc/svcdesk/funds/partnership/pfd_info/index.html

保良局（2022）。《2020-2021 年報》。取自 https://www.poleungkuk.org.hk/f/annual_report/24214/Po%20Leung%20Kuk%20AR2021-22.pdf

冼玉儀（1997）。〈社會組織與社會轉變〉。載於王賡武（主編），《香港史新編》上冊。香港：三聯書店有限公司。

香港 01（2019 年 11 月 5 日）。〈陣地社工：有機構將到衝突現場社工調職 暴力示威者交法律制裁〉。取自 https://www.hk01.com/%E7%A4%BE%E6%9C%83%E6%96%B0%E8%81%9E/394563/%E9%99%A3%E5%9C%B0%E7%A4%BE%E5%B7%A5-%E6%9C%89%E6%A9%9F%E6%A7%8B%E5%B0%87%E5%88%B0%E8%A1%9D%E7%AA%81%E7%8F%BE%E5%A0%B4%E7%A4%BE%E5%B7%A5%E8%AA%BF%E8%81%B7-%E6%9A%B4%E5%8A%9B%E7%A4%BA%E5%A8%81%E8%80%85%E4%BA%A4%E6%B3%95%E5%BE%8B%E5%88%B6%E8%A3%81?utm_source=01articlecopy&utm_medium=referral

香港 01（2021 年 4 月 30）。〈社工工會質疑整筆撥款檢討不力 促社署就社工薪酬包底減機構負擔〉。取自 https://www.hk01.com/%E6%94%BF%E6%83%85/619236/%E7%A4%BE%E5%B7%A5%E5%B7%A5%E6%9C%83%E8%B3%AA%E7%96%91%E6%95%B4%E7%AD%86%E6%92%A5%E6%AC%BE%E6%AA%A2%E8%A8%8E%E4%B8%8D%E5%8A%9B-%E4%BF%83%E7%A4%BE%E7%BD%B2%E5%B0%B1%E7%A4%BE%E5%B7%A5%E8%96%AA%E9%85%AC%E5%8C%85%E5%BA%95%E6%B8%9B%E6%A9%9F%E6%A7%8B%E8%B2%A0%E6%93%94?fbclid=IwAR2RUVs4McJraQR65vFeqb_kVBHuU77WIjgs74Kmza13kVIj9XCG_uOX7d0

香港 01（2021 年 7 月 6 日）。〈整筆撥款制度檢討完成 社福工會批原地踏步 難改「肥上瘦下」〉。取自 https://www.hk01.com/article/646459?utm_source=01articlecopy&utm_medium=referral

香港 01（2023 年 3 月 30 日）。〈荃灣、南區關愛隊名單公布 兩區均有競爭 建制派組織獲選〉。取自 https://www.hk01.com/%E6%94%BF%E6%83%85/882942/%E8%8D%83%E7%81%A3-%E5%8D%97%E5%8D%80%E9%97%9C%E6%84%9B%E9%9A%8A%E5%90%8D%E5%96%AE%E5%85%AC%E5%B8%83-%E5%85%A9%E5%8D%80%E5%9D%87%E6%9C%89%E7%AB%B6%E7%88%AD-%E5%BB%BA%E5%88%B6%E6%B4%BE%E7%B5%84%E7%B9%94%E7%8D%B2%E9%81%B8?utm_source=01articlecopy&utm_medium=referral

香港公益金（n.d.）。〈撥款策略及程序〉。取自 https://www.commchest.org/tc/page/allocation-process

香港明愛（2014）。〈收入圖表〉。取自 https://www.caritas.org.hk/resources/annualreport/201213/chi/Income%20Expenditure.pdf

香港明愛（2022）。〈收入圖表〉。取自 https://www.caritas.org.hk/resources/annualreport/

202021/chi/Caritas_chi_Income.pdf

香港社會工作者總工會（n.d.）。〈社工總工會對未來政制發展的建議書〉。取自 https://www.legco.gov.hk/yr06-07/chinese/panels/ca/papers/ca0910cb2-2813-1-c.pdf

香港社會工作者總工會（2017）。取自 https://www.hkswgu.org.hk/about.php?id=1

香港社會服務聯會（2017）。〈檢討社會福利「整筆撥款」津助制度〉。取自 https://governance.hkcss.org.hk/sites/default/files/LSG%20governance.pdf

香港社會服務聯會（2019）。〈社聯促請政府撤回逃犯條例修訂草案〉。取自 https://www.hkcss.org.hk/%E7%A4%BE%E8%81%AF%E4%BF%83%E8%AB%8B%E6%94%BF%E5%BA%9C%E6%92%A4%E5%9B%9E%E9%80%83%E7%8A%AF%E6%A2%9D%E4%BE%8B%E4%BF%AE%E8%A8%82%E8%8D%89%E6%A1%88/

香港社會服務聯會（2021）。〈社聯回應《優化整筆撥款津助制度檢討報告》〉。取自 https://www.hkcss.org.hk/社聯回應《優化整筆撥款津助制度檢討報告》

香港社福界心連心大行動（2023a）。〈心連心簡介〉。取自 https://www.connectinghearts.hk/introduction

香港社福界心連心大行動（2023b）。〈組織架構〉。取自 https://www.connectinghearts.hk/management-structure

香港特別行政區政府（2022）。〈（二）築牢安全根基 堅守一國之本 發揮兩制之利〉。《行政長官 2022 施政報告》。取自 https://www.policyaddress.gov.hk/2022/tc/p7.html

香港特別行政區政府社會福利諮詢委員會（2011）。《香港社會福利長遠計劃報告書》。取自 https://www.lwb.gov.hk/files/download/committees/swac/SWAC_consultation_report_Chi.pdf

香港特別行政區社會福利署（2023 年 12 月）。〈二零二四至二五年度賣旗日公開籌款許可證的發證條件〉。取自 Permit_Conditions_(Bi)_2024-25.pdf (swd.gov.hk)

香港特別行政區政府新聞公報（2021 年 7 月 5 日）。〈政府公布優化整筆撥款津助制度檢討報告〉。取自 https://www.info.gov.hk/gia/general/202107/05/P2021070500278.htm

香港特別行政區政府新聞公報（2023 年 5 月 29 日）。〈香港社福開新篇高峰會暨香港社福界心連心大行動成立典禮今日舉行〉取自 https://www.info.gov.hk/gia/general/202305/29/P2023052900461.htm

香港特別行政區政府新聞公報（2023 年 7 月 5 日）。〈立法會七題：受資助機構

宣傳國家意識的工作〉。取自 https://www.info.gov.hk/gia/general/202307/05/P2023070500228.htm

香港基督教服務處（2014）。《2012-2013 年報》。取自 https://www.hkcs.org/sites/default/files/files/ar20122013.pdf

香港基督教服務處（2022）。《2020-2021 年報》。取自 https://www.hkcs.org/sites/default/files/files/ar20212022-hkcs.pdf

香港聖公會福利協會（2014）。《2012-2013 年報》。取自 https://www.skhwc.org.hk/upload/publication/3/dfile2/575c11c1a5f65.pdf

香港聖公會福利協會（2022）。《2020-2021 年報》。取自 https://www.skhwc.org.hk/upload/publication/20/dfile2/61adc53a9775d.pdf

香港耀能協會（2014）。《2012-2013 年報》。取自 https://www.sahk1963.org.hk/files/annual_report/AR-20131104142007.pdf

香港耀能協會（2022）。《2020-2021 年報》。取自 https://www.sahk1963.org.hk/files/annual_report/AR-20211022173733.pdf

效率促進辦公室（2023）。〈社創基金〉。香港特別行政區政府。取自 https://www.sie.gov.hk/tc/who-we-are/sie-fund.page

財經事務及庫務局（2022）。《2022-2023 財政年度：政府財政預算案》。香港特別行政區政府。取自 https://www.budget.gov.hk/2022/chi/pdf/2022-23%20Media%20Sheet.pdf

基督教家庭服務中心（2014）。《審核財務報告 2012-2013》。取自 https://www.cfsc.org.hk/cmsimg/doc/CFSC%20Annual%20Report%202013%20-%2022%20Audited%20Financial%20Statements.pdf

基督教家庭服務中心（2022）。《審核財務報告 2020-2021》。取自 https://www.cfsc.org.hk/cmsimg/doc/1635929593CFSC_Annual%20Report_2020-2021_27-Audited_Financial_Statements.pdf

救世軍（2022）。《2020-2021 年報》。取自 https://salvationarmy.org.hk/wp-content/uploads/2021/10/CCFD_HKAR_2021_1004-2.pdf

傘下人（2015）。《被時代選中的我們》。白券出版。

斯影（2019 年 7 月 26 日）。〈香港抗議中的「陣地社工」：隔在警盾和「雞蛋」間的柔軟力量〉。取自 https://www.bbc.com/zhongwen/trad/chinese-news-49120607

集誌社（2023 年 5 月 24 日）。〈反修例運動｜逾七千被捕個案未處理，警方曾指劃線處理，特首變調〉。取自 https://thecollectivehk.com/%E5%8F%8D%E4%BF%AE%E4%BE%8B%E9%81%8B%E5%8B%95%EF%BD%9C%E9%80%BE%

E4%B8%83%E5%8D%83%E8%A2%AB%E6%8D%95%E5%80%8B%E6%A1%88%E6%9C%AA%E8%99%95%E7%90%86%E3%80%80%E8%AD%A6%E6%96%B9%E6%9B%BE%E6%8C%87%E5%8A%83/

黃洪（2014 年 11 月 5 日）。〈雨傘運動是什麼？不是什麼〉。《明報觀點》。取自 https://web.swk.cuhk.edu.hk/~hwong/pubfile/newspaper/pubnp_20141105.pdf

聖雅各福群會（2014）。《2012-2013 年報》。取自 https://sjs.org.hk/tc/media/annual-report_detail.php?id=9

聖雅各福群會（2022）。《2020-2021年報》。取自 https://sjs.org.hk/uploads/files/annual%20report%20202021/Annual%20Report_for%20web_low.pdf

葉靜倫（2019 年 9 月 15 日）。〈香港街頭的「陣地社工」，如何突破「社工只是做愛心」的刻板想像？〉。《端傳媒》。取自 https://theinitium.com/article/20180916-hongkong-social-workers

維基百科（2017）。〈社工復興運動〉。取自 https://zh.wikipedia-on-ipfs.org/wiki/社工復興運動

維基百科（2023）。〈學民思潮〉。取自 https://zh.wikipedia.org/zh-hk/%E5%AD%B8%E6%B0%91%E6%80%9D%E6%BD%AE

獨立媒體（2015 年 4 月 29 日）。〈參與佔中社工許麗明被辭職 自述遭政治迫害經過〉。取自 https://www.inmediahk.net/%E7%A4%BE%E9%81%8B/%E5%8F%83%E8%88%87%E4%BD%94%E4%B8%AD%E7%A4%BE%E5%B7%A5%E8%A8%B1%E9%BA%97%E6%98%8E%E8%A2%AB%E8%BE%AD%E8%81%B7-%E8%87%AA%E8%BF%B0%E9%81%AD%E6%94%BF%E6%B2%BB%E8%BF%AB%E5%AE%B3%E7%B6%93%E9%81%8E

獨立媒體（2019 年 8 月 2 日）。〈「社福界逾 2000 人響應 8.5 罷工「一定與抗爭者同行」〉。取自 https://www.inmediahk.net/node/1066205

獨立媒體（2019 年 12 月 16 日）。〈社福界本周罷工三日 拒當「維穩機器」〉。取自 https://www.inmediahk.net/node/1069348

獨媒（2013 年 5 月 17 日）。〈邵家臻：佔中豈能缺社工〉。取自 https://www.inmediahk.net/%E7%A4%BE%E9%81%8B/%E3%80%90%E4%BD%94%E4%B8%AD%E5%8D%81%E5%AD%90%E5%B0%88%E8%A8%AA%E3%80%91%E9%82%B5%E5%AE%B6%E8%87%BB%EF%BC%9A%E4%BD%94%E4%B8%AD%E8%B1%88%E8%83%BD%E7%BC%BA%E7%A4%BE%E5%B7%A5

獨媒（2013 年 5 月 23 日）。〈「社工佔中拒絕「維穩」〉。取自 https://www.inmediahk.net/%E6%94%BF%E7%B6%93/%E7%A4%BE%E5%B7%A5%E4%

BD%94%E4%B8%AD-%E6%8B%92%E7%B5%95%E3%80%8C%E7%B6%A
D%E7%A9%A9%E3%80%8D

獨媒（2014 年 9 月 26 日）。〈社工，失去了社會性與公共性，只是一個維穩的雜工！——與社工復興運動對談〉。取自 https://www.inmediahk.net/%E7%A4%BE%E9%81%8B/%E7%A4%BE%E5%B7%A5%EF%BC%8C%E5%A4%B1%E5%8E%BB%E4%BA%86%E7%A4%BE%E6%9C%83%E6%80%A7%E8%88%87%E5%85%AC%E5%85%B1%E6%80%A7%EF%BC%8C%E5%8F%AA%E6%98%AF%E4%B8%80%E5%80%8B%E7%B6%AD%E7%A9%A9%E7%9A%84%E9%9B%9C%E5%B7%A5%EF%BC%81%E2%80%94%E2%80%94%E8%88%87%E7%A4%BE%E5%B7%A5%E5%BE%A9%E8%88%88%E9%81%8B%E5%8B%95%E5%B0%8D%E8%AB%87

獨媒（2015 年 1 月 31 日）。〈還我平等政治權 普選方案無篩選 社工學聯 2 月 1 日遊行立場書〉。取自 https://www.inmediahk.net/%E7%A4%BE%E9%81%8B/%E9%82%84%E6%88%91%E5%B9%B3%E7%AD%89%E6%94%BF%E6%B2%BB%E6%AC%8A-%E6%99%AE%E9%81%B8%E6%96%B9%E6%A1%88%E7%84%A1%E7%AF%A9%E9%81%B8-%E7%A4%BE%E5%B7%A5%E5%AD%B8%E8%81%AF2%E6%9C%881%E6%97%A5%E9%81%8A%E8%A1%8C%E7%AB%8B%E5%A0%B4%E6%9B%B8

戴耀庭（2013）。《佔領中環：和平抗爭心戰室》。天窗出版。

Autumnyu、易汶健（2013 年 05 月 17 日）。〈邵家臻：佔中豈能缺社工〉。取自 https://www.inmediahk.net/%E7%A4%BE%E9%81%8B/%E3%80%90%E4%BD%94%E4%B8%AD%E5%8D%81%E5%AD%90%E5%B0%88%E8%A8%AA%E3%80%91%E9%82%B5%E5%AE%B6%E8%87%BB%EF%BC%9A%E4%BD%94%E4%B8%AD%E8%B1%88%E8%83%BD%E7%BC%BA%E7%A4%BE%E5%B7%A5

BBC News 中文（2019 年 8 月 3 日）。〈香港示威浪潮中的撐警派：「警察執法沒問題」〉。取自 https://www.bbc.com/zhongwen/trad/chinese-news-49221800

Chau, K. L., & Wong, C. K. (2002). The Social Welfare Reform: A Way to Reduce Public Burden?. In S. K. Lau (Ed.), *The First Tung Chee-hwa Administration: The First Five Years of the Hong Kong Special Administrative Region* (pp. 201-36). The Chinese University Press.

Chow, N. (1998). The making of social policy in Hong Kong: Social welfare development in the 1980s and 1990s. In *The East Asian Welfare Model* (pp. 159-174). Routledge.

Elliott, O. V. (2002). *The tools of government: A guide to the new governance*. New York: Oxford University Press.

Froelich, K. A. (1999). Diversification of revenue strategies: Evolving resource dependence in nonprofit organizations. *Nonprofit and voluntary sector quarterly, 28*(3), 246-268.

Gainer, B. (2016). Marketing for nonprofit organizations. In *The Jossey-Bass Handbook of Nonprofit Leadership and Management* (pp. 366-395). Jossey-Bass Inc.

Goodstadt, L. F. (2014). An Absence of Advocates: How the 'Welfare' Lobby Lost Its Voice. In *Poverty in the Midst of Affluence: How Hong Kong Mismanaged Its Prosperity*. Hong Kong University Press.

Goodstadt, L. F. (2014). The Social Reforms: Too Little, Too Late. In *Poverty in the Midst of Affluence: How Hong Kong Mismanaged Its Prosperity* (p. 154). Hong Kong University Press.

Guo, C. (2007). When government becomes the principal philanthropist: The effects of public funding on patterns of nonprofit governance. *Public administration review, 67*(3), 458-473.

Jung, K., & Moon, M. J. (2007). The double-edged sword of public-resource dependence: The impact of public resources on autonomy and legitimacy in Korean cultural nonprofit organizations. *Policy studies journal, 35*(2), 205-226.

Kwan, C. K., & Chui, E. W. T. (2018). Growing tensions in Hong Kong's state-nonprofit relations. In Tai Lok Lui & Brian C. H. Fong (Eds.), *Hong Kong 20 Years after the Handover: Emerging Social and Institutional Fractures After 1997* (pp. 203-227). Palgrave Macmillan.

Lam, W. F., & Perry, J. L. (2000). The role of the nonprofit sector in Hong Kong's development. *Voluntas: International Journal of Voluntary and Nonprofit Organizations, 11*, 355-373.

Lee, E. W. (2005). Nonprofit development in Hong Kong: The case of a statist–corporatist regime. *Voluntas: International Journal of Voluntary and Nonprofit Organizations, 16*, 51-68.

Lee, E. W. (2012). The new public management reform of state-funded social service nonprofit organizations and the changing politics of welfare in Hong Kong. *International Review of Administrative Sciences, 78*(3), 537-553.

Lee, E. W., & Haque, M. S. (2008). Development of the nonprofit sector in Hong Kong and Singapore: A comparison of two statist-corporatist regimes. *Journal of Civil*

Society, 4(2), 97-112.

Lynn, Jr, L. E. (2002). Social Services and the State: The Public Appropriation of Private Charity. *Social Service Review, 76*(1): 58-82.

Moulton, S., & Eckerd, A. (2012). Preserving the publicness of the nonprofit sector: Resources, roles, and public values. *Nonprofit and Voluntary Sector Quarterly, 41*(4), 656-685.

Nikolic, S. J., & Koontz, T. M. (2008). Nonprofit organizations in environmental management: A comparative analysis of government impacts. *Journal of Public Administration Research and Theory, 18*(3), 441-463.

NOW 新聞（2012）。〈社工組織撐周日反國民教育遊行〉。取自 https://news.now.com/home/local/player?newsId=40956

Pfeffer, J., & Salancik, G. (1978). *The External Control of Organizations: A Resource Dependence Perspective*. New York: Harper & Row.

Salamon, L. M. (1995). *Partners in public service: Government-nonprofit relations in the modern welfare state*. Baltimore, MD: Johns Hopkins University Press.

Salamon, L. M., & Anheier, H. K. (1998). Social origins of civil society: Explaining the nonprofit sector cross-nationally. *Voluntas: International journal of voluntary and nonprofit organizations, 9*, 213-248.

Stone, M. M., Hager, M. A., & Griffin, J. J. (2001). Organizational characteristics and funding environments: A study of a population of United Way–affiliated nonprofits. *Public Administration Review, 61*(3), 276-289.

Suárez, D. F. (2011). Collaboration and professionalization: The contours of public sector funding for nonprofit organizations. *Journal of Public Administration Research and Theory, 21*(2), 307-326.

Tinkelman, D., & Neely, D. G. (2018). Revenue interactions: Crowding out, crowding in, or neither?. In Bruce A. Seaman & Dennis R. Young (Eds.), *Handbook of Research on Nonprofit Economics and Management*. Edward Elgar Publishing.

Toepler, S. (2018). Government funding policies. In *Handbook of research on nonprofit economics and management* (pp. 409-427). Edward Elgar Publishing.

Topick（2019 年 7 月 29 日）。〈【元朗襲擊】社工上周六在元朗協助疏散示威者被控阻差辦公 周二在粉嶺裁判法院提堂〉。取自 https://topick.hket.com/article/2413776/%E3%80%90%E5%85%83%E6%9C%97%E8%A5%B2%E6%93%8A%E3%80%91%E7%A4%BE%E5%B7%A5%E4%B8%8A%E5%91%A8%E5%85%AD%E5%9C%A8%E5%85%83%E6%9C%97%E5%8D%94%E5%8A%A9%E7

%96%8F%E6%95%A3%E7%A4%BA%E5%A8%81%E8%80%85%E8%A2%AB%E6%8E%A7%E9%98%BB%E5%B7%AE%E8%BE%A6%E5%85%AC%E3%80%80%E5%91%A8%E4%BA%8C%E5%9C%A8%E7%B2%89%E5%B6%BA%E8%A3%81%E5%88%A4%E6%B3%95%E9%99%A2%E6%8F%90%E5%A0%82?mtc=10016

Topick（2019 年 8 月 2 日）。〈【反修例】社工組織關注有社工被捕 籲政府執法理解及尊重社工工作〉。取自 https://topick.hket.com/article/2417778/%E3%80%90%E5%8F%8D%E4%BF%AE%E4%BE%8B%E3%80%91%E7%A4%BE%E5%B7%A5%E7%B5%84%E7%B9%94%E9%97%9C%E6%B3%A8%E6%9C%89%E7%A4%BE%E5%B7%A5%E8%A2%AB%E6%8D%95%E3%80%80%E7%B1%B2%E6%94%BF%E5%BA%9C%E5%9F%B7%E6%B3%95%E7%90%86%E8%A7%A3%E5%8F%8A%E5%B0%8A%E9%87%8D%E7%A4%BE%E5%B7%A5%E5%B7%A5%E4%BD%9C

Topick（2019 年 8 月 30 日）。〈【反修例】社福組織抗議促保障被捕社工 社署：已安排會面遭拒〉。取自 https://topick.hket.com/article/2440931/%E3%80%90%E5%8F%8D%E4%BF%AE%E4%BE%8B%E3%80%91%E7%A4%BE%E7%A6%8F%E7%B5%84%E7%B9%94%E6%8A%97%E8%AD%B0%E4%BF%83%E4%BF%9D%E9%9A%9C%E8%A2%AB%E6%8D%95%E7%A4%BE%E5%B7%A5%E3%80%80%E7%A4%BE%E7%BD%B2%EF%BC%9A%E5%B7%B2%E5%AE%89%E6%8E%92%E6%9C%83%E9%9D%A2%E9%81%AD%E6%8B%92

Verschuere, B., & De Corte, J. (2012). The impact of public resource dependence on the autonomy of NPOs in their strategic decision making. *Nonprofit and Voluntary Sector Quarterly, 43*(2), 293-313. https://doi.org/10.1177/0899764012462072

Weisbrod, B. A. (Ed.). (1998). *To profit or not to profit: The commercial transformation of the nonprofit sector*. Cambridge and New York: Cambridge University Press.

第三篇
台灣發展與經驗

- 第八章　夥伴還是伙計？從社福採購招標文件分析台灣社福非營利組織與政府關係
- 第九章　從公共托育家園委託經管分析地方政府與社福非營利組織在新型服務之現況與困境
- 第十章　非營利與政府組織於福利服務輸送的合作治理——以屏東縣社區照顧服務支援中心為例

第八章

夥伴還是伙計？從社福採購招標文件分析台灣社福非營利組織與政府關係

周怡君（東吳大學社會學系教授）
林倖如（國立高雄大學法律學系副教授）

壹、前言

　　台灣在 1990 年代鬆綁行政管制、推進民營化，以提升行政效率的風潮下，社會福利行政領域亦積極引入民間力量，希望結合民間資源來促成社會福利政策的具體實現。隨著其後社會福利相關法令的增修，各級政府辦理社會福利服務的途徑先後納入「結合民間資源」等文字；所謂政府推動社會福利應結合民間資源之規定，散見在《老人福利法》、《身心障礙者權益保障法》、《精神衛生法》等個別法令之中；在社會福利行政實務上亦見政府委託社福非營利組織來提供福利服務此一作法，逐漸在個別福利服務項下普及開來。在 1998 年我國制定並施行《政府採購法》[1]（以下簡稱採購法）之背景下，各級政府機關採取同法所定勞務採購程序來辦理社福服務更趨普遍，也使得勞務採購方式成為今日政府委託社福非營利組織辦理福利服務的主要途徑（以下泛稱為社福採購）。又 2023 年 5 月間立法院三讀通過並經總統公布之《社會福利基本法》[2]（以下簡稱基本法）第 14 條第 1 項，亦明文「各級政府應自行或結合民間資源，以委託、特約、補助、獎勵或其他多元方式，提供國民可近、便利、適足及可負擔之福利服務。」此規定明白揭示我國社會福利輸送體系多元發展方向之同時，也廣泛地列舉了我國各類社會福利輸送體系所可能採取的具體途徑並將之納入法制化；其中，所謂結合民間資源而以委託方式來提供國民可近、便利、適足及可負擔之福利服務，正是本文所欲討論之社福採購。

　　現行社會福利法令所定社會福利服務之提供（以下稱法定福利服務），除少部分係由中央政府或地方政府（除另有說明外，以下合稱為公部門）自行籌設專責機構與人員直接提供服務給付之外，就地方政府層級來觀察，不管是地方政府自籌經費或是經中央政府以年度補助款方式提供經費來對當地民眾提供必要社會福利服務的情形，多由公部門依政府採購

---

[1] 中華民國 87 年 5 月 27 日總統（87）華總（一）義字第 8700105740 號令制定公布。
[2] 中華民國 112 年 5 月 24 日總統（112）華總（一）義字第 11200043171 號令制定公布全文 31 條；並自公布日施行。

法令所定勞務採購方式向民間社會福利機構或團體（除另有說明外，以下稱為社福非營利組織）購入特定福利服務後，委由該受託社福非營利組織直接提供特定福利服務給所需民眾，乃是現行我國社會福利服務提供體系的特徵之一（林倖如、潘若琳、周怡君，2019；衛生福利部，2022）。而在此社福採購實務中，用以規範地方政府與受託社福非營利組織間法律關係──特別是具體規定雙方權利義務的核心內容者，除了決標後議價簽約階段中雙方所簽定的社會福利服務採購契約書之外，採購機關於招標前置階段所製作的招標文件（包含投標須知、邀標書／需求說明書／實施計畫、契約書草稿等）係主要形塑社福非營利組織參與社會福利福利輸送樣貌的具體規定（衛生福利部，2018；林倖如、潘若琳、周怡君，2019；衛生福利部，2022），且其內容規範著社福採購雙方當事人各自履約責任所在及其歸屬。而透過上開招標文件內容的梳理，是否能進一步檢證出政府機關就某法定福利服務結合民間資源來辦理時，受託社福非營利組織與委託方政府機關間的實質關係中──究竟是對等的夥伴？還是僅能遵循指示的伙計？

雖《採購法》第 6 條已規定「機關辦理採購，應以維護公共利益及公平合理為原則」；前述《基本法》亦明文「各級政府委託辦理福利服務時，應合理編列充足經費，落實徵選受委託者及採購相關規定，促進對等權利義務關係，以維護服務使用者之權益」（第 14 條第 3 項），指出各級政府委託社福非營利組織辦理福利服務時，作為委託方之政府機關、受託提供服務之社福非營利組織以及服務使用者此三者間的應有定位及其相互間的對等關係。但是，台灣社福非營利組織在前述社福採購模式下，究竟被視為政府的行政助手，拿錢辦事而事事需遵循政府觀點與指示？還是可以依其社福服務專業在服務事項上提出自己的觀點與作法，並能與政府平等地討論？究竟台灣社福非營利組織在社福民營化過程中所被定位之角色為何？這些都是相當值得關注的研究議題；再者，在前述《基本法》規定旨趣下，再度回顧過往社福非營利組織與政府間關係的發展軌跡，亦有鑑往知來的積極意義。

承上發展背景與脈絡，本文將回顧過去台灣社會福利民營化法令的變遷，來檢視過去以來台灣社福服務委託發展的軌跡，接著，以近年中央及地方政府結合民間資源辦理法定福利服務時，在實際社福採購程序下所使用採購契約等招標文件為分析對象，在檢討其具體內容後，嘗試從其中分析出受託社福非營利組織與委託方政府機關間的實質關係，檢證在採購契約賦予採購機關優勢地位下，社福非營利組織與政府間關係間的傾斜關係。

貳、台灣社福服務委託發展：歷史與結果

西方國家在 1970 年代因為經濟危機所帶來的政府財政危機，與戰後高度發展的福利國家所衍生出的龐大政府科層體制所帶來的無效率，遂逐漸有社會福利領域民營化（privatization）的趨勢；希望透過非營利組織 NPO 在社會服務上的參與，來促進服務的效率及品質並降低政府成本。台灣自 90 年代初期以來，各項包括婦女、兒童、少年、障礙者、老人等各項社福法規陸續通過施行，社福服務成為政府除現金給付外的重要業務；同時，也在 1990 年代鬆綁行政管制背景下，推進民營化，以提升行政效率之風潮下，也在社會福利行政領域積極引入民間力量，希望結合民間資源來促成社會福利政策的具體實現。

回顧台灣推動社會福利民營化的過程，或可從相關法令的變遷來觀察台灣社會福利服務委託發展迄今的軌跡。內政部曾在 1997 年制定《推動社會福利民營化實施要點[3]》，是透過公私協力方式來推進社會福利民營化的最早法源依據；其後擴大為《結合民間資源辦理身心障礙福利服務辦法[4]》；惟隨著社會福利公私協力旨趣及實施方法陸續納入個別社會福利立

---

[3] 中華民國 86 年 1 月 31 日內政部（86）台內社字第 8673963 號訂頒，中華民國 91 年 5 月 21 日內政部台內社字第 0910060914 號令廢止。

[4] 中華民國 88 年 8 月 18 日內政部（88）台內社字第 8881835 號令，訂定發布全文 11

法後，前述行政命令已經廢止[5]。後隨著《採購法》自 1999 年起施行，各級政府大幅依據該法所定勞務採購的招標採購規定來辦理法定福利服務的委託，也被稱為勞務委託或方案採購委託（卓春英，2017）；也就是透過採購徵選程序來擇選合適社福非營利組織進行委託執行法定福利服務的提供，並以社福採購契約來規範彼此間的權利義務；可以說，《採購法》深刻地影響了政府實施法定福利服務的方式。

台灣政府透過前述招標委託方式，將原本政府應該做的社會福利服務，提供財源委由社福非營利組織來辦理，迄今雖已有二十餘年；但是，在《採購法》下社福採購之招標徵選、決標議價程序乃至於締約後履約核銷等執行過程中，各該社福採購契約所形塑的委託社福非營利組織辦理專業服務的具體內容，是否充分反映了各該福利服務專業需求與合理成本間之對價合致性，合乎委託方與受託方雙方間對等合作關係並避免政府將成本轉嫁給受託社福非營利組織，並非毫無疑義，也引發不少爭議，而屢招批評（林倖如、潘若琳、周怡君，2019）。

有鑑於社福採購為專業服務，實應採取有別於一般勞務採購程序，行政院公共工程委員會（以下簡稱工程會）曾在 2017 年 7 月間針對各級機關辦理社會福利服務採購程序，另函頒《機關委託社會福利服務採購作業手冊》以為依循；也在同年 8 月所修正公布《機關委託專業服務廠商評選及計費辦法》第 3 條專業服務定義規定，增列「社會福利服務」，並增訂機關得依議價廠商合理報價訂定底價並照價決標（第 9 條）、契約中擇定計費辦法（第 10 條）等規定。其後，進一步在 2019 年 5 月間修正《採購

條，並自發布日起施行；中華民國 97 年 1 月 30 日內政部內授中社字第 0970715378 號令發布廢止。

[5] 另有豐富身心障礙者文化及精神生活實施辦法第 2 條：「為豐富身心障礙者文化及精神生活，主管機關及各目的事業主管機關應編列預算，以獎勵或補助公設民營、委託服務或結合民間資源之方式辦理。」（中華民國 89 年 6 月 21 日內政部、教育部、行政院新聞局、行政院文化建設委員會、行政院體育委員會會銜令發布訂定，中華民國 97 年 4 月 1 日內政部台內社字第 0970015135 號令、教育部、行政院新聞局、行政院文化建設委員會會銜令發布廢止）等，亦屬之。

法》第 22 條第 1 項規定，增列公告金額以上社會福利服務可採限制性招標，並授權由工程會會同衛福部訂定相關廠商評選辦法及服務費用計算方式，而《機關委託社會福利服務廠商評選及計費辦法[6]》也在同年 11 月 22 日發布施行；工程會另也在 2022 年 3 月 21 日函頒《社會福利服務採購契約範本[7]》，而該契約範本也在廣泛搜集各界意見後，分別在同年 4 月及翌年 7 月間修正其內容。

參、研究資料說明

是以，本文係以衛生福利部 2018 年委託「建立友善夥伴模式：政府委託民間辦理社會福利服務研究案」計畫成果所彙整政府機關所曾採用社會福利服務採購契約及其招標文件等分析成果為基礎，進一步檢討分析。而前述委託研究計畫成果所彙整之資料，主要以衛生福利部、三個直轄市（台北、台中、高雄）以及六個非直轄市（宜蘭、基隆、苗栗、彰化、澎湖、屏東）之最近一年間社會福利服務採購契約為其檢視對象。研究人員經委託機關衛生福利部社家署之協助，透過政府電子採購網資料庫來檢索標案案號及標案名稱，所檢索之對象範圍主要是依據當時社會福利法令所定法定福利服務，並以包括身心障礙者福利、兒少福利、保護性、老人福利、社工專業、婦女福利與社區發展、志願服務與社會救助等法定社福服務項目為關鍵字進行揀選，並下載民國 2017 年 2 月 6 日起至 2018 年 1 月底之間公告招標並已刊登決標公告法定社福服務之契約書、招標文件等計 149 件，另加上徵詢社福非營利組織團體所提供相同年度同類招標案件中或有牴觸政府採購法疑慮之契約書與招標文件計 3 件；亦即就 2017-2018

---

[6] 中華民國 108 年 11 月 22 日行政院公共工程委員會工程企字第 1080100999 號令、衛生福利部衛授家字第 1080019343A 號令會銜訂定發布全文 21 條；並自發布日施行。

[7] 參照行政院公共工程委員會網頁（https://www.pcc.gov.tw/cp.aspx?n=99E24DAAC84279E4；最後瀏覽日 2023/10/07）。

年此一年間社會福利服務採購契約書及招標文件等總計 152 件招標文件進行分析。

肆、研究結果

本文係根據前述實證研究資料進一步分析，整體觀察在社福採購招標、締約及履約過程上向委託方亦即採購機關優勢地位傾斜的契約設計的特徵，嘗試彙整出其具體態樣，並有以下研究發現：

一、政府委託社福非營利組織辦理法定福利服務的具體作法

在現行法令「結合民間資源」等概括性規定之解釋下，各級社福機關可採取之公私合作的可行途徑相當多樣。歸納整理迄今各級政府結合民間資源辦理各類福利服務事務運作現況，除基於促進民間參與公共建設法辦理之促參案件外，在各級政府委託辦理福利服務之具體作法上，包含勞務採購（勞務委託／方案採購委託），以及公有財產委託經營管理（衛生福利部，2022）。

在法令適用上，其具體適用，如次。首先，政府機關、公立學校、公營事業（以下簡稱機關）辦理工程之定作、財物之買受、定製、承租及勞務之委任或僱傭等採購，均應依《採購法》所定招標、決標程序辦理且有同法履約管理、驗收等規定；所以，在機關委託社福非營利組織向民眾提供法定福利服務之情形，因法定福利服務之提供係屬勞務委託，故基本上均應適用上述《採購法》規定。其次，若機關委託辦理事項亦符合《促進民間參與公共建設法》所稱公共建設之「社會及勞工福利設施」（第 3 條第 1 項第 5 款）時，除可適用同法所規定「用地取得及開發」與「融資及租稅優惠」等獎勵措施外，因同法已就促進民間參與重大公共建設案件預設特別公告徵求、申請、甄選及評定、議約及締約等另設有特別規定，而

排除前述《採購法》規定之適用。另一方面，因各級地方政府亦有依照地方制度法，針對其公有財產之委託民間經營、管理或出租等自治事項訂定自治條例，以為細部規範[8]，故有關公有財產委託經營管理案件，則另須遵循各該地方政府自治條例的規定。

另經研究發現近年來在地方政府層級，不管是地方政府自籌經費或是經中央政府以年度補助款方式提供經費來對當地民眾提供必要社會福利服務的情形，大多係依循政府採購法所定採購特定勞務模式來委託民間社福團體代為提供所需社會福利服務；可以說，政府機關循勞務採購模式委託民間社福團體來提供社會福利服務，已是常態（衛生福利部，2022）。要言之，由公部門依政府採購法令所定採購方式向民間社福機構或團體購入特定福利服務並委由該受託民間社福團體直接提供特定福利服務給所需民眾，已是現行我國社會福利服務提供體系的特徵之一。

二、社福採購招標文件的規範性

依據《採購法》規定，有資格進入議價締約階段之得標社福非營利組織，必須符合「未訂底價之採購，以**合於招標文件規定**，標價合理，且在預算數額以內之最低標」者或具備「**以合於招標文件規定之最有利標**」要件。然而，是否符合上述要件之具體判斷，無不牽涉各該招標文件內容之擬訂，特別是針對各該招標案所預估經費概算乃至於所涉年度社福採購預算分配之細項規劃。

其次，決標後議價簽約階段中採購機關與得標社福非營利組織雙方間所簽定之社會福利服務採購契約書往往亦納入招標文件作為該採購契約內容之一部分；因此，採購機關於招標前置階段所製作的招標文件（包含投標須知、邀標書/需求說明書/實施計畫、契約書草稿等），當然直接影響到上開社福採購契約所設定之雙方履約的具體內容（含履約標的之福利服

---

[8] 例如直轄市、縣（市）市有財產管理自治條例，如臺北市市有財產委託經營管理自治條例、高雄市市有財產委託經營管理自治條例、桃園市市有財產管理自治條例、雲林縣縣有財產管理自治條例等。

務內容與水準、價金之支付等）。

　　綜上，可發現到規範各級政府與受託社福非營利組織間法律關係——特別是具體規定雙方權利義務的核心內容，除了決標後議價簽約階段中雙方所簽定的社會福利服務採購契約書之外，採購機關於招標前置階段所製作的招標文件（包含投標須知、實施計畫書／需求說明書／實施計畫、契約書草稿等）等才是真正主要形塑社福非營利組織參與社會福利服務輸送樣貌的具體規範；其內容左右著各該社會福利政策的執行成效與服務利用者之權益，也是具體形塑各該社福採購所涉委託機關、受託社福非營利組織及接受服務利用者三方間權利義務的基礎而具有重要規範性。

三、向社福採購機關優勢地位傾斜的契約設計

　　經對於前述 152 件招標文件內容進行整體觀察，可發現在社福採購實務上，不論在公告徵求、徵選評定、議約締約、履約管理、驗收核銷等各階段，均呈現相當複雜繁瑣的法令適用狀況。再就此些社福採購契約招標文件的規範內容，對照《採購法》所定招標、徵選、決標及履約等各程序，可歸納出當時所採用社福採購契約內容中至少包含了以下契約疑義的態樣（衛生福利部，2019）：

（一）社福採購契約標的不明確

　　採購契約中構成主要契約標的項目或履約規定等多有援用不確定法律概念之處，不僅使受託民間社福團體所應執行工作事項範圍不夠具體明確，且在契約賦予委託機關可隨意追加附隨協力義務之下，更使受託民間社福團體承受履約責任範圍不確定乃至於履約期間內可能無限制擴張的風險，顯有悖於《採購法》第 6 條的公平合理原則要求[9]。

---

[9] 政府採購法第 6 條第 1 項：「機關辦理採購，應以維護公共利益及公平合理為原則，對廠商不得為無正當理由之差別待遇。」

（二）不當收取押標金或保證金

　　按工程採購契約之所以收取押標金，乃是為了防免圍標等不當投標行為，以確保採購流程的公正性；但是就勞務採購契約，特別是社會福利服務採購，因有鑑於社福勞務提供屬性而大多採取限制性招標作為公開招標方式且多以最有利標為決標原則下，本無收取押標金之必要性。

　　但是，在當時社會福利服務採購標案中仍有不少在契約書或招標文件中記載履約保證金規定的情形，且各該履約保證金要求金額與各該履約責任關係說明不足，究竟是否得足以擔保各該採購契約履約責任，亦未臻明確；再者，也有將之與履約規定連結，規定或過於簡略或概予採購機關片面抵償權限的情形。在部分標案中，另也可見到契約約款約定將履約保證金可逕轉為債務不履行責任損害賠償方法，並授予採購機關可單方面逕就履約保證金一部或全部扣抵，而受託社福非營利組織必須待爭議處理結果確定後，始可要求返還。亦即受託社福非營利組織對於履約保證金之扣抵有所異議，亦僅能循調解、仲裁或訴訟途徑確定履約責任不可歸責於己方後，始可要求返還之。

（三）逸脫契約規定而另增加核銷作業手續

　　例如即使在標案中採總包價法結算契約價金，卻要求受託社福非營利組織事後須檢據核銷，而非逕以領據請款。這也顯示出地方政府或因該採購委託案經費實係來自中央政府補助款，而誤以為得標社福非營利組織於履約上亦須遵守個別補助要點等補助款會計核銷規定，而要求以檢據核銷作為請款方式，導致受託社福非營利組織向該地方政府請款流程複雜化，且不合理增加受託社福非營利組織之會計核銷作業負擔。在部分標案中，含有約定受託社福非營利組織「如有剩餘經費應全數繳回」，不僅有悖於現行政府採購法所定總包價法之精神，或不無混淆政府補助案與政府採購案性質之虞。另在其他標案內，已可見到採購機關將核銷情形列為重新辦理招標評審、評選時的履約事項的參考項目的情形，難謂無違反不當連結禁止之疑義。

（四）賦予採購機關片面決定或變更付款期程之約款規定

在部分標案中，可發現以約款約定賦予採購機關片面決定或變更付款期程之情況；但此約定恐已違反《採購法》第 73 條之 1 規定旨趣[10]。蓋採購機關若可無故延宕撥付契約價金，不僅將影響受託社福非營利組織資金調度，並有可能危及其業務之健全運作與財務況的穩定性。

（五）賦予採購機關得片面決定或變更受託社福非營利組織履約方式之約款規定

於標案中，可發現以下數種規定態樣：

1. 在部分標案中約定採購機關得片面認定受託社福非營利組織履約人員並要求排除之，惟履約人員乃受僱於得標之受託社福非營利組織，與採購機關間並無勞動契約關係，故此約款約定實際上實際介入受託民間社福團體與其所述員工間勞動契約關係，也限制了受託民間社福團體進用或調動履約人員的彈性空間。

2. 在部分標案中，出現不當限制履約人員預告離職的期間之約款。依現行《勞動基準法》第 15 條第 2 項準用第 16 條規定，如受託社福非營利組織與其所屬履約人員間的勞動契約屬不定期契約且繼續工作三個月以上一年未滿者，則於離職前 10 日預告即可；但是部分標案卻另設有受託社福非營利組織應於履約人員離職 15 日前甚至 30 日前通知採購機關之約定；此顯然混淆了勞動基準法所定終止勞動契約預告期間與個該採購契約中受託社福非營利組織體對其受僱人在履約責任上的概括承受義務。

3. 又在部分標案中，可見到「本案如有單價 500 元以上物品採買，於核銷作業時，應辦理本府財產登記與借用程序」之約定，實已踰越現有公有財產認定規範要求，徒留繁瑣作業，難謂有效率監督。

---

[10] 亦即機關辦理工程採購之付款及審核程序，除契約另有約定外，應依同條第 1~3 款所定期限內付款，不得遲延。

4. 另在部分標案中所示「得視廠商績效達成情形，要求廠商增加人力，所增費用由廠商自行吸收」以及「不因政府政策變動因而增減契約價金」等約款文字，明顯違反契約公平原則，實係藉此來迴避採購機關本應辦理契約變更並支付因而衍生增加契約價金之義務。

（六）以預算未通過等為解約或終止契約事由之約款規定

地方政府因議會未通過預算或未獲中央補助款，以至於籌措不到委辦經費而須終止或變更契約時，常不許受託民間社福團體請求支付已付出的履約成本，顯悖於政府採購法第 64 條規定旨趣[11]。

按社福採購契約之內容，包含福利服務提供項目、範圍、執行方法以及符合合理成本之價金設定等，基於契約自治原則，本應由締約雙方當事人——也就是社福採購機關及得標社福非營利組織間，本於《採購法》所要求公平、公開之採購程序下（第 1 條）並符合公平合理原則（第 6 條）議定之；對於廠商（參與投標或得標社福非營利組織）即不得為無正當理由的差別對待，進而在合目的限縮解釋下，採社福購機關亦僅能在基於維持公共利益之必要下，始能行使《採購法》所賦予其優勢締約地位。但是，上述社福採購契約疑義的具體類型，呈現出當時社福採購實務運作實際狀況，不僅與《採購法》前述規定未合，且在實際締約及履約過程上映照出向委託機關優勢地位傾斜的社福採購契約設計之特色。

此外，雖《採購法》第 60 條明文「辦理採購依第 51 條、第 53 條、第 54 條或第 57 條規定，通知廠商說明、減價、比減價格、協商、更改原報內容或重新報價」解釋上，此乃是同法所預設由採購機關與評定優選社福團體進行議約可能之機制設計（林倖如、潘若琳、周怡君，2019）。但是，在實務運作上，卻出現採購機關與社福非營利組織間對於議價/議約

---

[11] 政府採購法第 64 條：「採購契約得訂明因政策變更，廠商依契約繼續履行反而不符公共利益者，機關得報經上級機關核准，終止或解除部分或全部契約，並補償廠商因此所生之損失。」

程序之認知有所不同,或出現得標社福團體須以減價前提來進行議價議約之情形,而此也正呈現出社福採購實務運作悖離法規範預設目的之落差。

伍、結論與討論

　　按社福採購契約之內容,包含福利服務提供項目、範圍、執行方法以及符合合理成本之價金設定等,基於契約自治原則,本應由締約雙方當事人——也就是社福採購機關及得標社福非營利組織間,在符合《採購法》所要求公平、公開之採購程序下(第1條)並基於公平合理原則(第6條)來議定之。而在此旨趣下,採購機關對於參與投標或得標社福非營利組織,即不得無正當理由而為差別對待;進而,有在前述規定的合目的限縮解釋下,採購機關亦僅能在基於維持公共利益之必要下,始能向參與投標或得標社福非營利組織行使《採購法》所賦予其優勢締約地位。

　　不過,本文經由前述招標文件的實證研究分析,發現當時採購機關常在沒有與社福非營利組織商議之狀況下,逕以延續性方案直接增加業務、增加了業務內容卻未有相對應價金的調整、標案決標後政府要求減價卻未調整相對應服務內容、經常以交辦事項來增加社福非營利組織的工作量、違法向社福非營利組織收取押標金或保證金、扣減契約價金但要求社福非營利組織不得提出異議、延後付款導致社福非營利組織必須自行籌措大筆現金、核銷程序繁雜等狀況,實背離了《採購法》上公開採購程序及公正合理原則規定旨趣。而這些狀況也投射出台灣將法定社福服務委託民間NPO辦理的過程中,政府機關常以金主角色挾著締約優勢姿態,而有意無意地將社福非營利組織視為事事需遵循政府觀點與自己指示的行政助手,而非享有平等地位的合作夥伴。

　　雖然,近年透過一連串社福採購相關法令規範的增修改廢,或也可說是在社福採購過程中,兼顧維護公共利益及公平合理原則之同時,如何盡可能提升或平衡社福非營利組織可與採購機關間對等議約空間,而有條件

地緩和《採購法》下採購機關片面決定之傾斜式機制設計的努力軌跡。而《基本法》上也重申了「各級政府委託辦理福利服務時，應合理編列充足經費，落實徵選受委託者及採購相關規定，促進對等權利義務關係，以維護服務使用者之權益」規定（第 14 條第 3 項），指出了各級政府委託社福非營利組織辦理福利服務時，作為委託方之政府機關、受託提供服務之社福非營利組織以及服務使用者此三者間的定位及其相互間應有的對等關係。但是，本文所指出過去在社福採購上偏向賦予政府優勢議約地位的契約設計，是否因前述《基本法》制定施行而更有改善，恐仍尚有待繼續觀察。不過，《基本法》第 14 條第 2 項亦規定，各級政府委託辦理福利服務前，應依實際需要，就受委託者資格條件、服務內容、人力、必要費用、驗收與付款方式及其他與服務品質相關之事項，邀請社會福利事業及服務使用者代表溝通協商；而在此規定下，透過社福採購協商機制之積極建構與運作，也可能重新形塑社福非營利組織與政府間夥伴合作關係之契機。

參考文獻

行政院公共工程委員會編（2017）。《機關委託社會福利服務採購作業手冊》。取自 https://www.pcc.gov.tw/cp.aspx?n=10CA9F72C981FC4C，最後瀏覽日 2023/10/07。

卓春英（2017）。〈社會福利民營化之實踐與省思──以社區照顧關懷據點之實施為例〉。《社會發展研究學刊》，第 19 期，頁 112-140。

林倖如、潘若琳、周怡君（2019）。〈從預算編列與議價方式分析政府與民間在社福方案委託中的地位〉。《社區發展季刊》，第 166 期，頁 65-74。

衛生福利部（2018）。《「建立友善夥伴模式──政府委託民間辦理社會福利服務」研究成果報告》。衛生福利部社會及家庭署委託台灣社會福利總盟。

衛生福利部（2022）。《「110 年度社會福利公私協力工具研究計畫」研究成果報告》。衛生福利部社會及家庭署委託國立臺灣海洋大學。

第九章
從公共托育家園委託經管分析地方政府與社福非營利組織在新型服務之現況與困境

林倖如（國立高雄大學法律學系副教授）
周怡君（東吳大學社會學系教授）

壹、緒論

一、研究背景

　　回顧自 1990 年代以來，我國政府依循法令規定，結合民間資源來辦理社會福利所採取社福公私協力之推動模式，除提供補助、依促進民間參與公共建設法開放民間投資興建營運社會福利設施、依政府採購法之勞務委任等途徑外；亦有地方政府逕依其自治規章委託民間非營利社會福利機構或團體（以下稱社福非營利組織）代為經營社會福利設施，或純以出租非公用財產給民間非營利團體或機構（含社福非營利組織）來興辦社會福利服務等方式，呈現出我國社會福利「公私協力」實務上多元發展現象（林倖如，2022）。傳統兒童寄養等的公私協力模式，多由公部門（亦即地方政府社會局）依法令所定採購程序向社福非營利組織購入特定福利服務，委由受託社福非營利組織直接提供特定福利服務給所需民眾亦即個案（簡慧娟等，2019）；此一運作模式，正也反映著我國社會福利服務輸送體系依循社福採購的實務特色（林倖如，2022）。然在我國推動社福服務早期，因接受服務個案數目相對較少，加上早期社福服務提供對象也常以個案經濟不佳為資格條件之一（黃志隆，2012）；因此，在此時期的個案本人或家屬無須另外負擔服務費用的情況居多。

　　為因應近年逐漸嚴峻的少子女化現象，讓育兒中父母能無後顧之憂地充分投入就業市場，國人對於家庭外兒童照顧服務公共化需求呼聲越來越高（黃志隆，2012）；如何減輕國人育兒上經濟負擔，向更多家庭按其需要提供多元托育選擇，被認為是因應少子女化政策的積極作法（傅立葉、王兆慶，2011；黃志隆，2012；衛生福利部，2018）。在此背景下，中央政府繼 2014 年就保母實施居家式托育服務登記制度以及對於托嬰中心強化機構式托育服務管理機制之後，除加碼發放育兒津貼並擴大托育費用補助對象外，同時，衛生福利部社會及家庭署自 2018 年起透過前瞻特別預算辦理「少子化友善育兒空間建設建構 0-2 歲兒童社區公共托育計畫」

（以下簡稱「公共托育計畫」）；亦即採取經費補助方式來鼓勵直轄市及縣市政府建置當地社區式托育中心，開辦公共托育家園此新型服務，來推動零到二歲幼兒托育服務準公共化。

不過，前述公共托育計畫較之前公私協力兒童照顧社福服務，有所差異。之前多數政府公共兒童照顧計畫，多為幼兒家庭失功能或經濟不佳而採取的殘補式照顧（黃志隆，2012）。而公共托育計畫旨在透過公共托育家園的布建，來普遍提供社區化、近便性高且平價可負擔的托育照顧服務；因此，需要地方政府迅速且普遍地設立，同時，也向收托兒童家長收取一定托育費用。又因受經費補助之地方政府，多數不可能自己站第一線來提供公共幼兒照顧服務；因此，結合民間力量，委託社福非營利組織參與公共托育家園經營管理，以公私協力方式來提供創新的公共幼兒照顧服務，仍是地方政府所慣用的政策實現手段。而此際公共托育家園的委託經營管理所涵蓋的內容，不僅涉及托育照顧服務的提供，也包括了各該托育照顧空間的場地設計、裝修維護、服務人員招募、向家長收費等相當多的環節。然而，隨著該公共托育計畫在全國各地普遍全面推動之下，亦呈現出各直轄市與縣（市）間所行公私協力實際運作現況的活潑發展，有採取僅委託辦理公共托育設施經營管理者，亦有合併委託辦理公共托育設施設計規劃、修繕以及經營管理者，亦分別就其設計規劃、修繕以及經營管理分別委託辦理等，多不一致。

二、研究目的

因此，在這個亟需布點設立的過程中，在諸多公私協力模式中，究竟地方政府採用何種方式將服務交由社福非營利組織等非營利組織來執行？委託方之政府部門與受託方之社福非營利組織間對於各種公私協力模式的瞭解，又是如何？再者，在公共托育家園委託經營管理的執行過程中，公私協力在各個階段又遭遇如何困難呢？對於此些問題的觀察與研究，就變得格外重要。透過上開問題的觀察與分析，一方面可觀察到在我國近年社

會福利公私協力實際運作上，作為行動者一方之社福非營利組織，其參與社會福利服務輸送的具體樣貌，實係透過社會福利採購程序──包括公告徵求、甄選評定、作成決定或議約締約，以及後續履約管理、驗收核銷等各階段所具體塑造而來；另一方面，此一過程也呈現出在公部門積極介入下，社福公私協力另一行動者之社政機關主導／形塑著我國社福公私協力具體內涵的特色（林倖如，2022）。而此一特色也深深影響到地方政府結合民間團體辦理新型社福服務的實態。是以，本文正是在此一研究背景下，透過檢視直轄市、縣市政府如何選用促參、招租、行政契約、勞務委託、委託經營以及補助六項公私協力政策工具，依循何種規範或標準來進行新型服務的公共托育家園服務；亦即檢證行動者在公共托育家園等公私協力程序及相關契約規範研議等過程之參與狀況，進而檢討該社福第三部門與政府的關係是否仍蘊藏良善治理的契機。也希望透過本文的觀察與分析，能客觀地紀錄整理我國採取公私協力方式推動公共托育家園此項新型社會福利服務政策的法制化經過及其具體執行過程，俾提供未來我國持續推動托育服務輸送體系精進方向、審視其他社會福利公私協力政策方向以及細膩化相關法制規範之參考，乃是本文期望達成的主要貢獻。

貳、政府推動社福服務公私協力的政策工具

　　1997 年內政部所制定推動《社會福利民營化實施要點》[1]，可說是透過公私協力方式來推進社會福利民營化的最早法源依據，其後擴大為《結合民間資源辦理身心障礙福利服務辦法》[2]。關於各級政府推動社會福利服務

---

[1] 中華民國 86 年 1 月 31 日內政部（86）台內社字第 8673963 號訂頒，中華民國 91 年 5 月 21 日內政部台內社字第 0910060914 號令廢止。

[2] 中華民國 88 年 8 月 18 日內政部（88）台內社字第 8881835 號令，訂定發布全文 11 條，並自發布日起施行；但隨著社會福利公私協力旨趣及實施方法已陸續納入個別社會福利立法後，已經中華民國 97 年 1 月 30 日內政部內授中社字第 0970715378 號令發布廢止。

應結合民間資源之規定，不僅隨著近年社會福利立法的增修，已分散規定在現行《老人福利法》、《兒童及少年福利權益保護法》、《身心障礙者權益保障法》、《精神衛生法》等個別法律之中；在 2023 年 6 月制定通過的《社會福利基本法》第 14 條規定，亦明文「各級政府應自行或結合民間資源，以委託、特約、補助、獎勵或其他多元方式，提供國民可近、便利、適足及可負擔之福利服務。」（第 1 項）再次確認我國推動社會福利公私協力的旨趣，並也樹立了具體政策方向。

雖說各級政府運用公私協力來辦理社會福利行政事務之際，為有效達成其行政目的，自有選擇適當政策或行為形式之合目的裁量權限。若觀察現行社會福利公私協力實務運作，吾人確實可以在不同層級中央法令及地方自治法規乃至於年度補助計畫、作業要點等行政規則中，見到明定政府應採取「補助、委託或其他方式」、「鼓勵」或是結合民間資源「提供」、「規劃、推動或整合」社會福利服務等形態，來結合民間資源辦理社會福利等文字。但是，何謂結合民間資源辦理社會福利之具體作法？亦即實現社會福利服務公私協力的政策工具，究竟為何？具體上如何操作運用？僅從上述法令規定來看，未必明瞭。或可就我國社會福利公私協力之實際運作事例，進行進一步觀察與整理。

首先，在現行《政府採購法》（以下稱《採購法》）的規範下，因各級政府機關辦理工程之定作、財物之買受、定製、承租及勞務之委任或僱傭等採購，均必須依採購法所定招標、決標程序辦理，並由採購機關與得標廠商締結採購契約，且有同法履約管理、驗收等規定之適用。一般來說，社會福利服務之提供，按其性質及實施方式，有可能屬於單一或複合二種以上專業服務、技術服務、資訊服務、營運管理、訓練等勞務之提供，甚至各該社會福利服務之提供，也有可能必須以一定財物（建物、設備或物品等）之購置、定製或修繕為前提，而呈現出必須兼有工程採購及勞務採購之情形，均有適用採購法可能（行政院公共工程委員會，2017）。因此，實務上，不論是地方政府接受中央政府計畫補助，或是以其自有經費來辦理社會福利服務之際，多依循此政府採購程序徵選出適於委託之社福

非營利組織，進而締結政府採購契約來委託得標社福非營利組織向民眾提供社福勞務，此即勞務採購（或稱社福採購）方式（林倖如，2022）。

其次，因現行《促進民間參與公共建設法》（以下簡稱《促參法》）所稱公共建設，亦包括「社會及勞工福利設施」（第3條第1項第5款）；因此，民間參與行政院公共工程委員會指定金額以上重大「社會及勞工福利設施」時，除有同法「用地取得及開發」與「融資及租稅優惠」等獎勵措施之適用外，併須遵循促參法所設特別公告徵求、申請、甄選及評定、議約及締約促參契約等程序（以下簡稱促參程序）而排除前述採購法之適用，亦即促參方式（行政院公共工程委員會，2017）。

再者，如直轄市、縣（市）主管機關依據《兒童及少年福利與權益保障法》（以下簡稱《兒少法》）及《居家式托育服務提供者登記及管理辦法》第20之2條第1項前段規定，於指定處所委託托育人員提供臨時托育服務，或是依照《兒少法》第26條第3項委託專業機構或團體設置居托中心來辦理居家式托育服務提供者（亦即保母）之登記、管理、輔導、監督及檢查等事項，因均屬事涉《行政程序法》第16條第1項所定權限委託之情形，依法應逐依《行政程序法》第16條各項規定辦理公告並刊登公報或新聞紙後[3]，以行政處分或是與受託社福非營利組織締結行政契約進行委託，不適用前述政府採購程序及促參程序規定，此即委託私人行使公權力（公權力委託）方式。

此外，如各級政府所轄社會福利設施之經營管理，委託社福非營利組織辦理時，因亦涉及國公有財產管理收受益行為，故除國有財產應適用國有財產法之外，涉及地方政府公有財產者，亦須遵循各該地方自治團體依地方制度法以及其針對轄下公有（含公用及非公用）財產之委託經營、管理或出租等所訂定自治條例、自治法規等自治規章，來規範其委外辦理程

---

[3] 參照《直轄市縣市政府居家托育服務中心執行業務處理原則》第9點（中華民國109年2月12日衛生福利部衛授家字第1090900080號令訂定發布；並自即日生效。）

序，例如各直轄市、縣（市）市有財產管理自治條例[4]等，而分別形塑出委託經營管理方式及非公用財產出租方式。其中，有關社會福利設施之委託經營管理，不論是地方政府接受中央政府計畫補助，或是以其自有經費來委託社福非營利組織辦理社會福利設施經營管理，除多數仍依循前述社福採購方式締結採購契約者外，亦可見到少數地方政府依據其自治條例規定而採取行政程序法所定行政契約方式為之事例（林倖如，2022）。惟另查亦有就直轄市、縣（市）政府辦理未滿二歲兒童托育公共化及準公共服務，規定直轄市、縣（市）政府與托育服務提供者簽訂行政契約來提供《兒少法》第 23 條所定未滿二歲兒童托育服務者[5]。

綜上，在我國行政實務中各級政府運用公私協力辦理社會福利服務時所曾採取之政策工具，一般認為常見的有包括：勞務委託（社福採購契約）、促參、公有財產委託經營、行政契約（公權力委託）、招租以及補助此六種方式。

然而，應注意者是，上述六種政策工具僅是對於我國目前社福行政實務上運作實際情況的整理，並非政府機關採取公私協力方式辦理社會福利服務時的擇一性或排他性選項；而實務上，可見到不少混用或誤用之情形（林倖如，2022）。同時，也必須說在政府結合民間團體推行既有社會福利服務或新創社會福利服務之實務運作現況中，無論是委託方之政府部門或受託方之社福非營利組織，對於上述社會福利公私協力工具之具體運用，仍或多或少留有不少待磨合之處。目前，中央政府以計畫經費補助地方政府，鼓勵地方政府運用公私協力來推動公共托育家園委託經營管理，期能迅速在全國各地普及提供創新的社區化、近便性高的托育照顧服務，即是一例。

---

[4] 例如臺北市市有財產委託經營管理自治條例、高雄市市有財產委託經營管理自治條例、桃園市市有財產管理自治條例、雲林縣縣有財產管理自治條例等。

[5] 參照直轄市、縣（市）政府辦理《未滿二歲兒童托育公共化及準公共服務作業要點》第 1 點（衛生福利部 107 年 7 月 31 日衛授家字第 1070901839 號令訂定發布。最後修正：衛生福利部 112 年 12 月 7 日衛授家字第 1120961054 號令修正發布）。

參、新型服務：臺灣公共托育家園政策發展

一、兒童托育服務之公共化、準公共化

《兒少法》明文直轄市、縣（市）政府，應建立整合性服務機制，並鼓勵、輔導、委託民間或自行辦理（第 23 條第 1 項）。目前政府向零到二歲家庭所提供之兒童托育服務，包括以下三大方面（簡慧娟等，2019）[6]：

1. 居家式托育服務：指兒童由其三親等內親屬以外之人員，即居家托育服務中心（原社區保母系統）之保母，於居家環境中提供收費之半日、日間、全日、夜間、臨托及延托等托育服務；可再細分為在宅托育服務及到宅托育服務[7]。
2. 機構式托育服務：係在具有收托或安置 5 人以上規模並有設立許可證書之托育機構內所提供未滿二歲兒童之半日、日間及臨托等托育服務，包括私立及公辦民營（公私協力）托嬰中心[8]。
3. 社區式服務：包括（1）社區托育資源中心：結合社區資源及地方特色規劃以社區為基礎的托育資源中心，提供家長就近、便利的托育資與親職課程，親子互動及育兒指導之社區托育資源中心，如親子館；以及（2）社區式托育服務：如公共托育家園。

回顧我國近年來兒童托育服務之公共化或準公共化政策，可說是始於個人從事居家式托育服務亦即保母托育制度之建置與管制制度化；在 2008 年內政部兒童局所推動「保母托育管理與托育費用補助實施計畫」

---

[6] 參照衛生福利部網頁 https://www.mohw.gov.tw/cp-88-230-1-40.html（最後瀏覽日：2024/04/01）

[7] 參照《居家式托育服務提供者登記及管理辦法》第 2 條（中華民國 103 年 9 月 15 日衛生福利部部授家字第 1030900692 號令訂定發布全文 24 條；並自 103 年 12 月 1 日施行。最後修正：中華民國 112 年 2 月 20 日衛生福利部衛授家字第 1120101428 號令修正）。

[8] 《兒少法》第 75 條第 1 項第 1 款及《兒童及少年福利機構設置標準》第 2 條第 1 項第 1 款。

下,建立向育兒家庭提供「平價、可靠的普及托育服務」目的的保母托育制度,並輔以向送托保母就業者家庭提供托育費用補助為配套,來減輕育兒家庭經濟負擔,支持父母兼顧育兒與就業;該保母托育納入管制及托育費用補助制度的建立,使得更多保母加入系統,接受公共管理,不僅具有將家庭照顧社會化之意義,也達成照顧去私領域化與去商品化的作用,形成進一步公共化的基礎(傅立葉、王兆慶,2011)。隨著 2011 年《兒少法》全面修法,居家式托育服務之管理、監督及輔導事項也正式納入法制管制(第 25 條),衛生福利部在該法授權下訂定《居家式托育服務提供者登記及管理辦法》,並在 2014 年 12 月 1 日起針對實施居家式托育服務登記制度。也在後續兒少法令修法下逐步細緻化居家式托育服務監管法規範密度;其中,直轄市、縣(市)主管機關依法可將辦理居家式托育服務提供者之登記、管理、輔導、監督及檢查等事項,自行或委託相關專業機構、團體辦理(第 26 條第 3 項);此規定另新創了地方政府結合社福非營利組織公共參與居家式托育服務管制之公私協力事例,而目前也可見到各地方政府依前揭規定委託社福非營利組織辦理居家托育服務中心事例。

　　托嬰中心等機構式托育服務,也是 2011 年《兒少法》全面修法下納入兒童及少年福利機構範疇,經 2012 年修訂《兒童及少年福利機構設置標準》以及《兒童及少年福利機構設置標準專業人員資格及訓練辦法》時,強化對於托嬰中心設置標準及其所需專業人員資格訓練等管制密度,施予更強力公共管理。另一方面,在幼兒教育及照顧法制定後,2012 年推動幼托整合之背景下,衛生福利部另以公益彩券回饋金補助直轄市及縣市,鼓勵地方政府採公私協力方式推動公辦民營托嬰中心或協助私立托嬰中心轉型(楊曉苓,2022);同時,兼輔以向送托托嬰中心就業者家庭提供托育費用補助為配套,促成機構式托育服務之公共化或準公共化。

　　然而,即使就上述《兒少法》所定居家式托育服務及機構式托育服務公共化或準公共化政策推動下,雖然全國居家托育人員(保母)可收托人數增加,但實際適用率未達五成,且相對於機構式托育來說,居家式托育服務之利用,不僅環境上較不透明且費用較高;另一方面,雖然機構式托

育服務伴隨公私協力（公辦民營）托嬰中心的推動，其收托人數有所增加，但受限其設置成本較高，城鄉差距大下，廣設公私協力（公辦民營）托嬰中心不僅緩不濟急，且效益有限[9]。如何在既有居家式托育服務以及機構式托育服務之外，迅速且普及地擴大零到二歲幼兒的公共托育服務量能的背景下，乃成為我國因應少子女化對策計畫的政策方向（衛生福利部，2018；衛生福利部，2021a；李坤城，2022）。

二、社區公共托育家園之開創與普及

是以，繼 2014 年就保母實施居家式托育服務登記制度以及對於托嬰中心強化機構式托育服務管理機制之後，衛生福利部自 2018 年起在執行前瞻基礎建設計畫下，除加碼發放育兒津貼並擴大托育費用補助對象外，同時由衛生福利部社會及家庭署執行其子計畫「少子化友善育兒空間建設——建構 0-2 歲兒童社區公共托育計畫」經費，以提供補助方式來鼓勵直轄市及縣市政府建置當地社區式托育中心，開辦有別於前述保母及托嬰中心之公共托育家園此新型服務，期在全國各地直接迅速且普及地擴大零到二歲幼兒的公共托育服務量能，進一步落實零到二歲幼兒托育服務的公共化政策。

具體來說，衛生福利部社會及家庭署自 2018 年起透過前瞻特別預算辦理「少子化友善育兒空間建設——建構 0-2 歲兒童社區公共托育計畫（核定版／衛福部 2020 年 9 月 4 日最後修正，以下簡稱「公共托育計畫」）[10]，以直轄市、縣（市）政府運用資源結合非營利團體公共參與管

---

[9] 參照衛生福利部社會及家庭署，《擴大六歲以下兒童托育公共化政策規劃報告》，https://ws.ndc.gov.tw/Download.ashx?u=LzAwMS9hZG1pbmlzdHJhdG9yL2EwL3JlbGZpbGUvMC8xMDU2My81YmZkMGM0OC03YTkzLTQ3MTMtOGUyNS04ZWVkMTAzMGYwNDcucGRm&n=5pO05aSn5YWt5q2y5Lul5LiL5YWS56ul5omY6IKy5YWs5YWx5YyW5pS%2F562W6KaP5YqDLnBkZg%3D%3D&icon=.pdf（最後瀏覽日：2024/04/01）。

[10] 參照推動社區公共托育家園實施計畫（衛生福利部 106 年 10 月 17 日衛授家字第 106090186 號函核定。最後修正：衛生福利部 110 年 3 月 15 日衛授家字第 1100900283 號）。

理方式來推動社區公共托育家園創新服務為計畫經費補助的目的；亦即由各直轄市、縣（市）政府盤點轄內托育需求及餘裕空間大小，釋出閒置公有財產，借重社福非營利組織人力與其專業服務經驗等，在公私協力下採取公共參與管理模式，兼容托嬰中心及居家式托育服務的優點，積極在全國各地布建公共托育家園，因地制宜地提供符合當地需求、具近便性且價格合宜之小型社區化托育服務模式（收托人數限 12 人以下）。同時，也要求在地方政府應訂定可負擔收費基準，並遵守保障收托一定比例弱勢兒童，朝向地方永續經營、損益平衡發展為經費補助的原則。其目的在於，透過中央政府經費補助，協助地方政府自主規劃並建構以兒童為重、家庭為中心、社區為基礎的幼兒托育支持體系與友善育兒環境，擴大各地零到二歲兒童社區公共托育服務輸送能量，期能提供更為多元的幼兒托育照顧服務選擇，有效減輕各家庭的育兒成本與照顧負擔（衛生福利部，2021b）。

進一步來說，依據前述公共托育計畫，布建公共托育家園據點，旨在創新的公共幼兒照顧服務，因地制宜提供社區化、近便性高的托育照顧服務，來減輕全國各地育兒家庭照顧負擔；同時也以優先布建托育供給公共化不足縣市為規劃原則，消弭城鄉差距；因此，需要地方政府迅速且普遍地設立。其次，也在落實地方永續經營、損益平衡發展原則以及採取平價可負擔收費的規劃下，輔以擴大托育費用補助政策，而向收托兒童家長收取一定托育費用。另一方面，受經費補助之地方政府，多數不可能自己站第一線來提供公共幼兒照顧服務；因此，結合民間力量，委託社福非營利組織參與公托育家園經營管理，以公私協力方式來提供創新的公共幼兒照顧服務，仍是各地方政府普遍採用的政策實現途徑。另一方面，地方政府以公有財產委託經營方式釋出閒置空間，並採取公私協力方式引進私部門人力、財力、管理方式等資源，以創新的公共托育家園型態來提供社區化、近便性高的托育照顧服務；同時，也在保障收托一定比例弱勢兒童、維持平價且可負擔收費標準以落實費用公平負擔、確保服務的穩定繼續提供並提高服務品質、以及保障托育服務人員待遇與友善勞動環境等原則的

要求下,由政府部門結合民間社福非營利組織來公共參與管理社會福利服務之提供,反映出社會福利公私協力也可能是將特定社會福利服務公共化或準公共化的一種途徑。

又具體來說,公共托育家園公私協力所採用的政策工具為何?雖說,衛生福利部曾針對就直轄市、縣(市)政府辦理未滿二歲兒童托育公共化及準公共服務,以行政命令函頒規定直轄市、縣(市)政府與托育服務提供者簽訂行政契約來提供《兒少法》第23條所定未滿二歲兒童托育服務,已如前述[11]。然而,在現行實務運作上,就公共托育家園等公共托育設施之設計規劃、修繕以及後續經營管理事例來說,目前主要是透過公私部門合作方式並採取契約此行為形式來委託社福非營利組織辦理;亦即,係依循徵選程序選擇最適服務提供者之後,再與其締結契約,來規範該公共托育家園委託經營管理上所應辦理內容(包括委託執行期間、應履行事項及委辦經費與支給方式、契約變更或終止(解除)事由、期滿後契約擴充與否等重要事項)。但是,隨著前揭公共托育計畫在全國各地普遍全面推動之下,在各直轄市與縣(市)間所推動公私協力合作之實際運作情況——不管是公共托育家園、公設民營托嬰中心等公共托育設施,抑或親子館等托育資源中心之興辦現況及所遭遇問題,未必一致,所採用契約規範內容,不無殊異之處。

在作者梳理近年直轄市暨縣市政府辦理公共托育家園委託經營管理契約(含招標文件或邀標書)文件及進行部分地方社福機關承辦人員訪談後,發現各級政府社福機關委託辦理公共托育家園、公設民營托嬰中心或親子館之際,有單純委託辦理經營管理者,亦有一併採取設計規劃、修繕及經營管理(所謂三合一)方式,但也有分別辦理之情形。也發現除臺北市政府係與受託社福非營利組織締結行政契約方式進行者外,其他直轄市或縣(市)政府社會局仍多依循政府採購程序之勞務採購方式並採取締結社福採購契約,來規範委託方與受託方雙方間的權利義務。此外,也可發現在具體形塑公共托育家園公私協力及其實現過程中,不論就委託社福非

---
[11] 同註5。

營利組織辦理公共托育家園委託經管管理之方式、契約規範範圍、契約標的（委託事項範圍與價金）、委託項目之履約方式及價金之支付乃至於契約變更或擴充規範等事項上，政府與社福非營利組織間所持的觀點或側重之處，未必一致。

肆、實證研究：政府與社福非營利組織的觀點

　　本文實證研究方法依據研究目的進行規劃，並應用自作者曾參與衛生福利部社會及家庭署委託「110 年度社會福利公私協力工具研究」計畫之研究資料。本文採取次級資料分析、深度訪談、焦點座談的研究方法。首先，在次級資料分析方法，本文採用次級資料來源包括相關學術研究文獻、契約等範例研擬、官方報告等。尤其在分析政府辦理社會福利服務時擇定上述各類政策工具所應考慮因素及容許要件，也分析了臺灣最近兩年地方政府辦理社會福利公私協力契約文件，特別是在公共托育家園委託經營管理。其次，在深度訪談法部分，主要用於瞭解縣市政府觀點，本文研究執行時間仍在新冠肺炎肆虐階段，因此深度訪談方式採取線上方式辦理。本文擇定六個地方政府社會局（苗栗縣、基隆市、新竹市、高雄市、新北市以及桃園市），在 2021 年 10 月下旬至 2022 年 2 月間，邀訪實際辦理公共托育家園業務之社福採購業務經驗人員（專員或其以上層級）為主要受訪者，就政府運用社會福利公私協力六大工具所涉共通事項及操作經驗，規劃進行機關訪談。最後，焦點座談法部分，則是邀請社福非營利組織代表及學者專家（12 名）召開 3 場焦點座談會，針對社福非營利組織與地方政府合作參與公共托育家園經營管理之現況與問題進行資料蒐集。

　　在資料蒐集、針對縣市政府的深度訪談，以及針對參與服務提供的社福非營利組織的焦點座談，主要都以下列重點為基礎進行研究：

　　第一，縣市政策社會福利業務承辦人以及社福非營利組織對於包括勞務委託、促參、公有財產委託經營、行政契約、招租以及補助六類公私協

力政策工具的理解狀況。

第二,縣市政府社會福利業務承辦人以及社福非營利組織在公共托育家園業務上,對於現行使用六大政策工具中的其中一種看法為何?

第三,縣市政府社會福利業務承辦人以及社福非營利組織在公共托育家園業務上遭遇過之具體困難和解決方法為何?

一、政府觀點

(一)對六大公私協力政策工具理解仍以勞務委託為最主要

訪談結果顯示,縣市政府在六大公私協力政策工具的認識仍以勞務委託為最主要,其次是補助。首先,多數受訪縣市政府社福業務承辦人,在業務上接觸最多是勞務委託,在這六種工具選擇當中,如促參、招租、委託經營這些政策工具對他們來說,幾乎沒有機會碰到。甚至有受訪縣市政府承辦人表示,他們就只使用過勞務委託、只瞭解勞務委託,因為之前承辦人傳承下來也僅止於勞務委託方式,因此對其他政策工具都不瞭解、也未使用過。其次,有受訪縣市政府承辦人表示,最常使用勞務委託的原因是在服務案件所需金額多寡,依法新臺幣十萬以上案件通常皆以招標方式進行勞務委託。最後,除上述原因之外,也有受訪縣市政府承辦人認為,如果使用補助,承辦的社福非營利組織也必須要自籌百分之二十經費,但是縣市內的社福非營利組織並沒那麼多,為了鼓勵社福非營利組織能夠有意願參與服務提供,所以選擇不要讓他們自籌,所以儘可能都還是用招標勞務委託的方式來辦理公私協力社福服務。

(二)多數採用委託招標的勞務委託辦理公共托育家園服務

受訪縣市多數採用勞務委託方式辦理公共托育家園服務,以下分為標案時間、場地、承辦團體、服務人員、收費以及履約管理這幾部分來分析訪談結果。

1. 標案時間

多數受訪縣市政府承辦人表示，公共托育家園也多用委託招標的勞務委託來辦理，有的是為了免除每年都要重新招標的麻煩、讓承辦社福非營利組織可以穩定運作，會把契約做成所謂的 2+2（兩年契約，加上兩年擴充條款），甚至後來因為公共托育家園不斷布點，採購、評鑑的行政成本都提高，有的縣市甚至因為公共托育家園多，基於管控行政成本會調整成 4+4（契約四年加上四年擴充條款）。

2. 場地找尋

縣市整府在進行公共托育家園委託服務之前，必須先找場地。但是因為縣市政府閒置空間有限，而在縣市內部的中央單位有空間，在縣市政府進行借用詢問時也不一定友善或是直接拒絕，這是縣市政府在借用場地都會遇到這些問題。學校聽到公托會比較有興趣提供場地，因為公托、非營利幼兒園，然後接著進入小學這種「一條龍」的說法，有時可說服他們，特別是學校校長想法新進的話，會覺得建置公共托育家園不錯；不過，有些家長會或學校老師比較排斥非本校的人在接送小孩時接近校園，基本上還是拒絕公共托育家園；加上教育局是學校的主管機關，多少對社會局會有些顧慮。因此，縣市政府也會往市民活動中心去尋找場地，特別是有兩層以上的市民活動中心，里長使用一樓作為市民活動中心，那二樓空間就有可能租借社會局做公共托育家園空間。找尋場地的問題也包括與非營利幼兒園比較，縣市政府社政單位會希望公共托育家園的場地是無償使用，所以很多時候還是得靠縣市政府各局處長官做協調才有可能順利設置。

3. 場地整修

一般來說，縣市政府會於確認場地可使用之後，偕同建築師跟結構技師評估場地狀況，例如耐震程度、有無漏水，瞭解場地建築結構是否需補強、打牆等、檢視消防狀況是否需改善，如果場地有二層樓以上，也可能需要裝設電梯或改善以符合相關規定。評估整修程度和經費，中央補助經

費有限，剩下部分須由縣市政府自籌，所以縣市政府仍會評估可接受裝修經費額度範圍等。目前在場地整修部分，縣市政府有兩種作法，第一種是將場地整修做成工程標案，先行委託專業廠商進行場地整修，之後再做服務營運的勞務委託招標，得標社福非營利組織僅負責托育服務這部分。這樣的作法是考慮到承辦社福非營利組織團體，可能無法處理較大裝修工程。不過，有受訪縣市政府承辦人提到，這種作法常會遇到從館舍取得到提供服務中間時間過長的問題。所以縣市政府也可能還是會採用第二種作法，直接將場地整修評估放入勞務委託事項，由得標的社福非營利組織進行場地整修；就是社福非營利組織不但做服務營運，也要負責場地整修。又除服務前的場地設備整修之外，通常縣市政府也會在服務標案中編進設備維修費，如果是小範圍、金額不高的設備維修狀況，就由承辦服務團體自行運用該筆款項處理。但如果改善工程範圍及金額高，縣市政府就另外招標工程來處理。

4. 承辦團體

承辦團體就是勞務委託中所謂的「廠商」，受訪縣市政府承辦人皆表示，可以承接公共托育家園的廠商資格為社團法人或財團法人，醫療機構亦符合資格，主因是托嬰中心需要護理師，會有幼兒照顧、感染管控等，如有照顧經驗的醫療機構承接也應該是可行；不過，實際上幾乎沒有醫療機構來投標公共托育家園。除直轄市縣市政府承辦人說承辦服務的社福非營利組織較多過去在其他服務方案就有合作經驗之外，其他縣市政府受訪者皆表示，承辦公共托育家園的團體在縣市內就不好找，所以會先在其他縣市有經驗且有接服務量能的團體進行邀請、邀標。找團體的方式像是從教育局承接的非營利幼兒園進行瞭解，雖然照顧對象為 2 至 6 歲，但也會評估他們是否可承辦 2 歲以下之托嬰中心。此外，也會去找尋縣市內已有開辦托嬰中心的社福非營利組織，托嬰中心的建立早於公共托育家園，因此縣市政府承辦單位會先詢問承辦托嬰中心的團體，有無意願承辦社區型公共托育家園。不過因為團體也會去評估，多接案子會不會造成母機構的

虧損，畢竟家園還是需要有家長願意送托才有收費進帳。

　　與團體之間的公私協力過程是否有困難？受訪縣市政府承辦人表示，因為服務提供依靠外縣市的服務團體、服務團體主管也都是外縣市來的，會有本地服務人力招募的問題；然後，跟在地托育人員會有磨合期，也會有人留不住的狀況。而萬一承接服務的團體是新的、過去比較沒和縣市政府合作的，縣市政府承辦人可能從填報表格、文件，字眼是否有一致共識都要帶著他們走。

5. 服務人員

　　服務人員與社工和托育人員有關，也會有包含主管，社工人員薪資因中央於民國109年公布社工人員薪資給予標準，在頒布之後，縣市政府就會進行契約變更，以便讓公共托育家園的社工員薪資符合該標準，以後預算編列上也依照這個標準。不過，如果中央又有後續加薪百分之四，也都等中央確認調薪再進行契約變更。配合托育人員薪資調整、或托育比例修改，基本上縣市會提出契約變更。就此而言，薪資提升或服務比例改變都可透過契約變更，並不會對服務本身造成影響。受訪中非直轄市的縣市政府承辦人有提到他們的問題是雖然想比照六都，幫托育人員加薪，但是還找不到經費財源。而在疫情期間，公共托育家園部分和其他社區日照一樣，都有出現過不收托的時期。在此時期，縣市政府仍會依照契約持續支薪，主要原因是雖然疫情期間不收托幼兒，但是托育人員等還是要上班，他們會清潔環境、整理教具、製作線上影片，聯繫家長等，因此薪資還是照發。跟薪資待遇比較相關問題第一個是久任獎金，承辦社福非營利組織為了希望留住服務人員，會希望縣市政府可以編列久任獎金，縣市政府無法立即反應團體要求，是受訪縣市政府承辦人擔心的。第二個問題是解僱人員的資遣費，但縣市政府承辦人皆表示，縣市政府不是僱主，承辦團體才是聘僱托育人員的僱主，所以資遣費一般應該是用盈餘提撥。

6. 收費

公共托育家園是有收費的，設置標準的人力比是一比五，許多承辦團體還是會選擇多聘一至兩名，主要是因為服務人力也會請假，需要有高於比例的人力做調配，不過多聘是優於設置標準，而且承辦團體必須自行支付相關費用，亦即用收費支付其這些多聘人力的薪水。至於疫情期間，停托的時間是會依據傳染病防治法規定進行退費，或採取不直接退費，但是在後來恢復托育就可抵當時的托育費的方式。

7. 履約

多數受訪縣市政府承辦人表示每月會盯進度，只要有落後情形，會提醒承辦團體注意，很少發生未達標情況。此外，也有每季訪視輔導和不定期查核，原則上在行政文件資料、財產、設備設施點交這些基本履約標部分比較少問題。至於比較困擾縣市政府在履約管理這部分的問題，會比較跟承辦團體的經驗有關。有幾位受訪縣市政府承辦人表示自己角色有點尷尬，因為承辦人從過程協助、履約到評鑑都有協助團體做資料，對方也配合積極改善辦理，團體資料沒做好或不完整的時候，縣市政府承辦人會請對方修改至最終完成階段，甚至盡可能提供幫助，但縣市政府的角色也是審核者，所以覺得自己角色有點矛盾。

至於縣市政府承辦人希望在公私協力提供公共托育家園服務的過程中可以獲得什麼樣的協助？多數受訪者都提到希望中央可以有一整套的標案內容設計，讓每個縣市有根據可以依循，特別是在服務人員的薪資標準或相關待遇、或其他建議項目等。有縣市政府承辦人表示當初很想比照六都幫托育人員加薪，但是主計卻質疑加薪依據在哪裡，所以如果中央有一整套的規定或是手冊，應該就可以回應主計的問題。也有縣市政府想要把勞務委託從核實支付改為總包價法的領據核銷，以減輕核銷負擔，這些如果有手冊可遵循會很好。

二、社福非營利組織觀點

以下內容係作者參與衛生福利部推動公共托育家園作為辦理社會福利公私協力範例實例的執行過程，針對社會福利公私協力合作契約參考範例共通規範事項的研擬，實際參與三場由社福非營利組織、托育服務專家學者代表以及衛生福利部社會與家庭署代表等出席的焦點座談會議，經回顧梳理歷次焦點座談會與會人士發言意見、研議經過及會後會議紀錄，分析出社福非營利組織對於與地方政府合作參與公共托育家園經營管理之看法，如下：

（一）對六大公私協力政策工具理解，仍以勞務委託及補助最為熟悉

經整理分析焦點座談會的會議紀錄與研議過程發言，可知社福非營利組織代表對於六大公私協力政策工具中，勞務委託、經費補助及公有財產委託經營並不陌生，但主要仍以勞務委託與補助方式為最熟悉。首先，多數社福非營利組織代表認為在其曾參與公共托育家園或類似公私協力事例之經驗上，各縣市政府所採取的公私協力政策工具未必一致；有採取經費補助者，亦有將設計、修繕工程與托育服務提供（勞務委託）分開而個別走採購程序者，也有採取將修繕工程與托育服務提供合而為一，以公有財產委託經營管理方式為之者；其中，多有同時兼採經費補助及勞務委託或公有財產委託經營管理方式，來形塑為公私協力雙方權利義務者。而在過去受託經驗上，幾乎沒見過促參、招租及行政契約方式；對之，也甚是陌生。但是，出席學者專家則認為公共托育家園所提供托育服務因事涉公權力委託，故實務上均慣循政府採購程序以勞務採購方式為之，在法制上非無不合之處，應綜合考量各項因素而按其法律性質擇選其委託方式。以公共托育家園所涉準公托之整體規劃，已不是純市場問題，設有托育費用管制、收托優先順序、不能任意減招等限制，故宜將其定義為公行政，而其契約模式應該走向行政契約為宜。但亦有專家學者認為透過公私協力推動

友善公共托育計畫之際，支持採用促參 OT 方式，讓民間自行提計畫到執行，並輔以一定誘因。

（二）慣於社福採購模式下接受勞務委託方式來受託提供公共托育家園托育服務

因實務上多數採用勞務委託方式辦理公共托育家園服務，以下分為標案時間、場地、承辦團體、契約標的內容、服務人員、契約價金以及收費與經費運用等部分，進行分析：

1. 標案時間

利用公有閒置空間進行公共托育家園之規劃修繕到營運的整體執行期間，也可能需時三年；而標案時間的預設，也有採取 2+2 年（兩年契約，加上兩年擴充條款），亦有採取一年一標者；又近來有部分地方政府已經採取 4+4 年（續約機制）模式，相較友善。因公共托育家園委託經營管理的標的不大，實際運作上延續由同一廠商為之，較屬合理。又針對契約期間屆滿後或契約終止情形下受託兒童的權益的轉銜，學者專家表示基於服務不間斷原則，屆時受托育小朋友之轉銜服務該如何處理等問題，宜考慮第三人保護機制之設計。對此，學者專家指出標案期間長短之設定，應取決於於托育空間設備設計修繕需求以及托育人員勞動條件、薪資跟工時、替代人力等為合理的綜合規劃，不宜簡化為一約幾年的問題。

2. 場地找尋

社福非營利組織代表表示，目前是由地方政府多運用學校閒置空間或是從新建社會住宅中預留一定空間，透過無償使用約定來提供公共托育家園所需場地。但實際運用上，因受託經營管理的社福非營利組織必須負擔地價稅及房屋稅等稅負，但此負擔未必在事前委託經營管理契約或勞務採購契約中有所約定，而增加受託社福非營利組織的額外負擔。

3. 場地整修

關於應否採取設計、修繕工程與經營管理三合一契約模式，就目前實際承辦經驗來說，基本上，多由委託機關提供場館空間為主；但實際上各縣市所採取具體作法不一。亦有將設計、修繕工程與托育服務提供（勞務委託）分開而個別走採購程序者，也有採取將修繕工程與托育服務提供合而為一，以公有財產委託經營管理方式為之者。在具體執行上，存在不少問題。首先，在採取分開不同標案的情形中，經常出現於前階段所設計修繕空間未必符合後續經營管理公共托育服務的實際需求，導致有必須進行二次修繕，但卻缺乏經費之困境。其次，縱使在採取設計、修繕工程與經營管理三合一標案，對於規模較小社福非營利組織可能因其計畫規劃能力及財務承受能力有限而不容易參與。即便得以克服前述問題，在執行上也難免遭遇一些困難，如該托育空間裝修工程屢未能符合建築法規規範，導致裝修工程履約時程延宕等，均是受託社福非營利組織較難因應。第三，在以既有國小閒置空間提供作為公共托育家園場地的事例中，也因該建物欠缺供托育設施使用的建物使用執照，須另行申請適用執照或辦理使用執照變更；若該地方政府無簡化適用檢裝法令規定時，不僅耗費時日致遲誤該修繕工程階段原訂完成日程，也增加受託社福非營利組織額外費用負擔，終也導致遲遲無法開始進入後一經營管理階段，延宕實際提供托育服務的開始時間。第四，場地設計修繕工程及設備購置等預算，必須事先提出一一提請委託機關核閱，方能逐項動支，欠缺運用彈性。對之，學者專家也指出公共托育家園委託經營管理的契約設計上，應準備兩種不同契約範本，分為適用大都會地區與社福輸送資源不完備地區，其內容可分為三合一標案與分別招標（設計、工程、服務等）兩模式，並應留意各階段履約時程之合理規劃。

4. 契約標的內容

社福非營利組織代表指出有關委託經營管理的契約標的的內容，不僅欠缺明確性且多課予受託社福非營利組織承擔許多不合理附隨義務。首

先，邀標書跟採購契約的內容未必明確，存有許多空泛法令遵守義務或與契約核心內容無關附隨義務等要求。其次，因契約標的內容實與履約管理機制環環相扣，因此，現行兒少機構相關設置管理規定，在空間規劃、空間使用區塊標示等細項，應將標準定得更清楚，並在擬具個案邀標書及契約草案時，充分斟酌包括哺乳室等托育托嬰空間設備、人員之必要法定規範事項。第三，基於公托公平性，不應以抽籤形式而放棄其他考量（如孩子生活環境穩定、弱勢家庭的小孩優先等）。又目前採取適齡遞補的方式，會造成永遠都在收年齡較大的孩子，使得年齡較小的小孩沒有機會遞補進入公托；因此，宜區別孩子的年齡，區分班別，讓缺額的班級可以適當補入適齡的孩子為宜。另也應留意收托轉銜問題，無論受托嬰幼兒與托育人員均需要適應時間，新開辦的情形下，實不宜一次收到滿；且特殊生仍應收托。對之，與會專家學者也指出委託公共托育家園經營管理的契約標的內容，應該更為明確並立於公私協力夥伴的對等立場來具體化彼此權利義務，透過細分委託類型，再按其性質進一步明確研擬各該契約標的的具體內容。

5. 承辦團體

就受託辦理公共托育家園的承辦團體，應否有資格限制？是否排除營利事業參與承辦？學者專家指出因事涉設定收費上限與經費成本計算等問題，目前雖多任由公部門決定，但因此事務涉及托育專業性，故宜採取限縮資格要件；雖然，部分地方政府可能為達成年度補助經費執行比率 KPI 要求而放寬受託資格要件，恐未必妥適。但此點，社福非營利組織代表多未論及。

6. 服務人員

關於從事公共托育家園業務專業人員之資格要求，確實相關專業人員資格應該符合法令要求並有托嬰經歷、兒童少年托育經歷，但所有人員學經歷均須一一向地方政府申報，方可進用；又人員進用狀況與其個人實際

薪資給付情形，亦須定期向地方政府逐一提出報告，對於受託社福非營利組織來說，增加許多執行成本與困擾。又必須充分確保包括替代人力與行政管理人力是否充足。

7. 契約價金

關於委託辦理公共托育家園服務之契約價金的約定，首先，社福非營利組織代表多指出，有關托育服務專業人員人事費的編列，不僅未能適切反映實際人事成本（如勞健保職災保險等雇主負擔、離職金等），且未能匡列臨時替代人力所需經費，造成實際上未必符合受託幼兒人數與照顧專業人員配置比，且均一薪資報酬編列方式，加上每年調整薪資水準非常有限，增加受託社福非營利組織在人事管理上困難或人事費的額外負擔，也不易於留任或培育資深照顧專業人員；均應切實地逐項納入委託辦理業務費之計算中。其次，外地督導機制之規劃與執行，公共責任險、僱主責任險、公共意外險等費用，亦應確實納入委託公共托育家園服務必要業務費中。另一方面，社福非營利組織代表也指出政府對於公共托育家園之委託經營管理上，是欠缺成本分析的，未必確實掌握歷年所需成本。對此，學者專家也指出委託辦理經費的設定，牽動托育空間設備以及托育人員勞動條件、薪資跟工時、替代人力等合理規劃，也關乎所涉經費細目之詳實成本調查，均須由中央與地方相互協助為之；其中，各縣市因地制宜的關鍵，更在於所需場地空間之取得等費用之掌握。對之，與會專家學者也指出包括建物維持、行政管理等必要費用，可採取框架性規定維持靈活運用彈性；但人事費宜清楚明定。同時應預留發生突發狀況（防疫之類等）時，仍可維持一定服務水準之經費規劃方式，並應在契約中明定之。另托育費之使用，亦可採取負面表列方式，來避免經費不當濫（流）用。

8. 托育費用及經費之使用

社福非營利組織代表指出關於托育費用，有採取單獨會計且其運用須事先報經委託機關同意後動支運用者，亦有明文應繳回市庫者。又家長欠

繳托育費用，可否退托？可否追繳且由誰來追繳？目前多變成呆帳，終轉成社福非營利組織負擔。其次，關於托育費之專款專用，相較於非營利幼兒園有明定規範可循，但公共托育家園卻沒有，實務運作上衍生許多困擾。如因托育費、補助款等經費之動支運用，多須一一行文請行政機關同意，均不得自行使用。因此，受託社福非營利組織必須在會計處理上區分為：補助款、收費的盈餘、社福非營利組織自行的盈餘三類並採取分別會計，增加許多會計處理負擔與困擾。對之，有專家學者認為透過公私協力推動友善公共托育計畫之際，在落實促參 OT 制度旨趣下，可在一定監管機制前提下允許受託社福非營利組織保有盈餘之自行運用可能。也有專家學者建議將來或許可以參考健保報酬支付方式來處理，並應配套建立評鑑指標。

伍、結論與討論

綜上分析，可發現台灣的縣市政府以及社福非營利組織在公共托育家園這類新型服務中的制度遵循路徑相當強烈，整理分析為以下特徵：

一、仍採用傳統社福服務的委託招標作為公司協力合作方式，並且考量服務提供延續，常採一個標案數年的方式。一方面對政府而言，這是他們操作熟悉的方法；另一方面，對社福非營利組織來說，也是形式上不需自籌財源的方式。不過，採取傳統標案方式代表仍有契約終止可能性，對托育兒童及其家庭、對社福非營利組織中的服務者的勞動權利保障仍有重大影響。

二、但如同過往研究結果所呈現的台灣社福服務公私協力常有不對等情況（林倖如、潘若琳、周怡君，2019），公共托育家園作為新型服務，在契約價金編列上常有未編列或未編列充足情況，特別是在地價稅、房屋稅、專業人員勞健保職災保險等雇主負擔及離職金、臨時替代人力所需經費，外督所需之公共責任險、雇主責任險、公共意外險等費用。導致社福

非營利組織仍需自付多項經費,對民間團體承接縣市公共托育家園服務的動機有極大影響。

三、本文實證資料顯示,縣市政府對承接公共托育家園的非營利組織在人事和經費運用的箝制一如以往,特別是人員進用與資歷、薪資均須定期填報縣市政府;縣市政府在收托費用的結餘多所管制,不讓社福非營利組織自行運用,即使是社福非營利組織因自籌款項支付專業人員、而致收托人數增加所獲得的費用有結餘或盈餘,仍被縣市政府限定不得自行使用。

回應本文前述研究目的,在檢視縣市政府與社福非營利組織合作的政策工具、公共托育家園政策發展脈絡,以及縣市政府和承接公共托育家園服務的社福非營利組織的意見之後,發現在公共托育家園的新型服務中,雖然縣市政府為推展服務、增加社福非營利組織參與投標服務的動機,已在公私協力工具選擇上儘量選擇社福非營利組織不需另外自備財源的勞務採購招標。不過,縣市政府在服務人員相關費用編列僅著重薪資部分,卻忽略編列人員因離職資遣、維持服務品質所增加的人事成本;在人事行政管理和費用結餘使用上仍多所規範和限制,使承辦的社福非營利組織不但必須自付多項政府法定服務成本、也必須付出許多時間和人力成本去處理與縣市政府來往的各種請求和說明公文事宜,對服務提供來說相當干擾、並不利於激發其他社福非營利組織投入服務的意願。

參考文獻

王舒芸主持（2021）。《托育公共及準公共化政策效益評估期末報告》。衛生福利部社會及家庭署委託研究。

李坤城（2021）。〈臺北市公共托育政策之推動與檢討——從「祝你好孕」到「公共托育家園」〉。《國會季刊》，第 49 卷第 4 期，頁 1-28。

行政院公共工程委員會編（2017）。《機關委託社會福利服務採購作業手冊》。取自 https://www.pcc.gov.tw/cp.aspx?n=10CA9F72C981FC4C，最後瀏覽日 2024/04/01。

林倖如主持（2022）。《110 年度社會福利公私協力工具研究計畫期末報告》。衛生福利部社會及家庭署委託研究。

黃志隆（2012）。〈臺灣家庭政策之形成：家計承擔與兒童照顧之整合〉。《人文及社會科學集刊》，第 43 卷第 3 期，頁 331-366。

傅立葉、王兆慶（2011）。〈照顧公共化的改革與挑戰：以保母托育體系的改革為例〉。《女學學誌：婦女與性別研究》，第 29 期，頁 79-120。

楊曉苓（2022）。〈公辦民營托嬰中心之公私協力方式及托育品質探討〉。《人類發展與家庭學報》，第 23 期，頁 63-98。

簡慧娟、吳建昇、蔡惠怡、蔡孟珊、洪偉倫、蔣建基、王琇誼（2019）。〈兒童及少年照顧服務之現況與未來展望〉。《社區發展季刊》，第 167 期，頁 17-28。

簡慧娟、江幸子（2020）。〈推動具女性觀點之社會福利政策與具體作為〉。《社區發展季刊》，第 171 期，頁 33-46。

衛生福利部（2018）。《我國少子女化對策計畫＿核定本》。

衛生福利部（2021a）。《我國少子女化對策計畫（107 年 -113 年）2021 年修正＿核定本》。衛生福利部網頁 https://www.sfaa.gov.tw/SFAA/Pages/Detail.aspx?nodeid=1057&pid=10375，最後瀏覽日 2024/04/01。

衛生福利部（2021b）。《建構 0-2 歲兒童社區公共化托育計畫——行政院核定計畫書》。衛生福利部網頁 https://www.mohw.gov.tw/cp-3874-75307-1.html，最後瀏覽日 2024/04/01。

第十章
非營利與政府組織於福利服務輸送的合作治理——以屏東縣社區照顧服務支援中心為例

林宏陽（國立屏東科技大學社會工作系教授）
劉興光（屏東縣屏南區社區照顧服務支援中心主任）

壹、前言

農業社會在 18 世紀下半葉以來的工業化（industrialisation）進程，乃至於二次世界大戰之後隨著製造業與服務業之從業人口規模消長，引領著先行工業化之國家逐步進入後工業化（post-industrialisation）的過程，可見到社會大眾對於政府所提供之福利服務與現金給付之需求不斷轉變。諸多社會政策研究者指出，人類社會在工業革命初期所經驗到的主要所得者之老年、失能、死亡與失業等風險，而發展以社會保險制度為基礎的年金保險制度，以及補充一定人口群與經濟弱勢者之需求而建立的社會津貼與社會救助體系（Taylor-Gooby, 2004；郭明政、林宏陽，2020）。在此基礎之上，後工業社會進一步見到低總生育率（low total fertility rate）所引起的少子女化現象、大量運用彈性安全政策（flexicurity policies）所導致的就業不安全（precarious employment）與工作貧窮（in-work poverty），乃至於隨著公共衛生與醫療體系條件之提升而逐步延長的平均餘命（life expectancy）以及人口結構的高齡化（population ageing）等，則揭示後工業社會所普遍面對的就業不穩定、社會安全制度涵蓋不足、長期照顧服務體系的建立與發展等諸多方面之需求（Bredgaard & Madsen, 2018; Giuliani, 2022; Hemerijck, 2017; Heyes, 2011; Kim, 2020; Oláh & Neyer, 2021; Yeh & Lue, 2018）。在前述後工業社會所經歷的諸多高齡化社會（ageing society）需求與議題之中，常關注於生活能力需獲得支持的高齡者所能運用之長期照護制度（long-term care schemes），以及協助其適度自立生活的社會支持（social support），方能實踐在地老化（ageing in place）的政策目標。如此一來，亦使當代政府思考與非營利組織、社會企業等第三部門社會組織之合作方式，乃至於進一步思考在高齡化社會之下的社區意涵與社區意識（Dixon, 2008; Schulmann, Reichert & Lichsenring, 2019）。

其中，與本文密切相關者，主要在於社會支持的相關政策。為因應人口結構高齡化所採之相關政策，歐陸國家約自 1990 年代初期所提出的活躍老化（active ageing）理念，係指藉由經濟性（如高齡就業）與社會性

（如志願服務）的社會事務參與，維持個人在社會生活的積極性，藉此緩解其離開就業之後的諸多身心功能急遽下滑的情況（Kalson, 2016; Walker, 2019a; Walker & Maltby, 2012；林宏陽，2021）。相關的學術與實務研究，融入諸多的政策論述。首先，由於一開始的活躍老化觀點主要著眼於延長中高齡勞動者的工作年齡（working age），故相當程度結合第三條路（the Third Way）觀點之中的積極勞動市場政策（active labour market policy, ALMP）與社會投資（social investment）理念（Bonoli, 2012; Giddens, 1998; Hemerijck, 2018; Jenson, 2012; Zaidi, Harper, Howse, Lamura & Perek-Białas, 2018）。在該等論述中，嘗試藉由正式教育體系之訓練、工作年齡期間之職業能力訓練所奠定的專業生產能力，以及中高齡期間後所參與的終身教育或學習（lifelong education/learning），而進一步提出擴展個人於離開職場後的社會性事務積極參與（Hošnjak, Ilić, Kurtović, Ficko & Smrekar, 2020; Naegele & Bauknecht, 2017; Narot & Kiettikunwong, 2021）。自此，活躍老化之意義同時擴及經濟性與社會性的事務參與，並由各國政府發展適合於該國社會的方案內容與運作模式。

第二，依循前述的政策論述與發展，Walker 與 Zaidi（2019: 32-35）之研究總結高齡化社會將面臨的六項主要政策挑戰，分別為 80 歲以上人口之獨居比例攀升、提升健康餘命之必要性、強化長期照護服務體系、鼓勵積極性公民（active citizenship）、運用銀髮經濟（silver economy），以及極大化社會創新（social innovation）的可能性。質言之，隨著少子女化與平均餘命延長，人口結構高齡化與健康餘命延長為當代後工業社會所見到的人口結構趨勢。即便如此，高齡人口對於長期照護服務的需求亦必然提升，而有及早建構完善的醫療照護與長期照護體系之必要性。此外，鼓勵積極性公民的政策意義，一方面在於鼓勵高齡者自行倡議與決定服務的輸送方式與內涵，另一方面則鼓勵其參與政策決策的過程。關於服務的內容，就當前的科技發展與銀髮經濟之方向可知，將大量運用與融入資訊及通訊科技（information and communication technology, ICT）於其中，並進一步尋求經濟、社會與治理體系的創新整合與運用。換句話說，運用社會

創新之成果於高齡者相關政策,以促成整體社會、政策、經濟、法律、政治等諸多面向的順利轉型,打造在高齡人口結構之下,適合於所有年齡人口群生活的高齡化社會(林宏陽,2020)。

第三,在嘗試各種不同於以往的服務方式之歷程中,延續新自由主義觀點所發展的新公共管理(New Public Management, NPM)論述,而後銜接第三條路論述而提出以治理(governance)為核心的福利服務輸送論點。質言之,NPM較傾向於運用營利市場上的工具,亦即由市場上的事業單位提供服務以滿足需求,惟治理之觀點則著重於尋求公部門、私部門與自願部門(voluntary sector)三者合作的平衡點,亦即利害關係人(stakeholders),藉以建構適當的網絡治理(network governance)機制與關係(relationships),進而影響公共政策,亦包含本文所關注的社會政策。此為當代發展公部門與非公部門共同治理特定福利服務輸送之新關係的基礎,即如公共治理(public governance)之措辭(Massey & Johnston-Miller, 2016: 664-666);亦被視為一種具備效益、效率與永續性的創新性服務輸送模式,藉以提升整體社會成員的福祉,稱之為社會創新(social innovation)(Roodt et al., 2017: 13-14)。

綜上所述,當代高齡化社會所建構的諸多相關政策,以及依此所輸送的各項福利服務,係基於社會投資、公共治理、社會創新等論述發展而成。在一定程度上,一方面,社會創新與治理之相關論述具有高度的相關性;另一方面,社會創新與社會投資論述之運用亦密切相關。其中,由社會創新與各項治理論述的發展可見,在運用社會創新模式之下,主要由公部門、市場部門與非營利部門所構成的利害關係人,雖可充分融入公共治理的過程中,決定服務內容、輸送模式等,但同為利害關係人的服務對象,對於整個體系的影響仍相對有限。換句話說,公部門、市場部門與非營利部門決定服務之內涵,而服務對象的倡議相對有限(Sørensen & Torfing, 2013)。再者,於社會創新與社會投資觀點的諸多論述之中,則可發現,第一,社會創新所採取的諸多服務提供模式,係以自願服務為方法,而此等輸送模式也相當程度呼應社會投資之論述。第二,此等服務輸

送之運作方式與場域，多進一步深入在地與社區之中。如此一來，得以在充分瞭解服務對象的需求之後，藉由連結與輸送資源與服務，確切回應之（O'Leary et al., 2018）。

基於自 1990 年代初期以來的諸多社會政策論述，及其對活躍老化議題之探究與實踐，若僅以本文所關注的社區照顧服務領域觀之，我國鑲嵌於多數村里的「社區照顧關懷據點」（以下簡稱「據點」），乃至於與協助及促進據點發展相關的服務體系，可見到相當程度運用前述之社會投資、公共治理、社會創新等觀點於一體的政策體系。據點中的服務對象為年滿 65 歲以上的高齡者，藉由各式的動靜態課程達到一定程度之延緩失能為目的，亦能從中協助其找到自我實現的可能與方式。承接據點業務的組織，主要為該社區的發展協會，少數為其他社會福利組織協助運作；皆以非營利為形式。據點裡的主要人力，除了由該社區或鄰近地區之居民擔任課程或廚房志工外，亦有依據該據點辦理之時段數所補助的全職人力[1]。至於據點的督導與管理，部分縣市政府係由公部門的相關處室負責，亦有部分縣市政府設立外部輔導團隊，搭配公部門內部的相關處室一同治理；後者即為本文所欲探究之公私部門合作治理之案例。整體而言，在此等服務體系的運作過程中，可充分觀察到公部門、市場部門、非營利部門、服務使用者等諸多面向的利害關係人，一方面盡可能調整原有的法律、社會、政治、經濟等體系以利於輸送體系之轉型的可能，另一方面則嘗試連結與運用各種資源體系，提供不同於以往的福利服務（王仕圖，2013）。換句話說，據點的運作過程融入社會投資與治理之元素，使得社會支持方面的相關政策與工作方法能有一定程度的社會創新，亦可見到利害關係人、社會資本與資源基礎或依賴等面向的交織。

關於本文所涵蓋的探討範圍，有兩個欲特別指出之處。第一，本研究所談之「據點」（亦即「社區照顧關懷據點」），僅涵蓋依據 2008 年衛生福利部社會及家庭署之相關規範所設置之原始的單一時段據點，以及每週兩

---

[1] 此處提及之全職人力，自 2024 年起的新聘人力，僅能聘任具有照顧服務員證照者。在 2024 年以前所聘任的社工員，若未離職，則可繼續留任。

個時段、六個時段或十個時段的「C級巷弄長照站」（以下簡稱「C級據點」，但復以舉辦時段之日數區分，如每週辦理兩個時段的據點，即簡稱為「一日據點」）[2]。因此，並不包含諸如行政院原住民族委員會所補助的文化健康站、行政院客家委員會所補助的伯公站，以及行政院農業部所補助的綠色照顧站等相似形式的社區照顧服務方案。第二，本文所指之「屏東縣社區照顧服務支援中心」（以下簡稱「支援中心」），為屏東縣政府社會處長青科委託社會福利相關機構所辦理的據點輔導團隊，在屏東縣分為屏北、屏中與屏南三區（若欲稱呼「屏南區」的「支援中心」，一般簡稱「屏南中心」，如下以此類推），以相近區域的鄉鎮市劃分轄區（請詳本文表 3 附註之說明）。其他縣市政府或亦採委辦方式而成立相似功能的團隊，但以其他稱呼為之。

　　為嘗試檢視與論述公私部門在據點領域的公共治理模式，本文將於第二部分探討治理模式的相關理論，包含諸如前述的公共治理、社會創新、利害關係人、資源基礎觀點（resource-based view）等面向。第三部分則概要介紹我國與屏東縣的據點發展，而第四部分則進一步檢視與探討屏東縣社會處長青科，以及透過公益彩券基金之補助所成立的外部組織間的合作治理（collaborative governance 或 co-operative governance）模式。在第四部分的論述裡，將以訪談時任屏東縣社會處長青科科長，現任屏東縣社會處副處長徐紫雲女士所取得之文本，檢視公私部門之治理模式何以符合相關論述之內涵。另外，由於本文的作者之一，劉興光主任，亦從屏北區支援中心開始之初即加入擔任社工員，能夠補充部分的相關發展。本文最後的部分，則嘗試總結本研究之主要發現與政策意涵，並據此提出相關的政策建議。

---

[2] 我國衛生福利部社會及家庭署關於社區照顧關懷據點之說明，請參照「社區照顧關懷據點服務入口網」之簡介（https://ccare.sfaa.gov.tw/home/other/about）。（瀏覽日期：2024/08/18）

貳、公共治理之相關理論：合作治理、社會創新、利害關係人與資源基礎

　　承前所述，就當代公部門委託私部門營利或非營利部門輸送服務與執行方案的合作形式，在一定程度上嘗試運用私部門之資源達到公部門所期待的政策成效與成果。若在過程中遭遇阻礙，則由公部門協助解決在各層級政府所可能面對的困難。公部門之所以傾向於將過往負責生產與輸送的福利服務與現金給付委由外部組織協助，係基於新自由主義所延伸的新公共管理論述（Norton & Blanco, 2009: 218-220）。而新自由主義在1990年代中後期逐漸由第三條路論述取代後，其社會政策的視角轉以公部門與市民社會合作治理，或謂公共治理，並從中找到輸送服務的最佳價值，進而滿足社會大眾的需求。在這過程中，藉由公部門協助調整相關的法律、政治、經濟、勞動市場、產業等面向之規範，連結所需的需求、納入相關的利害關係人，使得服務能夠確切被輸送（Giddens, 1994）。質言之，在新公共管理論述之下，著重於採取更為廣泛的典範，以能夠運用跨部門的共存（co-exist）關係，共同達成福利服務的輸送。在公共治理論述階段，在一定程度上延續此等福利服務輸送過程中的跨組織（inter-organisational）與互動（interactive）本質，並且運用彈性、獨立、創新、專業技術，乃至於缺乏制度信念等理念，以建立公部門與非營利組織之間的合作治理模式（Davey, 2019: 37-40; Lindsay, Osborne & Bond, 2014: 194-195; Sriram, Misomnai, Metasuttirat & Rajphaetyakhom, 2019: 34-37）。

　　因此，以下將探討在公共治理之下的合作治理、社會創新，以及利害關係人與資源基礎等三個相關論述。而後，則以此為基礎，分析與探討屏東縣社會處長青科與支援中心之間的公私治理模式的理論意涵。

一、合作治理論述

　　合作治理之論述，承前所述，係源自於將第三條路觀點導入公共政策

與社會政策領域之後,所發展之新公共治理論點的重要內涵。在兩個相近的公共政策論述之中,亦即新公共服務與新公共治理,皆認為應將社會正義、公民意識、促進民主參與,及以網絡夥伴形式合作治理既定的服務輸送與執行等信念與價值導入公共行政體系之中(Sriram et al., 2019: 37-38)。如表1所彙整,新公共服務與新公共治理兩項論述係以民主理論為基礎,並從中找到實踐其價值與信念的可能;新公共管理論述,則係以經濟理論與公共選擇論述為基礎,藉此作為極小化政府部門之功能與角色、擴張私部門營利組織投入公共政策領域的可能。據此,新公共服務嘗試充分納入公民,或可謂各個可能之利害關係人於公共行政體系運作的過程中,以能夠順遂福利服務的輸送與執行。新公共治理則進一步以網絡夥伴合作治理的工作模式,盡可能納入公部門、私部門營利組織、非營利組織與個別公民於體系之中,一同找尋最佳價值之共識,並藉此共同執行,確切輸送實際需要、適合於在地的服務。換句話說,公共行政體系亦得以從網絡夥伴之中挑選具備共同價值信念者,將其納入體系之中,共同輸送服務與執行服務方案等,並維持一定程度的監督規範,過程亦應具備相當的透明度。如此一來,能夠運用適當的服務提供者,並藉由其連結妥適的資源,確切輸送所需的服務,達到服務對象因為無法充分參與社會事務,抑或因為無法取得充分的資訊,而面臨的社會不平等狀態。

表1 新公共政策管理論述之比較

比較面向	新公共政策管理之論述		
	新公共管理	新公共服務	新公共治理
理論與觀點之基礎	以經濟理論與公共選擇論述運用實證主義	以民主理論為基礎而詮釋與批判實證主義	以民主理論與政策網絡觀點運用實證主義
人類行為模式	經濟人	民主人	網絡人
公共利益之概念	其重點在於代表每個個人的整合利益。	將其視為公民交換彼此價值之結果。	將其視為網絡夥伴、公部門、私部門與人們能夠參與政府行政與公共服務並分攤共同的責任。
對公民之觀點	顧客	公民	網絡夥伴

比較面向	新公共政策管理之論述		
	新公共管理	新公共服務	新公共治理
對科層組織之觀點	負面	正面	正面
對私部門之觀點	正面	負面	正面
政府之角色	將其視為引導行動方向，並且模擬創造競爭之成果。如此一來，可將公營事業以事業管理模式私有化。	政府的角色，在於與社區及有關之公民協調後，方能順利輸送服務。	其角色，在於確保公共服務可由網絡夥伴共同提供，以給予人們與網絡夥伴參與政策的機會，並能在執行的過程中評估其成果。
政策目標之形成機制	創造相關機制與架構以提供補貼予參與運作之私部門與其他機構。	創造各個機構所形成的夥伴機制，無論是公部門、私部門、非營利組織與公民組織皆可，以尋求共識與合作要件。	使管理方式貼近網絡夥伴所共同建立的機制，而該機制往往專注於合作、設定目標、達成目標，以及一同工作等面向。
達成責任之手段	貼近市場體系的運作方式，關注於回應顧客需求與個人利益。	關注多元議題，舉凡法律、價值、社群、政治規範、專業準則與公民利益等。	回應公共利益，主要著眼於倫理面向，藉以被網絡認可。
管理方式之選擇	使所選擇之管理方法能夠達到相當高程度的企業目標。	所使用的管理選擇應是被需要的，且可以被認可。	能夠選擇所需的網絡合作，但應能夠被監督，且充分透明。
對組織結構的假設	分散化各個政府部門組織，並著重於直接控制與監督整體政府之運作。	將領導技術運用於管理，以促成所有部門，以及組織內外部合作工作的可能。	將政府架構與公務人員的角色亦納入網絡夥伴關係之中，以使其運作機制允許公部門、私部門、各方組織能夠一同參與行政體系之運作。
對行政人員與政府官員基礎動機之假設	除了具備企業家精神之外，另認為應縮小政府部門之規模。	以公共服務滿足社會的需求。	為解決缺乏參與以及社會不平等之議題。

資料來源：作者整理自 Sriram 等人（2019: 35-36, Table 1）之比較研究。

就前述的論述觀之，公私部門夥伴關係（public-private partnership）可謂是新公共治理論述的其中一種工具，藉此達到以合作治理的模式輸送所需之服務，進而滿足公部門預期的目的與目標。網絡夥伴透過與公部門合作治理福利服務之輸送，啟動由第三方（the third-party）輸送與執行服務方案，而公部門可藉此方式維繫與強化錯綜複雜的網絡夥伴之間的關係，並且依據彼此所訂定的契約訂定獎懲條件，以確保該第三方機構的合作態度。第三方機構亦應具備自身的行政架構，證明其具有足以輸送服務、完成委託的能力。與此同時，相對地，公部門搜尋與選擇合作之第三方機構，以及維持與網絡夥伴之間的關係，亦受到該國社會的法規、信任關係、各方面之能力等而定。換句話說，一方面，公部門組織須具備一定程度的政策規劃與發展能力，方能吸引與瞭解具備所需之能力的服務供給者，亦即網絡夥伴，進而與之維持相當程度的互動，藉此瞭解個別機構與組織的能耐與品質。另一方面，與所選擇的第三方機構合作之過程中所面臨的困境，亦須具備一定行政、法律、政治等能力的公部門為其解決，以能夠達到合作治理之網絡夥伴間所期待的目的與目標（Casady, Eriksson, Levitt & Scott, 2020）。如此一來，Emerson 與 Nabatchi（2015: 84, 183）指出，公私部門夥伴關係方於合作治理模式的運作過程中產出不同種類與面向的成效，並據此滿足個別服務對象與人口群的需求。然而，也因此，需要建立多重面向的評估體系以檢視合作治理所帶來的成效，包含諸如合作治理過程所採取的行動、社會各層面在運作過程中的適應情形，乃至於思考個別利害關係人在形成治理共識過程裡的角色是否能被充分關注與瞭解。

然而，就合作治理的理論與實務觀之，其論述內容往往模糊不清。舉例而言，在英文學術界的學術工作者所探究之「collaborative governance」與「cooperative governance」，在中文學術界皆被譯為「合作治理」；但實際上的意涵仍有一定程度的不同。若從字面而言，「collaboration」一字係指為了創造或生產某件事情而與另一個人或團體工作，但「co-operation」

之意思則在於為了共同的目標而一起工作或一起完成某件事情[3]。換句話說，若以本文所論述的福利服務輸送為例，則「collaborative governance」可指為了一起輸送服務而找到某個機構一同合作，而「co-operative governance」則進一步指與具備共同目標的夥伴一起輸送服務。據此，從字面的意義觀之，「collaborative governance」係指公部門組織為達成輸送社會福利服務之目的，與其他部門組織一起工作。至於「co-operative governance」，則著重於兩個具有共同目標的公私部門夥伴一起工作，進而達到彼此共享信念。

若從理論的觀點進一步探究，則可發現兩者之間亦有一定程度的差異。首先，Reilly（2015: 116, 120）的研究指出，當代社會較難理解，何以具有相對立場的部門與組織，願意在彼此都重視、欲取得一定位置與權力的議題上，選擇採取合作治理、分享資源之立場，而共同促成福利服務的輸送？在某種程度上，發現道德承諾（moral commitments）與自利行為（self-interest）有並存的可能，使得當代的「collaborative governance」在公私部門的夥伴關係之中，存在形成的空間。換句話說，舉例而言，願意與公部門合作的非營利組織，對於完善某項福利服務輸送體系具有一定程度的信念，並發現與公部門合作之下，能夠同時達到該組織道德層面的滿足，以及完成該福利服務輸送體系的自利行為，故願意以其持有的資源及利害關係人與公部門合作治理該福利服務機制。據此，能夠以創新的方式解決過往福利服務輸送上的困難，進而達到公部門與相關之公民共同追求的目的與目標。再者，Cepiku（2017: 142）認為「collaborative government」係一種決策與服務輸送的混合模式，而公私部門的夥伴能夠透過正式的、具共識的與集體的決策形成模式管理前述的輸送體系，進而回應所欲解決的議題。據此，進一步歸納「collaborative governance」

---

[3] 根據線上牛津英語字典（https://www.oxfordlearnersdictionaries.com/）的解釋，「collaboration」的字義為「the act of working with another person or group of people to create or produce something」，而「cooperation」係指「the fact of doing something together or of working together towards a shared aim」。（瀏覽日期：2024/08/18）

可採制度或個人模式；前者係由與該項福利服務有關的利害關係人共同促成，而後者若非基於一定的制度運作，則能維持的期間相對有限。至於 Mandell 與 Keast（2008: 718）之研究，提出「co-operation」、「co-ordination」與「collaboration」三者較趨近於連續性（continuum）之概念。在其論述中，認為「co-operation」較屬於短期、非正式且有限的資源分享模式，而「co-ordination」則偏向個別分立的組織一同投入特定的、彼此合意的服務方案之中。「collaboration」的特性，則相對長期、具風險性、需要體系的轉變以促成，及基於共同使命的強烈連結所執行的服務方案。然而，Soliman 與 Antheaume（2017: 24）則認為「co-operation」實際上是一種組織之間的正式化工作安排模式，本非緊密合作的工作模式。惟近年來非營利組織取得募款之能力持續下降，且福利服務之執行與輸送的需求與競爭性不斷提高，使得公私部門之間必須發展為真實的「co-operation」，亦即「collaboration」。

　　承上所述，雖然「co-operative governance」與「collaborative governance」會被視為可相互取代的字詞，而同樣譯為「合作治理」，但實際上並不完全相同。整體而言，「co-operative governance」為公私部門基於共同具備的目標而一起工作、分享有限的資源，且著眼於相對短期的目標而合作。至於「collaborative governance」，相對於「co-operative governance」，為一長期性、具風險性、基於公私部門所相同的使命，而一起輸送與執行某項福利服務方案。然而，隨著當代非營利組織的發展困境，以及對公部門財務資源方面之一定程度的仰賴，在福利服務輸送與方案執行上，相對趨近於「collaborative governance」的定義，亦為本文「合作治理」所採之定義。據此，Ansell 與 Gash（2008）之研究依據 137 篇關於合作治理之論述，歸納其理論模型，並指出合作治理的核心要件在於時機（time）、信任（trust）與獨立（independence）三者，亦即公私部門於建構合作治理的體系須待時機水到渠成，且運作的過程之中應具備相當程度的信任關係，且讓接受委託的非營利組織能夠獨立運作。至於合作治理模型的運作模式，如圖 1 所示，可進一步區分為起始條件、制度設計、催化式領導

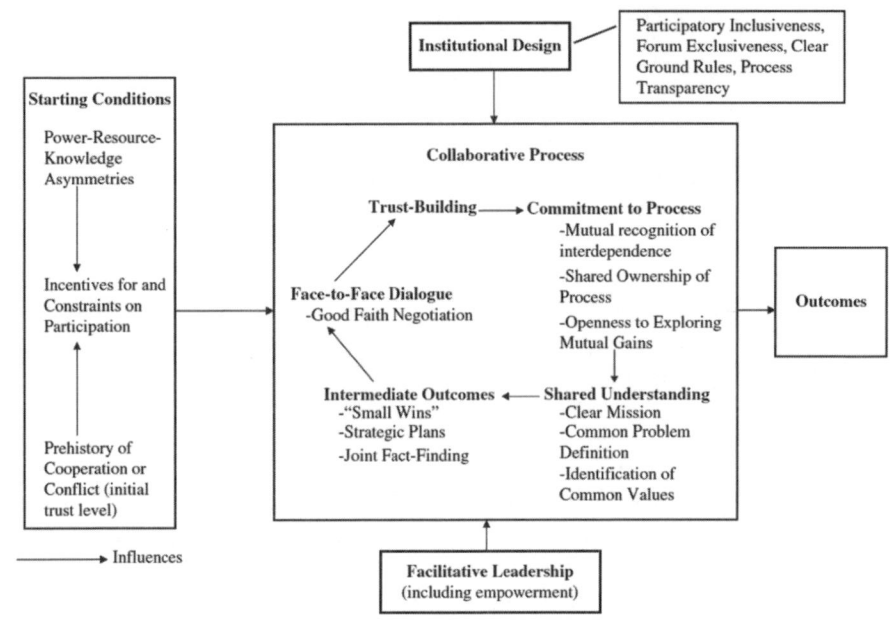

第十章　非營利與政府組織於福利服務輸送的合作治理——以屏東縣社區照顧服務支援中心為例　233

圖 1　合作治理（collaborative governance）模型
資料來源：整理自 Voets 等人（2021: Figure 1）。

（facilitative leadership）、合作過程，以及合作治理之成果等五個部分。其中，合作治理的起始條件，主要在於權力、資源與知識不對稱，以及公私部門夥伴的過往合作經驗，而推動此等治理模式的可能。緊接著，在合作過程之中，往往須經過面對面的對話以確定彼此之友善關係、信任關係之建立、對於程序的承諾、確認彼此的認知、協調執行過程的成效等步驟，而形成循環。為了促成合作程序得以實現，須一定程度的制度設計，以及培力利害關係人與建立共識。如此一來，則能檢視合作治理模式執行期間的成效。

在合作治理的過程中，公部門組織以外的公民社會行動者，包括私部門之營利與非營利組織，乃至於服務輸送體系中的各類服務提供者與服務使用者等，皆為重要的利害關係人。而公部門組織所選定的私部門之合作組織，在當代社會下多為非營利組織，則具備公部門相對不足的資源、知識與網絡體系等，亦為被倚重的原因之一。隨著合作治理模式的運作

與發展，往往被期待能嘗試運用更為創新的工作方法執行與輸送所約定的福利服務。即便如此，在實務上卻也發現：具有一定權力的利害關係人反而主導合作程序、公部門組織實際上可能缺少實際合作的意願，以及公私部門夥伴對彼此之不信任，將造成誠信協調的障礙。因此，除了合作治理模式外，以下將進一步概述社會創新與利害關係人理論，作為後續分析的基礎。

二、社會創新論述

自 1970 年代便已開啟社會創新的相關論述，當時的主要觀點在於以創造新的社會結構、新的社會關係與新的決策模式以促成社會轉型。而後於 1980 年代結合以新自由主義為基礎之新公共管理觀點，嘗試納入整體社會在福利服務輸送上之利害關係人於體系之中，而有進一步的新公共服務與新公共治理模式的探討。其主要的考量，除了盡可能極小化公部門組織在福利服務輸送體系與服務方案執行上的角色，也在於降低政府財政上的負擔。換句話說，其社會創新的觀點，不侷限於從事新的事務，也在於以不同的、多元的方式提供過往的福利服務，抑或尋求不同的方式回應相同的社會問題。據此，在過程之中，也能更為直接、深入地看見服務對象的需求，並且在本文所欲探究之合作治理的夥伴網絡之中，連結所需之資源以滿足其需求。雖然與公部門組織合作的網絡夥伴，在進入福利服務輸送體系後，運用其知識、能力、資源等，逐步增進服務之內涵、品質，甚且不斷創新其服務輸送之方法，隨著不同時間之下的大眾需求而前進，惟原先加諸於合作治理體系中的基礎制度設計亦應隨著此等運作需求而適時調整。其中，在 1990 年代之後所連結與運用的資源與知識不斷深入，除了啟動合作治理之主要角色的公共行政體系外，甚且涵蓋諸如歷史、社會運動、社會行政體系、社會心理學、經濟學、社會企業等寬廣的領域。此等發展或可說明，社會創新的核心要素應在於：解決方案的創新、增進整體社會採取行動之能力、改變社會結構與關係，以及滿足社會大眾之需

求等四者（Portales, 2019: 4-6）。如此一來，方能在當代社會不斷呈現其需求之同時，讓合作治理之體系能夠具備更大的可能性、彈性回應其挑戰與衝擊；此亦可理解為，當代社會在發展過程中的契機。舉例而言，若政府、市場與市民社會等部門之組織在面對技術發展、人民之遷徙（包含移入與流出）、失業、貧窮、全球化、人口結構，乃至於氣候變遷等發展，仍以過往的政策模式與思維回應，必將無法因應社會大眾的需求。其中，非政府部門之組織為求在社會變遷的過程中找到生存與永續的方法，其彈性作為與因應方式往往走在公部門組織之前（Hubert, 2010: 16-22; Walker, 2019b: 8-10）。

為持續推動社會創新之政策理念於各個歐盟成員國，歐洲聯盟執行委員會（European Commission, 2013: 6）將社會創新定義為藉由「發展與執行新理念，以回應社會需求並創造新的社會關係與合作模式……其主要的目標，在於提升人類的福祉」。在運作的過程中，亦融入前述的社會投資政策論述，故而指出「社會創新不僅止於是一種目的，亦為一種手段……其不只對當代社會有正向的成果，亦可強化人們的行動能力」。據此，為了找到回應在地需求的有效方法、協助在地社群面對複雜社會議題之挑戰、培力與整合各個利害關係人能夠一同工作與解決困境，以及運用更少的資源回應社會大眾所需，需先與公私部門網絡夥伴凝聚共識與理念，而後著手試做以找到合宜的模式，方於之後擴大執行，進一步擴大成為國家與地方政府層級之公共與社會政策內涵（European Commission, 2013: 17-20）。然而，在找尋使整體社會發展可產生系統性改變之方式以回應複雜的社會議題時，Galego 等人（2022: 267-269）之研究指出，此意謂著須滿足三個相關連的關鍵面向，或謂社會創新過程中的三個支柱（pillars）：透過集體行動以回應過去被忽略之人口群的社會需求、社會關係的轉型，以及培力公民一同促成社會政治層面的轉型。第一，社會創新的過程中，需要各類組織、合作、團結以促成個別領域的社會實踐，包含諸如社會企業、時間銀行、學校、以提供福利服務為導向的自願組織、自治形式的社區中心（或近似於我國的各式據點）等，以滿足社會大眾在社區生活的各種需

求。第二，社會創新的概念，係從社會關係夥伴中的互動而逐漸形成，也據此不斷調整網絡夥伴的社會關係。第三，社會與權力關係之轉型，期待係以由下而上的體系發展而成。換句話說，若社區中的居民能夠長出與各類網絡夥伴與利害關係人互動能力，則將開展與強化其公共參與及參與決策的機會。當公私網絡夥伴所建構的合作治理模式能夠採取此等社會創新以運作，則如 Prandini 與 Ganugi（2024: 123）歸納當前的諸多實踐案例可知，將使各式各樣可能受到新服務模式所影響的利害關係人加入其中，並且一同凝聚共識，進而形成決策。換句話說，即便此等夥伴網絡裡的利害關係人具有不同的觀點，都能夠有機會在該體系之中發聲，並在討論的過程之中找到不同聲音之間的平衡點，則可藉此找到該網絡夥伴體系裡的最佳價值。再者，隨著利害關係人的參與，亦能夠培力其所需的能力，進而達到集體合作，乃至於共同治理、共同管理，以及共同創造（co-creation）的可能性。

整體而言，社會創新在合作治理觀點與實踐之過程中，嘗試盡可能整合與培力公私部門網絡中的各類利害關係人，以能夠在凝聚觀點與共識、呈現個別的想法與論點、連結與運用各個人口群所持有的資源，進而找尋不同利害關係人之間的平衡點。如此一來，一方面能夠促成共同創造的服務輸送模式與服務方案執行方法，另一方面則藉此連結網絡夥伴中的資源，進而極小化原先在政策形成過程中所消耗的額外成本。

三、利害關係人理論與資源基礎論述

在公私部門夥伴關係之中，由公部門組織觀點看合作治理運作方式的相關研究中，指出公部門組織若欲順利執行服務方案、建立服務輸送體系，則應將所涉及的利害關係人也一併納入服務體系裡。其中，一方面，利害關係人不只在於組織內部，更在組織外部。另一方面，當代公部門組織需大量仰賴與運用外部利害關係人的資源網絡，同時完成目的與目標，以及增加自身的服務價值。如此一來，每次與網絡夥伴合作，應著重

於建立與擴充網絡夥伴的密切關係,也讓公部門組織能夠永續經營、運作,進而發展為行政體系、不同政策領域、專業工作者等所組成的社群（Berman & Johnson-Cramer, 2019: 1360-1366; Hillman & Keim, 2001: 128；李映萱,2022: 28-29）。對此,Lasker 與 Weiss（2003: 121-124）的研究進一步指出,新公共治理欲建立合作夥伴之網絡的原因之一,在於追求其綜效（synergy）。換句話說,在新公共治理的論述之下,公共行政體系可以透過所建立的網絡夥伴治理體系,將服務對象或社區所需的人與組織,亦即利害關係人連結並導入其中,進而充分滿足社會大眾之需求。在過程之中,網絡夥伴可運用彼此的專業知識、技術與資源,彙整其感受、觀察與統計資訊,連結人們、組織與群體,確認合法性與可信度,以及藉由會議形式凝聚共識等,於充分整合後,可成功創造在思考與行動上的突破。其成效,必然相較於過往僅由公部門生產與輸送福利服務及現金給付,抑或在新公共管理論述所推崇的市場部門,亦即私部門營利組織提供前述的服務與給付,更為顯著與可觀。如此一來,過往在新公共管理論述之下無法克服的、複雜的困境與社會問題,於新公共治理的合作治理運作方式之下,皆有被解決的可能。

然而,若在福利服務輸送領域運用合作治理論述的同時,欲運用利害關係人理論與資源基礎觀點看待利害關係人在公私夥伴網絡裡的角色與定位,須更為謹慎。質言之,若公部門組織將其網絡夥伴皆視為某種程度上的資源,提供與增進公部門所無法自行發展、連結與累積的專業知識與技能,以及更為寬廣的社群夥伴,該觀點未必完整。Freeman、Dmytriyev 與 Phillips（2021: 1760-1766）的研究嘗試補充其不足之處,並提出應深入探究與關注的四個面向。首先,應充分結合規範。由於新公共治理亦講求一定程度的去除法律規範之管制,以能夠增進其運作方式的彈性。因此,過往社會所賴以運作的基礎價值、規範與倫理逐漸模糊。在整合利害關係人與資源基礎的論述之下,應回歸過往的社會規範,以能夠讓其運作之成效,相當程度符合社會大眾之期待。第二,重新校正永續的意義。在 1980 年代以來的新自由主義論述之下,維持與提升競爭力成為管理觀

點上的主流。然而,在福利服務輸送體系的發展與管理上,其永續的意涵並不在於取得競爭上的優勢,而在於維持與發展利害關係人之網絡,以能夠,一方面,讓福利服務之輸送與執行符合服務對象之需求,另一方面則讓服務之提供可以透過利害關係人網絡永續運作,甚至於不斷累積相關經驗,而提升其品質與技術。第三,應著重於服務對象,而非資源。雖然服務對象亦為利害關係人的類型之一,但在福利服務輸送與服務方案執行過程中的各個利害關係人,則是連結與提供資源的對象。換句話說,藉由輸送與執行服務的利害關係人所連結之資源,滿足服務對象之需求為當代福利服務輸送體系的運作方式,最終的目的係在於滿足服務對象的需求。因此,服務對象,或謂人群方為核心議題。第四,在過於強調競爭的基礎上,應相對讓合作有更多的空間。質言之,在同時關注競爭與合作關係的當代社會中,合作治理的運作過程必然有相當多的考慮面向。因此,與公部門組織合作的其他組織,亦需在維持與運作其網絡夥伴關係之餘,著重在經濟關係的面向,以能夠達到競爭與合作之間的平衡。

據此,從利害關係人與資源基礎的觀點觀之,當代公私夥伴關係網絡之發展,一定程度係基於公部門組織欲藉助於私部門各類型組織已經建立的夥伴網絡體系,以及所持有、運作與發展的各式資源,協助其達到公共與社會政策上的目的與目標。即便如此,福利服務輸送體系與服務方案之執行,亦隨著競爭理念而逐漸變質,諸如財務資源、服務量、話語權等面向的爭奪,藉以提升該組織的永續性。然而,也因此逐漸偏離服務對象為「人」的核心理念。換句話說,藉由恢復一定程度的社會規範、價值與倫理,重回人們過往所共有的價值信念,並在此等基礎上連結與運用資源,則是新公共治理模式運作中的重要思維。

參、我國與屏東縣社區照顧關懷據點之發展與現況

我國據點相關規範的發展,係源於 2005 年所施行的《建立社區照顧

關懷據點實施計畫》(以下簡稱《實施計畫》),而後由各縣市政府積極拓展與設置各村里的據點。屏東縣各鄉鎮市之村里的據點布建速度,在我國各縣市政府之中名列前茅。其發展出的據點輔導與管理模式,亦為其他縣市政府所仿效。以下將先概述我國據點相關政策與規範之內涵,而後呈現屏東縣據點數的發展與現況。

一、我國社區照顧關懷據點相關制度之發展

我國的「社區照顧關懷據點」,應可說是社區照顧服務領域的核心體系。最早的相關設置,可回溯至時任台南縣縣長蘇煥智先生於 2001 年所推動的社區關懷據點,而成為其任職期間的施政重點之一(趙卿惠,2016)。至於後來關於設置據點的正式規範,係因前述於台南的正向實務經驗,遂進一步發展為行政院於 2005 年所提出之「臺灣健康社區六星計畫」。在該計畫之中,強調政府應採由下而上的社區發展模式,並運用社區工作方法建立「社區主義」的核心理念與價值。據此,規劃於 2005 年建立據點的設立機制,而後分別於 2006 與 2007 年推動與落實據點設置、於全國積極推動據點至建立,以能在 2008 年展現其初步的成果(劉素芬,2016: 306-307)。承前所述,為建立我國的據點設立機制,隨即於 2005 年 05 月 18 日通過《建立社區照顧關懷據點實施計畫》(以下簡稱《實施計畫》),以為後續設置與推動據點布建的基礎。該《實施計畫》指出,據點的主要目的在於「提供在地的初級預防照護服務,再依需要連結各級政府所推動社區照顧、機構照顧及居家服務等各項照顧措施,以建置失能老人連續性之長期照顧服務」。換言之,據點為社區照顧的一個重要環節,可先行協助瞭解健康與亞健康高齡者的身體健康狀況,並視情形與需求提供必要的資訊,乃至於協助連結與轉介至合適的服務,藉此建構高齡友善的在地老化體系(杜敏世,2013)。至於據點的功能,依據該《實施計畫》,應至少提供關懷訪視、電話問安與諮詢轉介、餐飲服務,以及健康促進活動等四項服務之中的三項,以發揮預期的角色,並藉此初級預

防照顧機制連結居家式、社區式或機構式的正式照顧服務體系（請詳圖2）。

隨著行政院於 2007 年所推出並執行的《長期照顧十年計畫－大溫暖社會福利套案之旗艦計畫》，而開啟 2007 年至 2016 年之間的長期照顧服務體系之設置與推動（以下簡稱「長照 1.0」）。該「長照 1.0」的主要內涵，在於建立高齡者所需的身體照顧服務體系，包含諸如居家照顧服務、日間照顧服務、家庭托顧服務、居家護理、居家復健、輔具服務、餐飲服務、喘息服務等面向（內政部社會司，2007）。至於依據前述《實施計畫》，擔負社區照顧重責的據點，則持續提供社區裡亞健康長輩所需的關懷訪視、電話問安、諮詢轉介與餐飲服務等四項功能。在長照 1.0 規劃之下逐步發展與推動的長期照顧服務系之後，行政院衛生福利部（2016）進一步推出《長期照顧十年計畫 2.0》，規劃在 2017 與 2026 年的十年之間整合社區照顧與身體照顧兩個部分於一個體系，而建立由 A 級社區整合型服務中心、B 級複合型服務中心，以及 C 級巷弄長照站（以下簡稱 C 級據點）等三個層級類型之社區服務體系，並稱之為社區整體照顧模式，自 2016 年 11 月起推動。

在此等社區服務體系中的 C 級據點，係以長照 1.0 時期所發展的據點為基礎。其服務內容，除了維持原有的營養餐飲服務（共餐或送餐），以及就近提供可促進社會參與之活動以外，預防失能或延緩失能惡化服務的部分係以導入延緩失能課程進入據點為方式，而短時數照顧服務或喘息服務（臨托服務）則以日照中心之形式落實。由於在長照 2.0 所規劃的據點角色，附加偏向身體照顧面向的服務，以致承接 C 級據點的辦理單位，加入醫事機構、社會工作師事務所、老人福利機構、身心障礙福利機構等，亦維持原具備承辦據點資格的財團法人、社團法人、社會福利團體、社區發展協會、村里辦公室、老人服務中心、樂智據點、瑞智互助家庭等，可進階申請運作一日至五日的 C 級據點（行政院衛生福利部，2016: 88-89, 92-93）。因此，以身體照顧為主軸的日照中心，及提供喘息與臨托服務的據點（即俗稱醫事 C 據點），係由衛政單位所管理；以社區照顧為

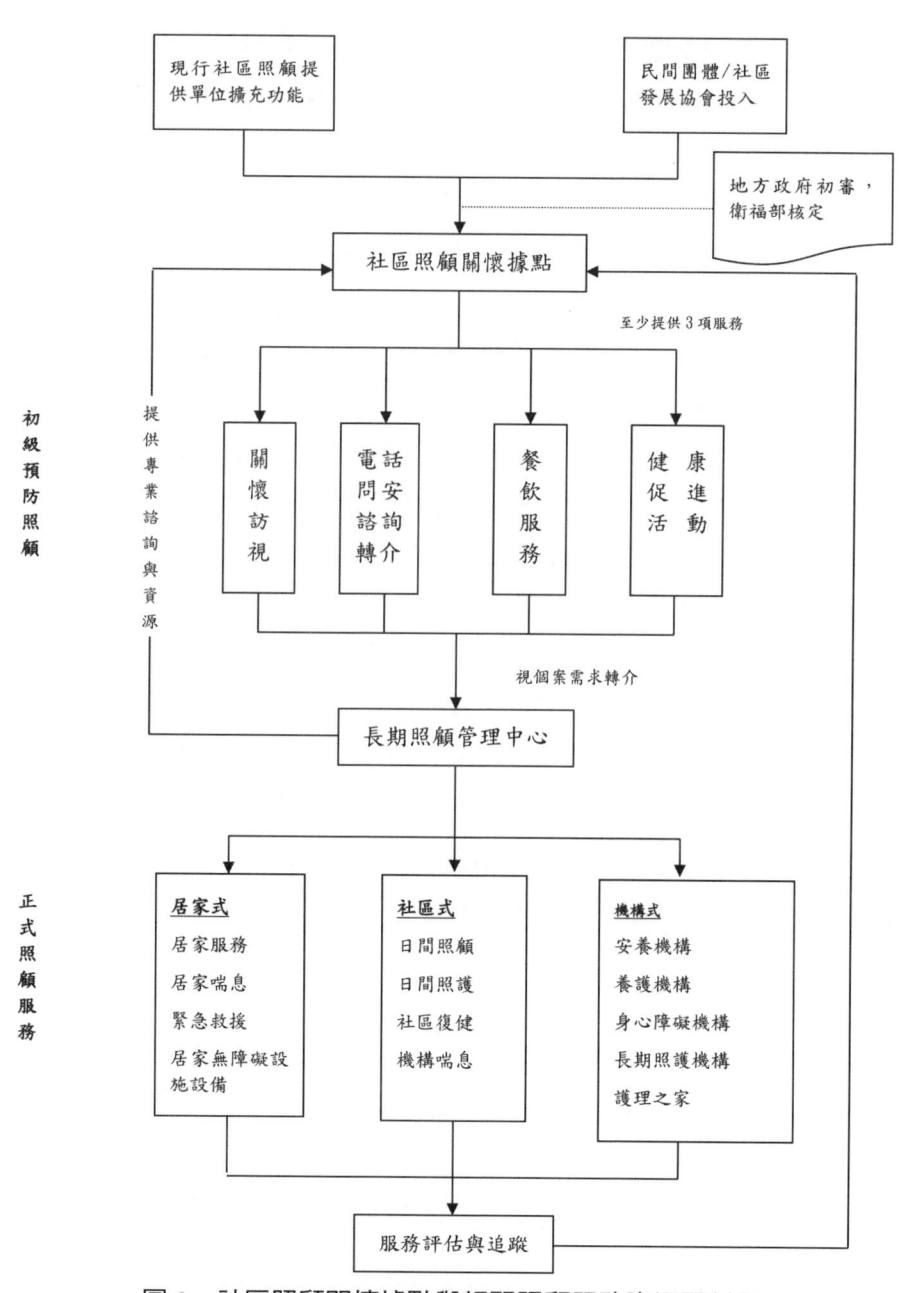

第十章 非營利與政府組織於福利服務輸送的合作治理——以屏東縣社區照顧服務支援中心為例　241

```
┌─────────────┐                    ┌─────────────┐
│現行社區照顧提│                    │民間團體/社區│
│供單位擴充功能│                    │發展協會投入 │
└──────┬──────┘                    └──────┬──────┘
       │                                  │        ┌──────────────┐
       │                                  │        │地方政府初審，│
       │                                  │╌╌╌╌╌╌╌╌│衛福部核定    │
       │          ┌─────────────┐         │        └──────────────┘
       └─────────►│社區照顧關懷據點│◄────────┘
                  └──────┬──────┘
                         │ 至少提供3項服務
        ┌────────┬───────┼────────┬────────┐
        ▼        ▼       ▼        ▼
     ┌────┐  ┌────┐  ┌────┐  ┌────┐
     │關懷│  │電話│  │餐飲│  │健康│
初   │訪視│  │問安│  │服務│  │促進│   提
級   │    │  │諮詢│  │    │  │活動│   供
預   │    │  │轉介│  │    │  │    │   專
防   └──┬─┘  └──┬─┘  └──┬─┘  └──┬─┘   業
照      │       │       │       │     諮
顧      └───────┴───┬───┴───────┘     詢
                    │視個案需求轉介    與
                    ▼                  資
             ┌─────────────┐          源
             │長期照顧管理中心│
             └──────┬──────┘
        ┌───────────┼───────────┐
        ▼           ▼           ▼
     ┌──────┐   ┌──────┐   ┌──────────┐
正   │居家式│   │社區式│   │機構式    │
式   │居家服務│ │日間照顧│ │安養機構  │
照   │居家喘息│ │日間照護│ │養護機構  │
顧   │緊急救援│ │社區復健│ │身心障礙機構│
服   │居家無障│ │機構喘息│ │長期照護機構│
務   │礙設施設│ │        │ │護理之家  │
     │備      │ │        │ │          │
     └───┬──┘   └───┬──┘   └────┬─────┘
         └──────────┼────────────┘
                    ▼
             ┌─────────────┐
             │服務評估與追蹤│
             └─────────────┘
```

圖2　社區照顧關懷據點與相關照顧服務資源關係圖
資料來源：整理自《建立社區照顧關懷據點實施計畫》之附件一。

主要工作內容的原據點,及依據長照 2.0 而擴充並提供營養餐飲、社會參與及預防失能服務之 C 級據點,其管理之責則歸社政單位。

即便如此,監察委員陳小紅(2017)依據 2015 年所呈現的據點發展與業務上之困境,進一步探討究竟 2016 年年底開始推動的 C 據點,是否能夠確切回應在地生活之高齡者的需求?該調查報告除了檢視據點擴充與布建的可能限制外,亦指出 2017 年 5 月時的各縣市據點涵蓋率介於 18.81%(雲林縣)與 56.76%(金門縣)之間,而據點的服務涵蓋率[4]則介於 48.20%(雲林縣)與 100.00%(臺北市)之間;惟服務涵蓋率僅以平均數呈現,而非嚴謹依循其定義。換句話說,部分縣市的涵蓋率仍有待提升。再者,該報告亦指出據點發展的諸多困境,包含據點的課程日復一日而不再具有足夠吸引力、對於不同的高齡世代之課程需求無法充分滿足、志工人力不足、沒有合適的場地、據點所在地的可近性,乃至於適合各地高齡者的據點運作型態等,皆未有充分的調查、研究與思考,使得據點的布建與擴充未必能如政策所預期。該等議題,在長照 1.0 時期所運作的據點即已呈現(周宇翔、王舒芸,2019;王仕圖,2013;邱泯科、傅秀秀,2014);在長照 2.0 推動之後,仍為待解決的問題。即便如此,亦有諸多研究指出,從長照 1.0 開始布建的據點,確實能夠達到提供高齡者在地生活的社會參與,乃至於延緩其失能與失智的速度與程度。較須注意之處,則在於能夠確切瞭解據點與社區的需求,適當地協助其連結與引進資源,並且持續檢視與調整以回應其需求(何華欽、林宏陽、戴品芳、何華倫,2016;葉明勳、陳碩菲,2019;馬振來、郭俊巖、呂季芳,2017;高家常、林沛綺、黃惠滿、林祐樺,2013)。

二、屏東縣社區照顧關懷據點與支援中心之發展與現況[5]

屏東縣政府從長照 1.0 政策推動開始,便相當積極於落實在地老化等

---

[4] 基於長照 2.0 的據點布建目標設定為每三個村里設置一個據點,亦即一個據點至多服務三個村里的居民。

[5] 本節的資訊,部分係來自於時任長青科科長徐紫雲女士之訪談,部分則由本文作者

政策目標。不僅同時著力於社區照顧與身體照顧服務，也充分開拓與連結相關的資源，以豐富該等服務的內容與品質。在據點的部分，屏東縣政府自 2005 年開始擴大布建據點以來，又佐以中央政府推動「一鄉一日照」，乃至於屏東縣政府的「安居大社區」概念所推動的「一村一據點」，在屏東縣政府的轄區內，盡可能達成「一鄉一日照（托）」、「一村一據點」，以及「普設老人學習中心」[6]。如此一來，幾個鄉鎮的據點涵蓋率已達到 100%；常以「全壘打」一詞稱之。

在過去約 20 年之間，如表 2 所示，屏東縣的據點設置數從 2005 年的 14 處擴充至 2008 年的 120 處，之後經歷幾年 2009 與 2010 年的撤點，自 2011 年即從 97 處據點一路成長至 2024 年的 406 處。據點的涵蓋率則自 2005 年 3.01% 提高到 2008 年的 25.86%，再從 2011 年的 20.91% 提高至 91.65%。至於自 2015 年正式推動與拓點的原鄉地區文化健康站（簡稱「文健站」），在 2014 年時共有 20 處文健站的前身，亦即「部落老人日間關懷站」，而後從 21 處文健站增加至 2024 年的 74 處[7]。其中，由屏東縣社會處所管轄的據點業務，在 2005 年至 2011 年之間係屬於社會行政科的管轄範圍，而後在 2011 年組織改制時成立長青科，並將據點業務轉至長青科，運作至今。

潘孟安縣長於 2014 年開啟第一任的屏東縣治理任期時，便積極推動前述的「安居大社區」、「在地安老」、「一村里一據點」等政策目標。在這個政策規劃之下，係由時任副縣長的吳麗雪女士定期召開「安居大社區」

之一劉興光主任補充，另佐以當時的相關會議紀錄與文件。

[6] 請參照中國時報電子報〈「一村一據點」、「一鄉一日照」屏縣來義鄉達陣〉（2017 年 6 月 30 日）（https://www.chinatimes.com/realtimenews/20170630006359-260405?chdtv）。（瀏覽日期：2024/08/18）

[7] 關於文健站的設置時間與相關之發展，請參照《大學報》於 2023 年 3 月 16 日以〈守護原民長者的家：如何延續文健站的光？〉為題的專題報導（https://unews.nccu.edu.tw/unews/%E5%AE%88%E8%AD%B7%E5%8E%9F%E6%B0%91%E9%95%B7%E8%80%85%E7%9A%84%E5%AE%B6%EF%BC%9A%E5%A6%82%E4%BD%95%E5%BB%B6%E7%BA%8C%E6%96%87%E5%81%A5%E7%AB%99%E7%9A%84%E5%85%89%EF%BC%9F/）。（瀏覽日期：2024/08/18）

表2 屏東縣社區照顧關懷據點與文化健康站之設置數與涵蓋率（2005-2024）

年份	社區照顧關懷據點設置數	文化健康站設置數	據點涵蓋率（%）*
2005	14	-	3.01
2006	55	-	11.85
2007	89	-	19.18
2008	120	-	25.86
2009	114	-	24.57
2010	84	-	18.10
2011	97	-	20.91
2012	116	-	25.00
2013	128	-	27.59
2014	150	20	32.33
2015	201	21	43.32
2016	226	23	48.71
2017	282	31	60.78
2018	326	38	70.26
2019	350	53	75.43
2020	366	68	78.88
2021	382	68	86.23
2022	392	72	88.49
2023	402	74	90.74
2024**	406	74	91.65

附註：*屏東縣33鄉鎮市之中，於2020年之前共有464處村里，自2021年起則減少為443處村里。據此，據點設置比例之計算，係以據點數除以總村里數。

**2024年之數據，僅統計至7月底。

資料來源：作者整理自屏東縣社會處所提供之統計資料。

跨局處會議，期待七個社會福利服務中心協助其轄區範圍裡的據點發展，每個鄉鎮能夠在衛生所的協助之下發展一處多元照顧中心，而每個村里可以在鄉公所的協助之下設置一處據點為中長期之目標。經過歷次跨局處會議之研議，為了妥善提升據點輔導之人力與品質，一方面在社會處內調整

長青科與各區社會福利服務中心的社工人力，另一方面規劃由外部的非營利組織承接輔導團隊，期待由兩邊的人力共同促成據點之發展。其中，欲委託外部非營利組織擔任輔導團隊的部分，在 2015 年的歷次會議之中，將其名稱暫定為「高齡者照顧服務支援中心」，並初步規劃為屏南與屏北兩區。在 2015 年第六次「安居大社區」會議中，決議先委外屏北支援中心之部分，待輔導模式建立後，再擴及另外兩區。據此，在 2015 年 10 月至 12 月之間的委外辦理，先行試辦屏北支援中心，定名為「社區照顧服務支援中心」。而後，考量七個社會福利服務中心與警政體系分局的分布，以及僅分為南北兩區則幅員過廣，故將支援中心擴充為北、中與南三區，並自次（2016）年起正式運作至今。

在 2016 年支援中心正式運作之前，僅由屏東縣社會處社會行政科，以及 2011 年組織調整後所設立的長青科，投入據點業務之人力。支援中心成立之後，即由長青科據點督導與各支援中心之督導與社工分工，共同協助社區據點之發展。依據表 3 所示之統計數據，長青科於 2011 年至 2016 年之間僅配置據點督導人力，但由 2011 年的 4 位據點督導增加至 2016 年的 9 位，並自 2017 年起額外配置純青巡迴人力 1 名，以及 2018 年開始導入之延緩失能專員 1 名，擴充整體的服務與輔導能量。直至 2024 年 7 月，長青科配置於據點業務的人力共計 17 位，分別為 12 名據點督導、3 名純青巡迴人力，以及 2 名延緩失能專員。

支援中心與長青科所運作的共同治理模式，於 2015 年第四季導入屏北區所屬的 10 個鄉鎮市後開始。在開始的三個月內確立基礎的運作機制之後，自 2016 年起正式施行於屏北區，亦於同年擴展至屏中區所涵蓋的 11 個鄉鎮。屏南中心則為三區之中最晚成立者，直至 2020 年 7 月方有非營利組織承接，將據點輔導之服務推展至屏東縣最南端的 9 個鄉鎮（請參照表 3）。三個支援中心的人力配置，原則係以 1 位社工員負責約 30 個據點的督導與訪視工作，而屏南中心因考量幅員廣闊，且據點之間的距離較遠，故以一位社工員負責約 20 個據點為案量。依據屏東縣政府《建立社區照顧關懷據點及巷弄長照站輔導辦法》之內容觀之，據點的輔導內容包

含核銷，以及督導、輔導與檢核兩個主要面向。支援中心被交付之任務，依據勞務採購契約與服務建議書之內容，主要在於輔導與檢核。另辦理據點志工教育訓練課程，以及開發創新及加值方案，藉此深入培力據點之人力與社區居民。除此之外，亦需辦理一定場次的分區與全區之聯繫會議與培力課程。換言之，支援中心之督導與社工員在每月至少訪視據點一次外，亦有各自主責的方案活動，以及深入培力的創新、加值型方案等。

首先成立的屏北中心，由財團法人聖功社會福利慈善基金會（以下簡稱「聖功」）承接，辦公室地點設置於鹽埔鄉社會福利服務中心。為了履行前述的標案內容，自 2015 年第四季起配置 2 名社工員，以及 1 位兼任中心主任與督導，由資深的社區社工蕭淑媛社工督導出任。屏北中心於 2016 年起增加配置 1 位社工員，而後隨著據點的持續擴充，於 2019 與 2024 年分別再增配 1 名社工員，達到目前的 5.5 位人力配置。屏中中心於 2016 年正式運作，當時係由長榮大學社會力研究發展中心承接，辦公室設置於泰武鄉平和部落，以長榮大學應用哲學系黃肇新老師為主任、朱建霖先生為督導，另配置 3 位社區工作人力。自 2017 年起，屏中中心的團隊異手，改由弘道老人福利基金會（以下簡稱「弘道」）承接至今，並自 2019 年起將辦公室設置於潮州鎮行政辦公室內。該中心係以弘道屏東中心陳峙瑋處長統籌團隊業務，並由郭明珠組長主責該中心之業務，其下領導 4 位社工與社區輔導員提供據點輔導與支援業務。屏中中心在成立之初，配置 1 位督導與 3 位社區輔導員，共 4 名人力，自 2018 年增加配置 1 名社區輔導員至今，而成為目前 5 名人力的規劃（請參照表 3）。

至於成立在 2020 年 7 月的屏南中心，係由國立屏東科技大學承接其業務，由該校社會工作系林宏陽老師擔任無給職的計畫主持人，配置 1 位全職主任兼督導，以及 3 位社工員；該中心主任，係由劉興光社工督導出任。自隔（2021）年起，改由社團法人臺灣福利厚生學會（以下簡稱「厚生」）承接，計畫主持人與主任兼督導不變，亦配置 3 位社工員，有給人力之總數維持為 4 名（請參照表 3）。屏南中心相較於屏北與屏中中心的南北幅員寬廣，在設置行政辦公室時需考量讓佳冬與滿州之據點夥伴容易

表 3　屏東縣政府據點輔導人力與三區支援中心人力（2010-2024）

年份	屏北區* 督導	屏北區* 社工	屏中區** 督導	屏中區** 社工	屏南區*** 督導	屏南區*** 社工	三區支援中心總人力	屏東縣政府社會處長青科配置人力 據點督導	屏東縣政府社會處長青科配置人力 純青巡迴人力	屏東縣政府社會處長青科配置人力 延緩失能專員	社會處長青科總人力
2010	0.5	-	-	-	-	-	-	-	-	-	-
2011	0.5	-	-	-	-	-	-	4	-	-	4
2012	0.5	-	-	-	-	-	-	4	-	-	4
2013	0.5	-	-	-	-	-	-	4	-	-	4
2014	0.5	-	-	-	-	-	-	5	-	-	5
2015	0.5	2	-	-	-	-	2.5	6	-	-	6
2016	0.5	3	1	3	-	-	7.5	9	-	-	9
2017	0.5	3	3	3	-	-	7.5	9	1	-	10
2018	0.5	3	4	4	-	-	8.5	12	1	1	14
2019	0.5	4	1	4	-	-	9.5	9	1	1	11
2020	0.5	4	4	4	1	3	13.5	10	2	1	13
2021	0.5	4	4	4	1	3	13.5	10	3	1	13
2022	0.5	4	4	4	1	3	13.5	11	3	1	15
2023	0.5	4	4	4	1	3	13.5	12	3	2	17
2024*****	0.5	5	1	4	1	3	14.5	12	3	2	17

附註：* 屏北中心所涵蓋之 10 個鄉鎮市，分別為屏東市、長治鄉、麟洛鄉、九如鄉、里港鄉、鹽埔鄉、高樹鄉、霧台鄉與三地門鄉。
** 屏中中心所涵蓋之 11 個鄉鎮市，分別為內埔鄉、萬巒鄉、竹田鄉、潮州鎮、崁頂鄉、新園鄉、東港鎮、新埤鄉、林邊鄉與琉球鄉。
*** 屏南中心所涵蓋之 9 個鄉鎮市，分別為佳冬鄉、枋寮鄉、枋山鄉、車城鄉、恆春鎮、滿州鄉、獅子鄉、春日鄉與牡丹鄉。
**** 屏北區支援中心係聘兼任督導人員擔任該中心主任，故其督導人數計為 0.5。
***** 2024 年之數據，僅統計至 7 月底。
****** 屏東縣政府社會處長青科係於 2011 年社會處組織改制時增設，將原來配置於社會行政科的據點督導人力撥入新成立的長青科，並延續原本社會處所提供之官方統計數據。

資料來源：作者整理自屏東縣社會處所提供之據點督導數據。

造訪，故於一開始將辦公室定於車城鄉車城國小旁，而後遷至恆春鎮仁壽里。目前將主要的辦公室設於恆春鎮德和里，並在枋寮鄉東海村設有定期開放的辦公室，由中心主任與負責佳冬鄉與枋寮鄉之社工員交替輪班，以利北邊轄區的社區志工與工作人員辦理行政、輔導與諮詢等業務。

如此一來，就屏東縣政府社會處投入共同治理據點輔導的資源觀之，如表 3 所示，一方面，為提升據點輔導能量而改組成立長青科，配置專門人力督導，在 2024 年 7 月共已規劃 17 名人力擔任據點督導，另有純青巡迴人力與延緩失能專員。另一方面，雖然屏北與屏中兩區中心於 2016 年正式導入服務，但三區支援中心一直到 2020 年 7 月起才完整，並且穩定運作。在三區支援中心所配置的人力，共為 14.5 名，與社會處長青科所規劃的能量相當，共同促成公私部門的合作夥伴關係。

肆、以合作治理觀點探討屏東縣據點輔導團隊工作模式之發展 [8]

基於本文第二部分所探討的合作治理相關理論，以及第三部分回顧我國與屏東縣據點之發展，在此將進一步以輔導團隊工作模式發展過程的業務承辦科科長之訪談為基礎，檢視前述之合作治理、社會創新，以及利害關係人與資源基礎理論能夠如何分析與回應其發展。以下將分別從合作治理模式之發展契機、社會創新論述對於支援中心之服務輸送模式的探究，以及藉由利害關係人與資源基礎理論檢視支援中心輔導模式的意涵。

---

[8] 此部分主要係依據訪談現任屏東縣社會處徐紫雲副處長為基礎，由本文之研究者整理而成。本文之研究者在撰文之過程中，於 2024 年 6 月 12 日 14:00 至 16:30 時訪談，地點在屏東縣社會處北棟大樓二樓副處長辦公室。相關的官方統計資料，亦由屏東縣社會處長青科提供。

一、屏東縣政府社會處長青科與支援中心合作治理模式之發展與運作

承本文之表 3 所呈現的屏東縣社會處長青科（以下簡稱「縣府」）與支援中心所配置之人力，以及表 2 所描述之屏東縣據點數發展概況，可大致知道在 2011 年的據點數目與長青科據點輔導員人數，分別為 89 處據點與 4 位據點輔導人力。直到 2014 年準備著力發展據點數量時，其據點數與據點輔導人力分別為 150 處與 5 名輔導人員。此等人力配置，意謂著平均一名據點輔導人員應負責 30 處據點。在一定期間應訪視據點之餘，尚須協助據點的各項行政業務，乃至於據點的陪伴與蹲點等，具有相當的業務壓力。若之後逐年將加速拓展據點，達成一村里一據點的政策目標，以當時屏東縣共 464 個村里，則據點輔導人員的工作壓力勢必大幅增加。如此一來，遂思考引進據點輔導團隊，協助縣府的據點輔導人員就近瞭解據點的運作狀況、完成包含經費核銷的各項行政事務，乃至於蹲點觀察據點與社區的實際需求等，方能確實幫助據點與社區之發展。

如訪談文本所述，2014 年以後主力推動據點之發展，即便當時的據點輔導人員迅速蹲點、擾動、試辦，直到據點正式成立、穩定的速度，並無法以當時配置的人力適配據點的輔導。而據點成立之前的努力須耗費約半年的時間，若後續無法有足夠的量能協助維持據點的運作，則一村里一據點的政策目標必將前功盡棄。因此，據點的拓展速度與縣府人力配置之間的不足，成為縣府自 2015 年起，尋求與私部門非營利組織合作治理據點的契機。換句話說，若以圖 1 所述的合作治理起始條件觀之，公部門組織所具備的資源不足，為縣府端的起點。

「150 個據點，我們當時的村里是 464，所以達到一村里一據點的目標，其實他還是有點距離。當然當時我們長青科據點組的同仁〔社工員〕也不是那麼多，我們就很快去蹲點、去擾動……到變成接受補助的據點成立……我們評估過大概這樣的一個歷程，最

「最快最快要半年的時間，這已經算很快……這個過程在104〔2015〕年對我們來講，其實是一個很大的挑戰……我們一方面要去開拓新點，一方面又要輔導舊點……讓他們的品質可以持續……我們那時候是有點捉襟見肘，在人力上面。」

「如果說這150個據點他們分別分散在週一到週五的期間……如果說我們當時的據點〔社工員〕人數有到5位……他是hold的過來的。可是當據點數迅速成長的時候……我不可能一個時段跑10個點，這個是很現實的問題。」

在縣府確定因為資源不足而欲尋找合作治理之夥伴時，便搜尋其當時網絡夥伴之中相對適宜的合作對象，而初步鎖定可能的團隊。如訪談的文本所示，當時受聘於高雄市聖功基金會的蕭主任，為社區工作者所一致推薦的資深社區社工，對於縣府所欲強化的社區擾動、培力與蹲點等工作，具有相當豐富的經驗。據此，可知係依據網絡夥伴過往的合作經驗（歷史）為基礎，亦可確認該團隊具有縣府所需的知識與能力。然而，考量當時為首次考慮與私部門非營利組織合作治理據點福利服務輸送與方案執行，故先以補助案為方式，直接以編列之預算補助蕭主任所帶領的團隊，亦即表3中屏北中心的2.5名人力，在2015年10月至12月之間進入屏北地區的幾個鄉鎮盤點據點之量能、協助據點行政業務之推動，以及近距離陪伴據點的發展。2015年第四季所執行的據點支援中心方案，協助縣府建立初步的合作治理模式後，便於2016年以正式標案的形式委託屏北中心予聖功基金會，另於同年在屏中中心開啟與長榮大學團隊的合作治理模式。

換句話說，在私部門網絡夥伴的部分，縣府依據過往服務績效之口碑覓得能夠運作合作治理模式的團隊，而正式進入合作的過程。在確定合作治理模式的對象後，如本文圖1及本文第三部分之內容所示，便先與私部門非營利組織之團隊藉由幾次的會議溝通合作意向與內容，達到初步的共

識,遂進入試辦的階段。藉由試辦的階段,進一步奠定與聖功基金會團隊的信賴關係,才在2016年開始正式的標案委辦模式,進一步探索及運作據點服務執行的合作治理方案。如此一來,也能夠看到公部門組織為了探索聖功團隊是否為適宜的合作治理網絡夥伴,而先採取補助案件的設計為始。在聖功團隊正式進入委辦案之後,一定程度也意謂著對於委辦方案程序的承諾。

「聖功基金會的一位督導……對於社區工作是非常熟悉的……蕭主任……她原先在高雄縣的時候,對於培力社區跟蹲點、擾動社區就有很豐富的經驗……因為那個時候我們還沒有委託過外來的民間團體非營利組織來協助我們做這一塊……所以是用補助的方式讓他們來試試看……我們那時候想說他既然是試辦,也想要比較看看……會跟我們同仁自己在跟著社區會有很明顯的不一樣嗎?……會不會對據點的陪伴少了……有淡掉的那種感覺。」

「後來我們發現,聖功他〔很快的去盤點了社區的量能〕,把我們這幾個〔屏北區的〕鄉鎮〔的社區〕……分級,然後開始進去陪伴。我們發現效果不錯,所以我們到了105〔2016〕年的時候,開始以正式的委辦案〔標案流程〕來委託聖功基金會……。」

在2016年將屏北中心與屏中中心委由私部門非營利組織運作後,此等合作治理模式便慢慢上軌道,乃至於2020年屏南中心成立後,屏東縣全境皆能以合作治理模式輸送據點服務與執行相關的服務方案。從縣府的角度觀之,在於將過去半年間所呵護的據點交給支援中心,而後由其協助該據點的培力與發展,強化在地蹲點與陪伴的治理方式。因此,如以下之訪談文本所呈現,支援中心在課程運作的確認、志工團隊的工作安排與培力、環境安全的檢視、行政工作的協助,乃至於據點或社區運作所能夠調整與改善等諸多工作內容,皆與縣府有一定程度的默契與共識,而逐漸

成為共享的認知內涵。換句話說,在公私部門夥伴所運作的合作治理模式下,進一步的信任關係,以及縣府與支援中心的分工,皆更為明確。

「據點他已經穩定了,就交給⋯⋯比較像是二線的 NGO 去幫忙、去陪。但這個陪伴,我們當然是期待說,就是除了⋯⋯我們說跟課〔程〕⋯⋯至少是可以一個月一次或兩次,是可以看到據點、社區怎麼去操作⋯⋯以及相關志工的一些工作安排⋯⋯以及整個環境的安全性⋯⋯可以至少看到具體有一些什麼樣要調整⋯⋯或是很即時的做一些示範。」

「當支援中心去輔導據點的時候看到了什麼,後來可以跟我們反應。大家彼此之間在交換意見,或是交流的過程中,開始去集思廣益,想說要怎麼去解決即將面對的困境。或是要不要再調整一些什麼樣的作法⋯⋯一些合作關係的調整。」

「如果說有某個中心,他的整個輔導工作比較沒有注意到剛剛談到的那幾樣,包含就是課程或是行政資源,包含協助據點核銷的這個部分,導致於說會變成據點,會覺得說你就只是來看我,就會變成是督導的角色了。這個是我們比較不想要中心的人力變成一個監督的角色⋯⋯這個不是我們的初衷。」

隨著此等合作治理模式,支援中心對於轄區內個別社區的需求逐漸瞭解,縣府便期待非營利組織能夠導入其自身與網絡夥伴的資源,辦理諸如志工的培力與訓練等課程,以獲得合作治理方案執行期間的策略性方案,或謂期中的成效。藉此,一方面,能夠有效提升在地社區居民,即培力所謂之利害關係人的知識與能力。另一方面,透過連結進入社區的各項資源,逐步建立與豐富屬於社區的資源網絡,甚至得以自行發展與連結社區所需的資源與服務;此即奠定催化式領導的培力過程。

「NGO 他代表背後一整個支持的力量……因為志工的訓練、志工的培力……縣府在辦的時候都比較制式化、固定的辦,他能不能夠比較符合在地據點的需求?……委辦單位這個 NGO 知道社區需要什麼樣的課程……他可以提供我們縣府自己做不到的這個部分。」

依據屏東縣縣府與支援中心所建構的合作治理模式觀之,大致吻合圖 1 所示的合作治理模型。此外,若以 Ansell 與 Gash(2008)所提出的合作治理核心要件,即時機、信任與獨立,亦可從訪談的文本中耙梳其脈絡。換句話說,欲開啟合作治理方案的背後動機,以及在運作合作治理模式過程中如何建立彼此的信任關係,以及充分讓支援中心滿足獨立執行工作、擬定創新方案等原則與角色等。

二、由社會創新論述探究屏東縣縣府與支援中心之合作治理模式

若以本文所回顧的社會創新論述觀之,歐盟將社會創新定義為「發展與執行新理念,以回應社會需求並創造新的社會關係與合作模式……其主要的目標,在於提升人類的福祉」。依據該定義與過去數十年間的社會創新實踐經驗,學術工作者將其運作模式歸納為四個核心要素,以及社會創新過程的三個支柱。

首先,以社會創新模式的四個核心要素論述為基礎,承前所述,縣府自 2016 年正式運作的各區支援中心合作治理模式,並未有前例。雖然在 2016 年之前,已由縣府的據點輔導人員主責據點的輔導業務,惟在引進專業團隊協助據點的陪伴與發展,可謂是一種創新服務模式。在這過程中,三區支援中心可依據其觀察到的在地需求規劃課程與服務方案,並藉由 NGO 自身的資源網絡,發展出不同的輔導樣態,盡可能滿足在地的需求。除此之外,隨著蹲點觀察、陪伴深度的擴展,以及前述的在地化

課程,可進一步培力社區居民的諸多能力,促使社會(或謂社區)結構轉型。

「可以再把社區跟社區……的關係緊密的結合起來。所以,他就會發展出各自不一樣的操作方式。」

「其實我也不能說是公權力的委託關係……以我們來講,我們把他當成是一個社區工作。既然是社區工作,培力還有蹲點、陪伴,這個都不能少的。」

再者,佐以社會創新過程中的三個支柱觀點,亦能從訪談文本之中,找到吻合的描述。第一,在導入據點的合作治理模式以來,支援中心依據在地之特性與需求,搭配合宜的課程、服務方案與網絡夥伴資源,以滿足社區居民之需求。第二,藉由前述的各項培力課程強化社區居民的諸多能力,亦據此獲得調整與轉變過往社會關係的機會。第三,在社會互動關係的改變之下,社區居民更具自我倡議的能力,得以擴大參與公共事務與相關政策之決策等,並從中凝聚共識、形成決策,甚至可由社區自主提出共同的行動方針與內涵。

「這個關係的建立……我要用一個比較社會學的說法……這種關係是鑲嵌在某一個任務上面……他比較像是社會資本的累積……縣府的同仁〔支援〕中心的工作同仁在複雜的一件事情上,會像是一條一條線連接起來。我們怎麼把這個線連接,然後到據點、到社區,他能夠去累積社會資本……對我而言……他可以是網絡跟網絡之間的連結。他會變成不單單只是點跟點,就是我縣府跟〔支援〕中心跟據點……他會形成一種關係網絡,這種關係網絡才可以在社區工作裡面去紮根。」

透過此等委辦方式，不僅止於從事單純行政與督導工作的公私部門夥伴關係，更期待支援中心能夠從社區工作的角度，藉由蹲點、培力、陪伴等工作方法，來強化與擴大社區關係的運作與涵蓋。其結果，就過去約八年左右所累積的經驗，足以見到網絡夥伴與利害關係人之互動能力的轉變。因此，支援中心並非單純的委辦關係，而是一種合作關係。亦即，接受委辦的單位實際上從事一項社區工作，這是彼此之間的理解，畢竟受委託單位亦瞭解這項任務的本質，故而會盡可能朝向社區工作的方式完成任務。如此一來，原先只有縣府與據點的關係下所無法看見的社會關係轉變，在導入專業團隊的輔導與培力之下，據點能夠具備較以往更為完整的、豐富的樣貌，甚且能夠依其自身之力，發展屬於在地特性的運作模式。

三、從利害關係人與資源基礎觀點探究縣府與支援中心之合作治理模式

依據本文所回顧的相關論點為基礎，可知當代合作治理模式所欲追求者，為公私夥伴關係所帶來的綜效。換句話說，在重新建構福利服務輸送體系的過程中，盡可能將各類的利害關係人都納入其中，也因此能夠充分運用此等夥伴網絡中的各項資源，進而在完成該目的與目標的同時，提升自身的服務價值。

就本研究所收集與呈現的文本觀之，承前所述，縣府在邀請聖功基金會參與補助案之初，即考量其過往的社區工作經驗，以及相關的知識與能力，乃至於該團隊所能夠連結的夥伴網絡。伴隨著該團隊過往所累積的網絡資源，以及依據其過往的經驗所積累的工作模式與經驗，一方面，使其能夠在屏北地區連結與運用其過往的資源。另一方面，亦可順利在屏北地區累積，並且操作過往的社區工作模式，甚至擴大與加深利害關係人的連結，以及順帶而來的資源體系。

「〔關於紮根〕我要說的是黏著性。我對這個社區蹲點久了，我〔變得〕不是上對下，也不是下對上的……我知道有時候是為難支援中心，要求支援中心再多做些什麼，或是再多想些什麼……比如會希望說共生社區可以有再更多元的方向。」

「這個是委辦契約裡面的委託內容嗎？並不是，他不是……可是，因為大家都是基於一個在社區工作的立基點去做一件事情……這種彼此之間的默契、共識跟情感，他其實是透過這個關係的一個網絡關係而成。」

即便如此，就受訪者的觀察而言，支援中心團隊與縣府團隊在據點服務上所逐漸達成的共識，係將過往偏離以人為核心的服務理念，再回到以「人」為中心的觀點。而從社區之中所觀察到的人與人之網絡、人與社區之間的關係，乃至於在地社區之間的網絡等，皆具有其人、文、地、產與景貌的獨特性。為了發展因地制宜的福利服務輸送體制，以及服務方案之執行方法，則須運用到支援中心團隊的資源網絡。此即當代合作治理之下的利害關係人與資源基礎論述的交集。

「社區工作因為又有回到社區互助的一個理念，當然志工夥伴願意奉獻……而志工的需求就是社區組織的需求。社區組織裡面都是志願人力，他就是一個志願團體，而他們怎麼去提供符合我們期待的一個照顧工作？這個是需要外圍，包含縣府的人力跟支援中心，我們所委辦出去 NGO 的人力，可以一起去支援他〔們〕。所以，我們當時把這個社區照顧〔服務支援中心〕，我們不叫做輔導中心，我們叫做支援中心……這個是有意義的。」

「方案加值就會變成是支援中心自己額外提出來的……所以說三區〔支援中心〕可能還會有不同的因為社區的特殊性，或他們的

特別的需求性而提出來的一些創新措施。我們當然不會反對，可是我們應該不會把他列為標規。」

整體而言，若以 Freeman、Dmytriyev 與 Phillips（2021）的論述觀之，首先，支援中心在一定程度上協助社區運作之模式回到過往的社會規範，但藉由夥伴網絡的資源與知識，嘗試諸多創新的服務方法與模式。再者，即便在我國快速高齡化的人口結構下，各層級政府欲以據點及社區組織作為維繫與發展利害關係人之網絡資源，可謂嘗試讓社區永續運作的方法。第三，支援中心的服務模式多圍繞在「人」與社區的互動關係，而後導入網絡社群之資源以滿足在地的需求；在這個過程中，並非以攫取資源為著眼點。最後，雖然在據點福利服務輸送領域具有一定程度的競爭性，但在過程之中仍有相當的合作空間，而非僅存在競爭的關係，故能達到競爭與合作之間的平衡。如此一來，皆符合本文所欲檢視的利害關係人與資源基礎兩者的搭配論述。

伍、結語

依據行政院國家發展委員會的相關統計資料，臺灣的高齡人口比例自 1993 年達到 7% 以來，伴隨著少子女化的狀態持續低迷，高齡人口結構的老化在 2018 年來到 14%，並推估在 2025 年超過 20%[9]。有鑑於高齡人口之比例將不斷增長，高齡社會的社會政策建制預期將不斷擴充，包含本文所關注的社區照顧關懷據點。

雖然我國的據點主要由社區發展協會，或其他類型的非營利組織承接，但各層級政府組織面對快速擴充的據點數量，並無法配置足夠數量的輔導人員檢視其課程、行政工作，亦未必能充分顧及據點的陪伴、培力與

---

[9] 請參照行政院國家發展委員會的人口推估查詢系統（https://pop-proj.ndc.gov.tw/）。（瀏覽日期：2024/08/18）

發展。屏東縣除了據點數量在全國名列前茅，據點輔導機制之設計與運作，亦為可供觀察與參考的對象。有鑑於當代社會福利行政體系的諸多福利服務輸送與服務方案執行，係由公部門組織以委託案之形式，交給私部門的營利或非營利組織承接。然而，在委辦的過程中，並非每個地方政府與受委託單位之間，存在相對融洽的公私部門夥伴關係，亦未能充分瞭解其運作的模式。

為此，本文嘗試以新公共治理論述中的合作治理、社會創新，以及利害關係人與資源基礎等論述，觀察屏東縣社區照顧服務支援中心之發展、意義與內涵。藉由訪談當時推動此等合作方式的業務單位主管，以及所蒐集的相關文獻，發現屏東縣政府與三區支援中心之間的合作治理關係，亦同時符合社會創新與利害關係人及資源基礎理論的觀點。方於此等基礎上，提供三區支援中心對於共生社區、超高齡社會的探索、構思、想像與嘗試的空間，以能夠找到確實適合在地發展、符合在地需求，進而得以在地居民的方式與力量永續運作的模式。

參考文獻

王仕圖（2013）。〈非營利組織在社區照顧服務的協調合作：以社區照顧關懷據點為例〉。《臺大社會工作學刊》，第 27 期，頁 185-228。

內政部社會司（2007）。《我國長期照顧十年計畫——大溫暖社會福利套案之旗艦計畫》。台北市：行政院內政部社會司。

行政院衛生福利部（2016）。《長期照顧十年計畫 2.0（106-115 年）（核定本）》。台北市：行政院衛生福利部。

李映萱（2022）。〈從利害關係人觀點探討高雄市勞工博物館的社群參與——以《Jalan Jalan 移路相伴》特展為例〉。《南藝學報》，第 25 期，頁 23-39。

杜敏世（2013）。〈從長期照顧實務經驗談現況問題〉。《社區發展季刊》，第 141 期，頁 316-330。

何華欽、林宏陽、戴品芳、何華倫（2016）。〈高齡者社區參與對心理福祉的影響：以屏東縣社區關懷據點為例〉。《台灣社區工作與社區研究學刊》，第 6 卷第 3 期，頁 45-80。

周宇翔、王舒芸（2019）。〈機器人在社區照顧關懷據點應用與挑戰之初探研究〉。《福祉科技與服務管理學刊》，第 7 卷第 3 期，頁 262-279。

林宏陽（2020）。〈歐盟國家社會投資概念於活躍老化政策之思維〉。《社區發展季刊》，第 170 期，頁 224-241。

林宏陽（2021）。〈歐盟國家社會投資概念在活躍老化政策之意義及其對台灣之政策意涵〉。施世駿編，《人口高齡化與社會福利——社會投資的反思》，頁 239-279。苗栗縣：財團法人國家衛生研究院、行政院衛生福利部。

邱泯科、傅秀秀（2014）。〈初探高齡者使用社區照顧關懷據點服務之經驗——以台北市關渡關懷據點為例〉。《台灣社區工作與社區研究學刊》，第 4 卷第 1 期，頁 1-39。

馬振來、郭俊巖、呂季芳（2017）。〈體適能導入社區關懷據點對高齡者身心健康影響之探討〉。《社會發展研究學刊》，第 20 期，頁 1-38。

高家常、林沛綺、黃惠滿、林祐樺（2013）。〈參與社區關懷據點之長者身體活動與生活品質關係之探討〉。《護理暨健康照護研究》，第 9 卷第 2 期，頁 157-167。

陳小紅（2017）。《調查報告（106 內調 0054）》。臺北市：監察院。

郭明政、林宏陽（2020）。〈社會法與經濟社會變遷〉。台灣社會法與社會政策學會主編，《社會法（修訂三版）》，頁 3-24。台北市：元照。

葉明勳、陳碩菲（2019）。〈宜蘭地區老人主觀幸福感與自覺健康之調查研究 兼論

長照 2.0 社區照顧關懷據點的影響〉。《發展與前瞻學報》，第 25 期，頁 81-101。

趙卿惠（2016）。〈民進黨的福老政策與半侍從結構——臺南縣關懷據點的分析〉。《政策與人力管理》，第 7 卷第 2 期，頁 1-46。

劉素芬（2016）。〈從培力觀點看社區照顧老人關懷據點之發展〉。《社區發展季刊》，第 153 期，頁 305-317。

Ansell, C., & Gash, A. (2008). Collaborative Governance in Theory and Practice. *Journal of Public Administration Research and Theory, 18*(4), 543-571.

Berman, S. L., & Johnson-Cramer, M. E. (2019). Stakeholder Theory: Seeing the Field Through the Forest. *Business & Society, 58*(7), 1358-1375.

Bonoli, G. (2012). Active Labour Market Policy and Social Investment: A Changing Relationship. In N. Morel, B. Palier, & J. Palme (Eds.), *Towards a Social Investment Welfare State? Ideas, Policies and Challenges* (pp. 181-204). Bristol: The Policy Press.

Bredgaard, T., & Madsen, P. K. (2018). Farewell Flexicurity? Danish Flexicurity and the Crisis. *Transfer: European Review of Labour and Research, 24*(4), 1-12.

Casady, C. B., Eriksson, K., Levitt, R. E., & Scott, R. (2020). (Re)defining Public-private Partnerships (PPPs) in the New Public Governance (NPG) Paradigm: An Institutional Maturity Perspective. *Public Management Review, 22*(2), 161-183.

Cepiku, D. (2017). Collaborative Governance. In T. R. Klassen, D. Cepiku, & T. J. Lah (Eds.), *The Routledge Handbook of Global Public Policy and Administration* (pp. 141-156). Oxford: Routledge.

Davey, R. (2019). Understanding Collaborative Governance and Leadership Effectiveness in the UK Third Sector: A New Conceptual Grid. (Doctor of Philosophy), Canterbury Christ Church University, Canterbury.

Dixon, T. (2008). Ageing in Place: There's Something about Adelaide — A Real Sense of Community. *Australian Ageing Agenda*, 2008(May/June), 48-52.

Emerson, K., & Nabatchi, T. (2015). *Cohering Collaborative Governance*. Washington D.C.: Georgetown University Press.

European Commission. (2013). *Guide to Social Innovation. Brussels: Regional and Urban Policy*. European Commission.

Freeman, R. E., Dmytriyev, S. D., & Phillips, R. A. (2021). Stakeholder Theory and the Resource-Based View of the Firm. *Journal of Management, 47*(7), 1757-1770.

Galego, D., Moulaert, F., Brans, M., & Santinha, G. (2022). Social Innovation &

Governance: A Scoping Review. *Innovation: The European Journal of Social Science Research, 35*(2) (Special Section: Grounding Innovation - Towards an Integrated Concept), 265-290.

Giddens, A. (1994). *Beyond Left and Right: The Future of Radical Politics*. Cambridge: Polity Press.

Giddens, A. (1998). *The Third Way: The Renewal of Social Democracy*. Cambridge: Polity Press.

Giuliani, G. A. (2022). The Family Policy Positions of Convervative Parties: A Farewell to the Male-breadwinner Family Model? *European Journal of Political Research, 61*(3), 678-698.

Hemerijck, A. (2017). The Uses of Affordable Social Investment. In A. Hemerijck (Ed.), *The Uses of Social Investment* (pp. 379-412). Oxford: Oxford University Press.

Hemerijck, A. (2018). Social Investment as a Policy Paradigm. *Journal of European Public Policy, 25*(6), 810-827.

Heyes, J. (2011). Flexicurity, Employment Protection and the Jobs Crisis. *Work, Employment and Society, 25*(4), 642-657.

Hillman, A. J., & Keim, G. D. (2001). Shareholder Value, Stakeholder Management, and Social Issues: What's the Bottom Line?. *Strategic Management Journal, 22*(2), 125-139.

Hošnjak, A. M., Ilić, B., Kurtović, B., Ficko, S. L., & Smrekar, M. (2020). Development Strategies in the Field of Lifelong Learning of Older Adults. *Acta Medica Martiniana, 20*(3), 122-132.

Hubert, A. (2010). *Empowering People, Driving Change: Social Innovation in the European Union*. Luxembourg: Bureau of European Policy Advisers (BEPA), European Commission.

Jenson, J. (2012). Redesign Citizenship Regimes after Neoliberalism: Moving Towards Social Investment. In N. Morel, B. Palier, & J. Palme (Eds.), *Towards a Social Investment Welfare State? Ideas, Policies and Challenges* (pp. 61-87). Bristol: The Policy Press.

Kalson, A. (2016). Active Ageing and Supportive Working Time Measures. *E-Journal of International and Comparative Labour Studies, 5*(2), 1-18.

Kim, K. (2020). An Intersection of East Asian Welfare and Immigration Regimes: The Social Rights of Low-skilled Labour Migrants in Japan and Korea. *International

Journal of Social Welfare, 30(2), 226-238.

Lasker, R. D., & Weiss, E. S. (2003). Creating Partnership Synergy: The Critical Role of Community Stakeholders. *Journal of Health and Human Services Administration, 26*(1), 119-139.

Lindsay, C., Osborne, S. P., & Bond, S. (2014). Employability Services in an Era of Crisis: Challenges for Third Sector Organizations in Scotland. *Public Administration, 92*(1), 192-207.

Mandell, M. P., & Keast, R. (2008). Evaluating the Effectiveness of Interorganizational Relations through Network. *Public Management Review, 10*(6), 715-731.

Massey, A., & Johnston-Miller, K. (2016). Governance: Public Governance to Social Innovation? *Policy & Politics, 44*(4), 663-675.

Naegele, G., & Bauknecht, J. (2017). *Strategies ('Action Plan') for Extending Working Lives, Raising Older Workers' Employment Rates and Intesifying Lifelong Learning in Later Working Life (MoPAct Work Package 3, Task 5)*. Sheffield: Mobilising the Potential of Active Ageing in Europe (MoPAct Project).

Narot, P., & Kiettikunwong, N. (2021). Lifelong Education: Concept and Issues Concerning an Ageing Population. In P. Narot & N. Kiettikunwong (Eds.), *Education for the Elderly in the Asia Pacific* (pp. 3-14). Singapore: Springer Nature Singapore.

Norton, S. D., & Blanco, L. (2009). Public-private Partnerships: A Comparative Study on New Public Management and Stakeholder Participation in the UK and Spain. *International Journal of Public Policy, 4*(3-4), 214-231.

O'Leary, C., Baines, S., Bailey, G., McNeil, T., Csoba, J., & Sipos, F. (2018). Innovation and Social Investment Programs in Europe. *European Policy Analysis, 4*(2), 294-312.

Oláh, L. S., & Neyer, G. (2021). Demographic Challenges of Europe in the New Millennium: Swedish Family Policies as an Answer to Them? In J. Aidukaite, S. E. O. Hort, & S. Kuhnle (Eds.), *Challenges to the Welfare State: Family and Pension Policies in the Baltic and Nordic Countries* (pp. 33-51). Cheltenham: Edward Elgar.

Portales, L. (2019). *Social Innovation and Social Enterpreneurship: Fundamentals, Concepts, and Tools*. Cham: Palgrave Macmillan.

Prandini, R., & Ganugi, G. (2024). Co-governance and Co-management as Preliminary Conditions for Social Justice in Co-creation. In S. Baines, R. Wilson, C. Fox, I. N.

Aflaki, A. Bassi, H. Aramo-Immonen, & R. Prandini (Eds.), *Co-creation in Public Services for Innovation and Social Justice* (pp. 111-126). Bristol: Policy Press.

Reilly, T. (2015). Communities in Conflict: Resolving Differences Through Collaborative Efforts in Environmental Planning and Human Service Delivery. *The Journal of Sociology & Social Welfare, 25*(3), 115-142.

Roodt, G., Sibeko, J., Sheik, A., Hulgard, L., Nielsen, L. V., Ellis, W., . . . Teasdale, S. (2017). *A Study of Social Innovation*. Brussels: European Union.

Schulmann, K., Reichert, M., & Lichsenring, K. (2019). Social Support and Long-Term Care for Older People: The Potential for Social Innovation and Active Ageing. In A. Walker (Ed.), *The Future of Ageing in Europe: Making an Asset of Longevity* (pp. 255-286). Singapore: Palgrave Macmillan.

Soliman, C., & Antheaume, N. (2017). Inter and Intra Organizational Negotiation during Economic Recession: An Essay on the Promotion of Cooperation. *Future Business Journal, 3*(1), 23-32.

Sørensen, E., & Torfing, J. (2013). *Enhancing Social Innovation by Rethinking Collaboration, Leadership and Public Governance*. London: NESTA Social Frontiers.

Sriram, N., Misomnai, C., Metasuttirat, J., & Rajphaetyakhom, C. (2019). A Comparative Analysis of New Public Management, New Public Service and New Public Governance. *Asian Political Science Review, 3*(2), 32-39.

Taylor-Gooby, P. (2004). New Risks and Social Change. In P. Taylor-Gooby (Ed.), *New Risks, New Welfare: The Transformation of the European Welfare State* (pp. 1-28). Oxford: Oxford University Press.

Voets, J., Brandsen, T., Koliba, C., & Verschuere, B. (2021). Collaborative Governance. In W. R. Thompson (Ed.), *Oxford Research Encyclopaedia of Politics*. Oxford: Oxford University Press.

Walker, A. (2019a). Active Ageing: Much More than Paid Work. In M. Barslund (Ed.), *Policies for an Ageing Workforce: Work-life Balance, Working Conditions and Equal Opportunities* (pp. 63-68). Brussels: Centre for European Policy Studies (CEPS).

Walker, A. (2019b). Introduction. In A. Walker (Ed.), *The Future of Ageing in Europe: Making an Asset of Longevity* (pp. 1-28). Singapore: Palgrave Macmillan.

Walker, A., & Maltby, T. (2012). Active Ageing: A Strategic Policy Solution to Demographic Ageing in the European Union. *International Journal of Social*

Welfare, 21(S1), S117-S130.

Walker, A., & Zaidi, A. (2019). Strategies of Active Ageing in Europe. In A. Walker (Ed.), *The Future of Ageing in Europe: Making an Asset of Longevity* (pp. 29-52). Singapore: Palgrave Macmillan.

Yeh, C.-Y., & Lue, J.-D. (2018). In-work Poverty in Three East Asian Welfare States. In H. Lohmann & I. Marx (Eds.), *Handbook on In-work Poverty* (pp. 449-472). Cheltenham: Edward Elgar.

Zaidi, A., Harper, S., Howse, K., Lamura, G., & Perek-Białas, J. (Eds.). (2018). *Building Evidence for Active Ageing Policies: Active Ageing Index and Its Potential*. Singapore: Springer Nature.